Wolfgang Maaser
Lehrbuch Ethik

D1942809

Studienmodule Soziale Arbeit

Herausgegeben von
Heinz-Jürgen Dahme | Ria Puhl | Regina Rätz |
Wolfgang Schröer | Titus Simon | Mechthild Wolff

Die Reihe „Studienmodule Soziale Arbeit“ präsentiert Grundlagentexte und bietet eine Einführung in basale Themen der Sozialen Arbeit. Sie orientiert sich sowohl konzeptionell als auch in Inhalt und Aufbau der Einzelbände hochschulübergreifend an den jeweiligen Studienmodulen.

Jeder Band bereitet den Stoff eines Semesters in Lehr- und Lerneinheiten auf, ergänzt durch Übungsfragen, Vorschläge für das Selbststudium und weiterführende Literaturhinweise.

Wolfgang Maaser

Lehrbuch Ethik

Grundlagen, Problemfelder und Perspektiven

BELTZ JUVENTA

Der Autor

Wolfgang Maaser, Dr. theol. habil., Jg. 1955, ist Professor für Ethik im Fachbereich Soziale Arbeit an der Evangelischen Fachhochschule Rheinland-Westfalen-Lippe Bochum.
Sein Arbeitsschwerpunkt ist die Sozialethik.

Bibliografische Information der Deutschen Nationalbibliothek

Die Deutsche Nationalbibliothek verzeichnet diese Publikation in der Deutschen Nationalbibliografie; detaillierte bibliografische Daten sind im Internet über http://dnb.d-nb.de abrufbar.

FSC www.fsc.org MIX Papier aus verantwortungsvollen Quellen FSC® C089473

1. Auflage 2010
2. Auflage 2015

Das Werk einschließlich aller seiner Teile ist urheberrechtlich geschützt. Jede Verwertung außerhalb der engen Grenzen des Urheberrechtsgesetzes ist ohne Zustimmung des Verlags unzulässig und strafbar. Das gilt insbesondere für Vervielfältigungen, Übersetzungen, Mikroverfilmungen und die Einspeicherung und Verarbeitung in elektronischen Systemen.

© 2010 Juventa Verlag Weinheim und München
© 2015 Beltz Juventa · Weinheim und Basel
www.beltz.de · www.juventa.de
Satz: text plus form, Dresden
Druck und Bindung: Beltz Bad Langensalza GmbH, Bad Langensalza
Printed in Germany

ISBN 978-3-7799-3076-1

Inhalt

Zur Einführung

Das vorliegende Buch stellt zentrale ethische Leitbegriffe für die Soziale Arbeit in den Mittelpunkt, die in den einschlägigen curricularen Rahmenrichtlinien der Profession eine zentrale Bedeutung besitzen. Aus den reichhaltigen Traditionen und Theorieansätzen der Ethik kommen für professionsrelevant erachtete Inhalte zur Sprache. Die Themenauswahl ist der Orientierungsfunktion für die Sozialarbeitsprofession geschuldet. Unter den Bedingungen eines lehrbuchmäßig einzugrenzenden Stoffgebiets ist hier keine Vollständigkeit gegeben.

Das Buch gehört weder zu den fachphilosophischen Literaturgattungen noch zu den oberstufenorientierten Lehrbüchern für Schulen. Es bietet eine fachlich verantwortbare und elementarisierte Darstellung, die in wichtige systematische Problemgefüge eines Leitbegriffs einführt und ihn auf normative Dimensionen Sozialer Arbeit bezieht. Hierdurch befördert es die Fähigkeit, sozialarbeiterisches Wirken ethisch zu bewerten, unterschiedliche Handlungsstrategien und Methoden intersubjektiv zu diskutieren sowie ihre Rahmenbedingungen normativ zu analysieren.

SozialarbeiterInnen sollen keine ethischen FachwissenschaftlerInnen werden. Ein klar kommunizierbares, legitimierbares und artikulierbares normatives Selbstverständnis bleibt dennoch für ein selbstreflexives Professionsverständnis unverzichtbar. Der Bezug auf Menschenrechte besitzt hierbei eine zentrale Bedeutung. Das Menschenrechtsethos stellt einen vorläufigen, wenn auch interpretationsbedürftigen Konsens dar, auf den sich viele Menschen in Bewertungsvorgängen beziehen. Die von diesem diffusen Einverständnis bestimmte Moral bedarf im Kontext der Sozialen Arbeit vor allem der Erklärung und der Artikulation, weniger einer umfassenden Letztbegründung. Daher werden die klassischen Begründungstypologien unterschiedlicher Ethikansätze zurückgestellt; die ins Literaturverzeichnis aufgenommenen klassischen Einführungen in die Ethik helfen hier weiter. Ihr Studium wird ausdrücklich empfohlen.

Die normativen Prinzipien, mit deren Hilfe die Soziale Arbeit ihre Ziele begründet und ihre Fachlichkeit orientiert, besitzen allgemeinen Charakter. Eine besondere Ethik der Sozialen Arbeit kann es daher nicht geben. Soziale Arbeit verfügt weder über ein ethisches Sonderwissen noch über ein ethisches Definitionsmonopol. Infolgedessen muss sie sich die allgemein üblichen Kategorien der Ethik selbstständig aneignen, auf die Vielfalt ihrer

Handlungsfelder beziehen und sie dann kontextuell auslegen. Dies geschieht im Regelfall in einer Berufsethik. Da sozialarbeiterische Handlungsfelder jedoch einer permanenten Veränderungsdynamik unterliegen, kann es wohl keine letztgültig umrissene und abschließende Berufsethik geben. Stets neu auftretende berufsethische Fragen und Herausforderungen veranlassen immer wieder eigenständige ethische Reflexion. Die Berufsethik Sozialer Arbeit ist demzufolge eher das Projekt eines fortwährenden Verständigungsprozesses, der ethische Prinzipien in unterschiedlichen Handlungsfeldern zur Orientierung nutzt, zu begründeten kontextuellen Rahmenregelungen kommt und diese in aller Vorläufigkeit in einer Berufsethik festhält. Das vorliegende Buch möchte daher ein Orientierungswissen bieten, das zu einer reflexiven Selbstständigkeit befähigt und für ein prozedurales Verständnis einer sich stets weiterentwickelnden Berufsethik notwendig ist.

Das Studienmodul ist ein Fachbuch und bedarf eines gründlichen Studiums. Es gliedert sich in 13 Lerneinheiten. Die einzelnen Themen verweisen häufig auf inhaltliche Anschlussstellen in anderen Kapiteln. Daher ist es prinzipiell möglich, bei einem ausgewählten Grundbegriff zu beginnen, um sich von da aus durch weitere Kapitel durchzuarbeiten. Im Regelfall empfiehlt sich eine chronologische Lektüre. Das Kapitel 1.1 ist für beide Arbeitsweisen unverzichtbar. Die Kapitel 1.2 bis 1.4, die die produktive Irritationsfunktion der Ethik für die Wahrnehmung von Praxisprozessen reflektieren, lassen sich besser verstehen, wenn man bereits einige Leitbegriffe und ihre Bedeutung für die Soziale Arbeit erarbeitet hat.

Mein Dank gilt vor allem zwei Personen, die wesentlichen Anteil an der Gestaltung und Endredaktion des Buches hatten. Regina Stephan, MA, verdanke ich zahlreiche detaillierte Hinweise und wichtige Diskussionen. In vielen Stunden verbesserte sie das Skript durch ihre konstruktive Kritik und entwickelte die für das Verständnis hilfreichen Schemata des Buches. Auch an der Verbesserung der zweiten Auflage hat sie wesentlichen Anteil. Dr. Reinhild Stephan-Maaser übernahm – wie so oft – dankenswerterweise die umfangreichen Korrekturarbeiten und gab zahlreiche sprachliche Hinweise.

Bochum, im Januar 2010
Wolfgang Maaser

Kapitel 1
Ethisches Orientierungswissen

■ Ethik für Soziale Arbeit zielt auf die kritische Durchdringung der verbreiteten Moralvorstellungen. Sie beinhaltet demzufolge die selbstkritische Bearbeitung moralischer Hintergrundsüberzeugungen der Sozialarbeitsprofession.
Als kritische Reflexionsleistung löst sie durch produktive Irritationen zum einen Problematisierungen und Begründungsbedarfe aus, zum anderen stiftet sie gerade hierdurch Orientierung. Sie unterstützt damit die Selbstreflexivität der Profession, die ein artikulierbares, kommunizierbares und begründbares normatives Selbstverständnis erfordert, und fördert überdies den selbstständigen, stetigen Lernprozess eines Berufes, der sich stets neu auf die sozialen Herausforderungen einer dynamischen Gesellschaft einstellen muss.

Für Menschen in sozialen Berufen spielen moralische Überzeugungen in ihrem Professionsverständnis oft eine erhebliche Rolle. Dies tritt besonders deutlich heraus, wenn sie über ihre Berufswahl und beruflichen Motivationen Auskunft geben. Dabei verweisen ihre moralischen Einstellungen über das enge Feld beruflicher Verantwortung in den Bereich ihrer grundsätzlichen Lebensorientierung. Die eigene moralische, ggf. religiöse Sozialisation, aber auch die im Zuge des Erwachsenwerdens und Erwachsenseins angeeigneten Wirklichkeitssichten, Menschenbilder und Lebensvorstellungen begleiten das Berufsleben und geben der professionellen Praxis eine spezifische Perspektive. Sowohl die Wahrnehmung von Handlungs(un)möglichkeiten im beruflichen Praxisfeld, der Umgang mit den Klienten als auch die institutionellen Formen sozialer Hilfe werden beträchtlich davon beeinflusst. Auch der Sinn Sozialer Arbeit und die berufliche Identität sind im Kern davon betroffen. Ungeklärte moralische Motivationen bringen des öfteren zu hoch gesteckte moralische Ziele mit sich und münden dann durch ambivalente, teilweise frustrierende Berufserfahrungen auf lange Sicht in zynische Grundhaltungen.

Moralische Hintergrundsüberzeugungen treten im Regelfall wenig in Erscheinung. Sie gelten vorwiegend als private Wertentscheidungen aus dem eher persönlichen, geradezu intimen Bereich. In milieuspezifischen Gruppen stabilisieren sie das Gefühl von Zugehörigkeit und Selbstvergewisserung. Auch in professionellen Bezügen wird das moralische Alltagsbewusstsein selten Gegenstand wissenschaftlicher Reflexion und Kommunikation. Die Verständigung beschränkt sich allenfalls auf das Äußern persönlich motivierter Standpunkte und moralischer Intuitionen. Nur selten gelingt ein offener, konstruktiver Dialog, der unterschiedliche Auffassungen gemeinsam prüft und kritisch bearbeitet. Denn diese gelingende Kommunikation erfordert die Bereitschaft und Fähigkeit aller Teilnehmer, ihre persönlichen, subjektiven Einschätzungen im Lichte intersubjektiver, d.h. begründungsfähiger und gerechtfertigter Kriterien zu durchdringen. Ethik Sozialer Arbeit bietet hier Hilfe durch begriffliche Klärung an. Erst wenn Menschen ihre moralischen Auffassungen von anderen in Frage stellen lassen und mit ihnen gemeinsam nach allgemein begründbaren Kriterien urteilen lernen, entsteht ein ethischer Diskurs. Wer in diesen Prozess eintritt, geht ein gewisses Risiko ein. Denn er erkennt an, dass seine gewohnheitsmäßige Alltagsmoral bei genauerer Betrachtung gar nicht selbstverständlich ist und der Begründung bedarf.

Moralische Überzeugungen sind bei Licht besehen keineswegs selbstverständlich. Sie besitzen nicht die Stabilität von Naturgesetzen und erweisen sich bei sorgfältiger Durchdringung als mehrdeutig. Ihre Evidenz und Plausibilität unterliegt einem Wandel. Die vor 40 Jahren quasi unbefragt anerkannten und von einer Mehrheit akzeptierten Selbstverständlichkeiten erfuhren entscheidende Veränderungen. Wer heute von gesellschaftlicher Solidarität redet, muss bereits eine ganze Palette von Einwänden und Gegenargumenten einkalkulieren. Denn er steht unter einem größeren Rechtfertigungszwang als damals. Im derzeitigen Klima sozioökonomischer Verunsicherung treten die überkommenen Gewissheiten und besonders ihre Anfechtbarkeit zunehmend heraus. Es entsteht ein stärkerer Reflexionsbedarf der moralischen Einstellungen.

1.1 Der Begriff der Ethik und der Umgang mit philosophischen Traditionen

Die kritische Prüfung fragwürdig gewordener, handlungsrelevanter Orientierungsperspektiven war seit jeher Ausgangspunkt der Ethik. Für die Erfassung der Grundsituation ethischer Reflexion stellen die unterschiedlichen philosophischen Traditionen noch heute orientierende Grundbegriffe bereit. Aristoteles (384–322 v.Chr.) hat für den Bereich der eingeübten, meist unreflektierten Gewohnheiten, Traditionen und Konventionen den Begriff **Ethos** – des öfteren auch den ähnlichen Begriff **Moral** – geprägt. Auch unreflektierte, moralische Hintergrundsüberzeugungen sind Bestandteil des Ethos. Unter **Ethik** hingegen versteht er eine sich kritisch und konstruktiv auf das Ethos beziehende Reflexionsleistung. Sie entwickelt intersubjektive Kriterien der Beurteilung, mit deren Hilfe Gewohnheiten überprüft, verändert oder mit guten Gründen beibehalten werden sollten.

Das aristotelische Ethikverständnis nimmt die Spannung zwischen dem traditionellen Ethos und seiner kritischen Bearbeitung zum Ausgangspunkt. Dies setzt bereits gewisse Zweifel an den Überlieferungen und traditionellen Einstellungen voraus. Andernfalls würden Menschen sich hierzu gar nicht in Distanz setzen. Ethisches Denken beinhaltet daher immer auch eine Sensibilität für die Uneindeutigkeiten der Weltauslegung und die rational nachvollziehbare Thematisierung dieser Unschärfen. Ein gewisser staunender Zweifel und eine Skepsis gegenüber den vorfindlichen, als ewig erscheinenden Ordnungsmustern menschlichen Lebens begleitet die Ethik von Anfang an.

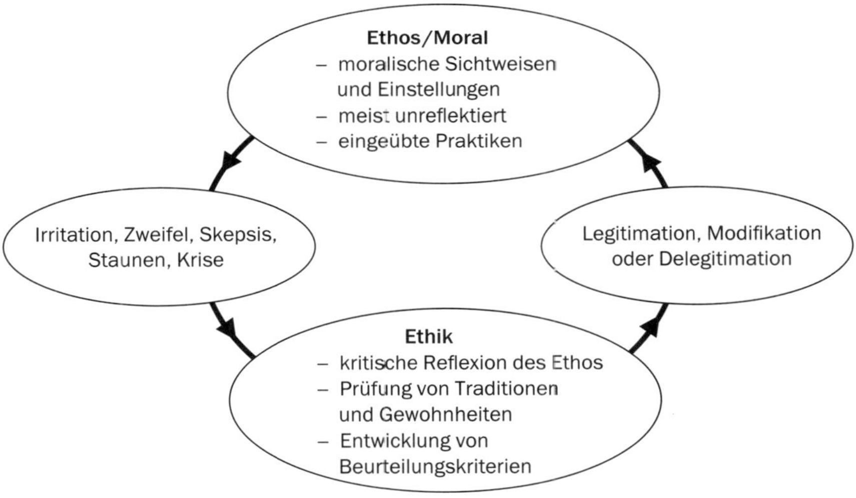

Abb. 1: Ethos und Ethik

Der westliche Kulturkreis verfügt heute über eine über zweitausend Jahre alte ethische Reflexionstradition, so dass sich diese außerordentliche Vielfalt schwerlich auf einen Nenner bringen lässt. Jeder dieser ethischen Problematisierungszugänge versucht auf seine Weise die Uneindeutigkeit in den Handlungsorientierungen der eigenen Zeit reflektierend zu durchdringen und stabile Handlungsperspektiven zu entwickeln. Da der Mensch der Moderne nicht mehr in einem starren Ordnungs- und Sinngefüge wie in einem antiken Stadtstaat oder in einer von kirchlichen Strukturen weithin dominierten Gesellschaft lebt, bedarf es eines Bewusstseins der Distanz zu diesen vergangenen Gesellschaften und damals geltenden Traditionen. Die moralischen Einstellungen heute stehen eher den durch die wirtschaftlichen und sozialen Herausforderungen der Industrialisierung entstandenen Ethikdiskursen Englands im neunzehnten Jahrhunderts nahe. Auch der von Immanuel Kant (1724–1804) Ende des achtzehnten Jahrhunderts entwickelte Gedanke einer universalen Würde der menschlichen Person ist uns vertraut. Dennoch gehören sowohl das preußische, damals international geprägte Königsberg Kants als auch die frühindustrialisierte englische Gesellschaft der Vergangenheit an. Die gegenwärtigen gesellschaftlichen und individuellen Lagen mit ihren wesentlich vielfältigeren und disparateren Strukturen bringen andere Probleme mit sich. Im dritten Jahrtausend besteht die Notwendigkeit, ethisch verantwortbare Handlungsperspektiven unter den Bedingungen einer säkularisierten, durch den Pluralismus geprägten Gesellschaft zu entwickeln. Da der Wahrheitsanspruch der christlichen Religion durch die Säkularisierung seine konkurrenzlose Stellung verloren hat, müssen auch theologische Ethiken methodisch ihre Positionen argumentativ und kommunikativ artikulieren (Frey 1990).

Obwohl sich ethische Traditionen nicht einfach zeitenthoben wiederholen lassen, bleibt die Auseinandersetzung mit diesen und anderen Traditionen unerlässlich. Denn deren Argumentationsmuster strömten in bruchstückhafter, teilweise in einer bis zur Unkenntlichkeit verformten Weise in die vielfältigen, gegenwärtigen Formen moralischer Selbstverständigung ein. Daher muss eine Beschäftigung mit den Argumentationsweisen und Inhalten der bereits in sich inhomogenen Traditionen auf die heutige Situation Rücksicht nehmen und eine Auswahl treffen. Diese Selektion lässt sich selbst als ein philosophisch-kreativer Akt verstehen: „Der gleiche Gedanke wächst mitunter in einem anderen völlig anders als in seinem Urheber; unfruchtbar in seinem natürlichen Boden wird er über die Maßen fruchtbar, wenn man ihn verpflanzt." (Pascal 1963, 100) So ist es durchaus philosophisch, Reflexionstraditionen konstruktiv und selektiv zur je eigenen Klärung der Gegenwart und ihrer Herausforderungen heranzuziehen. Philosophen nutzten philosophische Traditionselemente, verformten und aktualisierten die eigene Überlieferung zur Orientierung in ihren Lebensumständen. Die Philosophiegeschichte und die fachphilosophischen Detailuntersuchungen dokumentieren einen Prozess kreativer Variationen.

Die Entwicklung ethischen Orientierungswissens für die Soziale Arbeit geht demgegenüber anders vor. Sie muss die durch Profession und ihre Handlungsfelder vorgegebenen ethischen Grundprobleme identifizieren und sie mit Hilfe eines ausgewählten philosophischen Orientierungswissens durchdringen. Dies hat Vor- und Nachteile: (a) Einerseits bleiben professionell Helfende in fachphilosophischer Hinsicht immer Anfänger. Sie verfügen über den vorteilhaften Ideen- und Erfahrungsreichtum des über sich selbst nachdenkenden moralischen Alltagsbewusstseins. Im positiven Sinne fehlt ihnen die ‚Betriebsblindheit' des fachphilosophischen Reflektierens. Im Idealfall steht die fragende Neugier und ein Staunen darüber im Vordergrund, dass sich die vertrauten Welten auch einmal anders betrachten lassen. In dieser, dem Anfang des abendländischen Philosophierens durchaus ähnlichen Grundsituation ist das Erstaunliche noch nicht vom Ballast vielfältiger begrifflicher Unterscheidungen und umfangreicher Systementwicklungen erdrückt. (b) Andererseits bleibt die selektive Rezeption ethischer Traditionen und Grundbegriffe nachteilig. Hier schaffen Gesamtüberblicke (z.B. Anzenbacher 1987, 1992) sowie Handbücher der Sozialen Arbeit (Otto/Thiersch, 2005; Thole, 2005; Lob-Hüdepohl/Lesch, 2007) Abhilfe, wenn die wichtigsten Grundkenntnisse bereits erworben wurden. Im Rahmen der Ausbildung sozialer Berufe ist ein gewisser Realismus angebracht: Ein auf diesen Zusammenhang hin konzipiertes ethisches Wissen kann nur ein ausgewähltes, elementares Orientierungswissen sein, das exemplarisch zentrale ethische Aspekte Sozialer Arbeit analysiert und bearbeitet. Von dieser kreativen ‚Notlösung' bleibt im Ergebnis keine Fachausbildung verschont. Selbst Philosophiestudierenden geht es nicht anders. Auch sie müssen sich häufig in Bezug auf antike und mittelalterliche Traditionen mit Elementarisierungen behelfen, weil ihnen gründliche Latein- und Griechischkenntnisse fehlen. Hier wie dort bleiben die für die jeweilige Profession zugeschnittenen, paradigmatischen Einblicke unerlässlich. Das vorliegende Lehrbuch geht daher von problemorientierten Themenstellungen aus, die für professionell Helfende Bedeutung besitzen. Es will die Selbstklärung der Sozialarbeitsprofession ethisch vorantreiben und zum Durchdenken der moralischen Perspektiven Sozialer Arbeit motivieren und befähigen.

Den Menschenrechten, wie sie unter anderem in der Allgemeinen Erklärung der Menschenrechte von 1948 festgehalten wurden (→ Kap. 2.6), kommen heute in Bezug auf die Hintergrundsüberzeugungen eine grundlegende Bedeutung zu. Denn weite Teile des gegenwärtigen Ethos sind ihrer prägenden Wirkung ausgesetzt. Sie bestimmen das moralische Alltagsbewusstsein, sind teilweise in maßgebende Rechtskorpora eingegangen und stellen heute einen interpretationsfähigen sowie interpretationsbedürftigen Konsens dar. Daher kann eine kritische, auf gesellschaftliche Resonanz zielende Einmischung nicht auf einen menschenrechtlichen Bezug verzichten. Der Bezug auf das Ethos der Menschenrechte entbindet jedoch nicht von Begründungsfragen; er vermeidet allerdings die Einengung auf Grundsatzfragen normativer Letztbegründungen.

Menschenrechte können **als kritische Beurteilungsmaßstäbe sozialer Praxis** dienen. Sie haben den Status regulativer Kriterien. Daher können aus ihnen keine Handlungskonzepte im Sinne von ‚Tue dies oder das' abgeleitet werden. Ebenso wie sich aus Fußballspielregeln kein konkreter Spielverlauf ergibt, lassen sich auch aus Menschenrechten keine definitiven Praxisanweisungen konstruieren. Ähnlich wie das Kriterium der Sensibilität und der gegenseitigen Anerkennung in Interaktionen der Phantasie und Kreativität der Beteiligten bedarf, um Konkretisierungen zu finden und zu erfinden, so bedürfen auch die Menschenrechte der Entwicklung von konkreten, den normativen Ansprüchen genügenden Handlungsmustern. Es ist folglich unangemessen, einem regulativen Kriterium vorzuwerfen, dass sich aus ihm keine konkrete Praxisanweisung ableiten lässt. Derartige Kriterien begleiten vielmehr auf kritisch-konstruktive Weise den praktischen Vollzug und ermöglichen – ähnlich wie ein Kompass – eine bewertende Orientierung zwischen Selbstanspruch und Verwirklichung.

Neben dieser zentralen moralischen Bedeutung der Menschenrechte für neuzeitliche Gesellschaften spricht zudem auch ihre thematische Nähe zu bestimmten Problemfeldern Sozialer Arbeit wie dem Umgang mit Macht, dem Schutz des Individuums oder sozialer Gleichheit und Gerechtigkeit für ihre ausgreifendere Berücksichtigung als ethisches Orientierungswissen. Der enge Zusammenhang von Sozialer Arbeit und Menschenrechten, wie er im Konzept der Menschenrechtsprofession (Staub-Bernasconi 1995) entwickelt wurde, unterstreicht dies.

1.2 Die Bedeutung des Orientierungswissens für die Soziale Arbeit

Als wissenschaftliche Disziplin der Philosophie führte die Ethik in der Nachkriegszeit zunächst ein Schattendasein. Viele vertraten die Auffassung, dass moralische, sich privaten Entscheidungen verdankende Einstellungen einer allgemeinen Rechtfertigung und letzten Begründung nicht zugängig seien. So dominierte ein eher an den Naturwissenschaften orientiertes Wissenschafts- und Wirklichkeitsverständnis (Szientismus). Sein Ideal von mathematischer Exaktheit und Orientierung an der Empirie drängte eine wissenschaftliche Verständigung über menschliche Handlungshorizonte eher an den Rand.

Die soziopolitisch bedeutsamen sechziger Jahre veränderten hier die Blickrichtung des Philosophierens; die Bedeutung ethischer Reflexion trat wieder stärker in den Vordergrund (Riedel 1972/1974). Die Fach-Philosophie reagierte damit sowohl auf den durch die gesellschaftlichen Konflikte und Spannungen entstandenen Verständigungsbedarf als auch auf die Pluralisierung. Je stärker sich im Zuge dessen auch die moralischen Vorstellungen pluralisierten, desto spannungsreicher trafen und treffen sie in den öffentlichen, alle Menschen angehenden Belangen aufeinander. Bis heute entspringt die Suche nach einer gemeinsamen Handlungsperspektive auch der Einsicht, dass die Stabilität eines Gesellschaftssystems immer eines minimalen Konsenses bedarf.

Die aus der anhaltenden Pluralisierung geborene Vielfalt unterschiedlicher Lebensauffassungen und der so entstehende Verständigungsbedarf greifen auch in das berufliche Selbstverständnis von Helfenden ein. Deshalb empfiehlt sich eine zweifache Blickrichtung: (a) Soziale Arbeit muss einerseits ihre Ziele im Sinne einer gesamtgesellschaftlichen, auf Integration zielenden Rahmenvorstellung vor der gesellschaftlichen Öffentlichkeit begründen und rechtfertigen. Denn die Akzeptanz Sozialer Arbeit und ihrer Ziele ist keineswegs selbstverständlich und moralisch evident. (b) Gleichzeitig muss der moralische Pluralismus in den Perspektiven professionell Helfender kritisch durchdrungen und konsensorientiert bearbeitet werden. Denn der diesbezügliche – jedem Praktiker bekannte – berufsinterne Verständigungsbedarf besitzt für das Gelingen kooperativer Arbeitszusammenhänge erhebliche Bedeutung. Divergierende moralische Vorstellungen und ihre zugrunde liegenden Menschenbilder führen in praktischen Situationen zu ganz unterschiedlichen pädagogisch-methodischen Konsequenzen und damit im Team häufig zu Konflikten.

Dass es zu einer Institutionalisierung des Faches ‚Ethik' in den Studiengängen Sozialer Arbeit kam, ist nicht zuletzt diesem vielfachen Kommunikations- und Konsensbedarf geschuldet. Da das Verständnis dieses Faches noch stark vom traditionellen Bildungsbegriff bestimmt ist, der auch auf die selbstbestimmte Persönlichkeit und ihre moralische Lebensführung abzielt, erscheint traditionelles ethisches Denken hier gelegentlich als praxisfern und berufsfremd. Unter dem Stichwort ‚Schlüsselqualifikationen' gewinnt hingegen ein transformiertes Bildungsideal wieder berufliche Bedeutung. Allgemeine Kompetenzen der reflexiven Selbstklärung, des selbstständigen, nachhaltigen und wissenschaftsbasierten Lernens und Analysierens gewinnen angesichts anhaltender Veränderungen des Berufsfeldes zunehmend an Bedeutung. Bloßes Anwendungswissen erweist sich in der Sozialen Arbeit in wenigen Jahren als überholt. Auch demzufolge schwindet der scharfe Kontrast zwischen selbstzwecklicher, persönlichkeitsorientierter Bildung auf der einen und nutzenorientierter Ausbildung auf der anderen Seite.

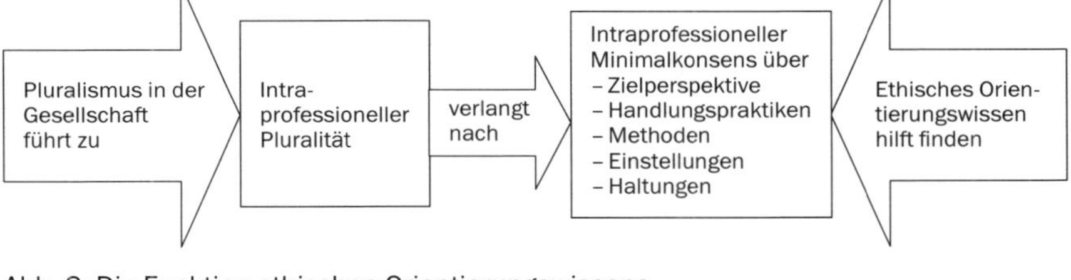

Abb. 2: Die Funktion ethischen Orientierungswissens

Vor diesem Hintergrund gilt es eine Professionalität zu gewinnen, die sich im Laufe des Berufslebens sowohl fachlich als auch ethisch immer wieder neu und selbstständig justiert und positioniert. Die Erwartung eines unmittelbaren Praxisnutzens erweist sich demgegenüber als kurzsichtig. Da die ethischen Traditionen aufgrund ihres regulativen Charakters kein unmittelbar verwertbares Handlungswissen stiften, ist die Enttäuschung gelegentlich groß. Im Ergebnis vermag ethische Reflexionsleistung vermutlich keine der an sie herangetragenen divergierenden, spannungsreichen Erwartungen und Einschätzungen völlig zu befriedigen: Einmal gilt sie als politisch-agitatorisch nützlich, ein andermal als überflüssiges moralisches Gerede; hier erscheint sie wichtig für die Legitimation der Gesellschaft, dort als hilflose Protestkommunikation. Zudem engen die Erwartungen von Sozialunternehmen sie häufig auf eine wertbegründende und persönlichkeitsmotivierende Funktion ein. Eine kritisch auf das Ethos bezogene Ethik erfüllt diese Bedürfnisse nur bedingt.

1.3 Begründen – problematisieren – lernen – orientieren

Ethische Reflexion erweist ihre Bedeutung für ein Professionsverständnis, wenn man ihre vier zentralen Funktionen in den Blick nimmt: die Begründungs-, die Problematisierungs-, die Orientierungs- und die Lernfunktion. Sie sind Dimensionen ein und desselben Vorgangs, überschneiden sich häufig und verweisen aufeinander: Indem ich das eine tue, z.B. begründe und problematisiere, entsteht gleichzeitig das andere: das Orientieren und das Lernen.

Die Erwartung, dass ethisches Wissen bereits eingeübte moralische Sichtweisen argumentativ stabilisieren soll, ist eine verbreitete Erwartung in der Ausbildung. Denn die moralischen Motivationen der Berufsanfänger, die auch ihre Berufswahl beeinflussten, wollen sich artikulieren. Sie suchen eine sichere Basis und erwarten von der Ethik eine stützende Funktion für die eigene moralische Selbstvergewisserung. Dieser menschlich nachvollziehbare Wunsch birgt jedoch bereits Ambivalenzen in sich. Ethik hingegen sucht zunächst den Kontrast und die Kritik zu den gewohnheitsmäßigen Moralauffassungen. Dieser Vorgang beinhaltet die untrennbare Verwicklung von Begründung und Problematisierung. Denn nach Begründung fragt nur jemand, dem irgendetwas problematisch erscheint und dessen Erfahrung damit fragwürdig wird. Vielleicht bemerkt er gleichzeitig, dass andere Menschen die Dinge anders sehen als er selbst. Ebenso wie es aus therapeutischer Sicht nicht ratsam ist, auftretende Probleme und Unsicherheiten beiseite zu schieben, zu ignorieren oder zu verdrängen, darf auch Ethik nicht die moralische Selbstvergewisserung durch eng geführte Begründung stützen.

Wer ernsthaft in einen Begründungsprozess eintritt, muss sowohl die eigenen als auch die von ihm unterschiedenen Perspektiven einer ethischen Analyse unterziehen. Im Bezug auf sich selbst stimuliert dies eine Auseinandersetzung mit den eigenen Erwartungshaltungen sowie die Entdeckung vielseitiger Mehrdeutigkeiten. Ethische Reflexionen führen hier oftmals zu eigentümlichen Verfremdungen und Irritationen. Im ersten Schritt moralischer Artikulation werden vielfältige Grundwerte wie z.B. Freiheit, Gerechtigkeit usw. thematisiert, die für das eigene moralische Selbstverständnis als bedeutsam erachtet werden. Sobald aber detaillierte Begründungen und begriffliche Klärungen erforderlich werden, ergibt sich eine überraschende, gelegentlich unangenehme Tatsache: Die betroffenen Personen werden mit der ganzen Vielfalt möglicher Interpretationen und den sich bereits in ihren persönlichen Intuitionen verbergenden Uneindeutigkeiten konfrontiert. In der gleichzeitigen Wahrnehmung andersartiger Auffassungen beginnt bereits die Auseinandersetzung mit einem unerwarteten Pluralismus. Der Wunsch nach moralischer Gemeinschaft und Harmonie erweist sich im Lichte der Reflexion als ambivalent und realitätsfern.

Im bewussten Wahrnehmen und Analysieren unterschiedlicher Positionen entfaltet das Problematisieren seine Orientierungsfunktion: Durch die Analyse und Durchdringung unterschiedlicher Positionen im Prozess der Begründung gewinnt die Orientierung zwischen unterschiedlichen Handlungsoptionen Gestalt. In der hierin zum Vorschein kommenden Konfliktivität widerstreitender Interpretationen steht die Legitimation oder Delegitimation, die Akzeptanz oder Kritik des Status quo auf dem Spiel. Indem Ethik durch Begründen und Problematisieren die widerstreitenden Wirklichkeitsdeutungen analysiert und herausarbeitet, führt sie nicht von der Realität weg, sondern in die Mehrdeutigkeit und den Konfliktcharakter der Wirklichkeit ein. Damit gewinnt sie eine besondere Orientierungsfunktion im Kontext der modernen, säkularen und pluralistischen Gesellschaft. Bloße Aufzählungen und Aneinanderreihungen von Werten wie Freiheit, Gleichheit, Gerechtigkeit, Toleranz usw. täuschen häufig über den konfliktuösen Pluralismus hinweg.

Gewöhnlich wird aber – genau gegenteilig – gerade die Einführung in die Mehrdeutigkeit der Realität als realitätsfremd empfunden. Da Menschen ungern ihre eingeübten sozialen, mit ihrer Identität verwobenen Wirklichkeitssichten aufgeben, tendieren sie eher zu deren Vergewisserung und Verfestigung; Korrekturen und Bearbeitungen des Gewohnten erfreuen sich keiner großen Beliebtheit. Ethische Reflexion arbeitet gegen diese menschlich verständliche Trägheit an. Sie ist besonders da bedeutsam, wo sich moralische Gewissheiten in starren Sichtweisen verfestigen – dort, wo

Menschen aufgrund ihres ausgeprägten moralischen Sicherheits- und Vergewisserungsbedürfnisses den Kontakt zur Realität verlieren. Kompetentes ethisches Problematisieren fördert hingegen eine kultivierte Selbstdistanz. Auf diese Weise erfüllt Ethik auch eine Lernfunktion für die menschliche Identität, die sich im Laufe ihrer Lebensgeschichte durch Neujustierungen und Bearbeitungen ihres Selbstverständnisses mit mannigfaltigen Wirklichkeitsveränderungen immer wieder neu in Beziehung setzen muss. Die Fähigkeit zur Selbstdistanz gehört – in Verbindung mit anderen persönlichkeitsbedingten Aspekten – zu den zentralen Bedingungen einer gelingenden Kommunikation. Besonders in stetig variierenden Praxissituationen und Problemkonstellationen der Sozialen Arbeit besitzen diese Funktionen weitreichende Bedeutung. Denn der gesellschaftliche Pluralismus artikuliert sich auch in den unterschiedlichen Verständnissen und Zielvorstellungen desselben Berufs. Ethische Reflexion erfasst die eingeübten moralischen Sichtweisen und begleitet die lernfähige, selbstkritische und kommunikative Bearbeitung der Moral. Auf diese Weise hilft sie zum einen, kompromissorientierte und konsensuelle Rahmenvorstellungen der beruflichen Praxis für eine kooperative Zusammenarbeit auszubilden, zum anderen aber auch, das professionelle Selbstverständnis in seiner gesamtgesellschaftlichen Bedeutung zu vertreten. Insgesamt unterstützt sie hiermit den Prozess langfristigen persönlichen und professionellen Lernens.

1.4 Das Verhältnis von Theorie und Praxis

Unser Alltagsbewusstsein begreift das Verhältnis von Theorie und Praxis in der Regel als Gegensatz; hier theoretische Überlegungen, dort praktische Anwendungsprobleme, hier abstrakte Prinzipien, dort vielfältige bzw. unverwechselbare Situationen und in sie verwickelte singuläre Individuen. Eine genauere Analyse stößt allerdings überall auf Wechselbeziehungen zwischen Theorie und Praxis; denn selbst da, wo Praktiker über keine ausgearbeitete Theorie verfügen, folgt ihre Praxis bestimmten ineinander verflochtenen Wahrnehmungs-, Deutungs- und Handlungsstrategien. So nimmt jemand nur das genauer wahr, was er mit Hilfe seines Wissens deuten, interpretieren und einordnen kann. Auf die dadurch entstehende Situationsdefinition stellt er dann entsprechende, aus seiner Perspektive angemessene Handlungsstrategien ab.

Da drei in Verbindung stehende Gesichtspunkte – Wahrnehmen, Deuten und Handeln – den praktischen Lebensvollzug konstituieren, ist eine Einengung des Praxisbegriffs auf den Handlungsaspekt allein verfehlt. Sowohl in das professionelle Agieren als auch in das Leben insgesamt gehen immer schon bestimmte Auswahl- bzw. Selektionsmuster ein, ohne die

Wahrnehmung nicht auskommen kann. Die Wahrnehmung beginnt nie an einem Nullpunkt, von dem aus sich gewissermaßen alles wahrnehmen und überblicken ließe. Da diese Muster stets bestimmten Wirklichkeitsaspekten Bedeutung verleihen und gleichzeitig andere Zonen als unbedeutend beiseite lassen, vermag keiner alles zu erfassen. Für einen absolut vollständigen Überblick müsste er demgegenüber die Wirklichkeit ohne Muster oder Ordnungssystem wahrnehmen. In diesem fiktiven Fall nähme er im Ergebnis eine Wirklichkeit ohne Konturen, ohne Tiefenschärfe, ohne Vordergrund und Hintergrund, ohne Grautöne usw., also ‚alles' und damit letztlich gar nichts wahr. Jede Wahrnehmung besitzt daher eine Grenzen und Konturen schaffende Logik.

Dennoch ist keiner dem selbstverständlichen Zusammenwirken von Wahrnehmen und Wissen hilflos ausgeliefert (hierzu Schütz/Luckmann 1979, 224–276): Die unterschiedlichen Wahrnehmungs-, Deutungs- und die ihnen entspringenden Handlungsmuster lassen eine Verständigung über ihre differenten Voraussetzungen und ggf. auch ihre Kritik zu. Wahrnehmungsmuster können eher offen oder eher geschlossen sein; es kann viel oder wenig wahrgenommen werden, Überraschendes oder Gewohnheitsmäßiges vermag im Vordergrund zu stehen usw. So erfassen paranoid eingefärbte Wahrnehmungsmuster andere Menschen vorwiegend unter dem Gesichtspunkt, der ihre Identität bestimmt und bestätigt: Am Rande wahrgenommene Gesprächssituationen gelten ihnen beispielsweise als Beleg für die eigene Sichtweise (‚Die reden wieder über mich'). Ein weltbildhaft pessimistisch eingefärbtes Wahrnehmungsmuster schenkt vor allem denjenigen Phänomenen Aufmerksamkeit, die als Beleg für die ‚Schlechtigkeit der Welt und des Menschen' Verwendung finden können. Idealistische Einfärbungen hingegen verstärken die Tendenz, die Ambivalenz menschlichen Lebens abzublenden. Diesen auch für die Ethik bedeutsamen Sachverhalt der self-fulfilling-prophecy (auch sog. Thomas-Theorem) hat erstmalig der Sozialpsychologe W. I. Thomas formuliert: „Wenn Menschen Situationen als real definieren, dann sind auch die Folgen real." (W. Thomas/D. Thomas 1965, 114)

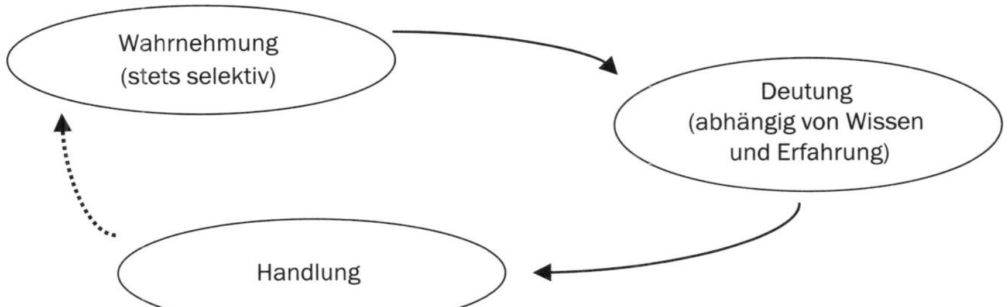

Abb. 3: Dreidimensionale Konstitution der Praxis

Die Einsicht in die dreidimensionale Konstitution der Praxis durch Wahrnehmen, Deuten und Handeln ist eine bedeutende theoretische Leistung. Sie setzt eine gewisse Distanz zum Alltag voraus, denn im Lebens- und Berufsalltag geht der Blick für das Ineinandergreifen von Wahrnehmen, Deuten und Handeln häufig verloren. Auch das Alltagswissen gibt darüber keine Auskunft. Professionelle Ausbildung hingegen führt auf mehr oder minder komplexe Weise in den Prozess des Distanzierens ein; theoretisches Wissen überprüft das auf ein berufliches Handlungsfeld bezogene Vorwissen, überarbeitet und erweitert es, um den praktischen Vollzug zu verbessern. Mit Hilfe neu erworbener Grund- und Fachbegriffe lassen sich Praxissituationen genauer erfassen sowie Zielformulierungen und Konzepte entwickeln, um Handlungsstrategien zu fixieren. Angemessenes Fachwissen führt zur Wahrnehmung von zuvor als bedeutungslos erachteten Sachverhalten sowie zur Erkenntnis und Entdeckung neuer Handlungsspielräume. Im Idealfall entsteht eine lebendige Wechselbeziehung zwischen theoretischem Wissen und praktischem Vollzug: Teile des theoretischen Wissens sickern in das berufliche Alltagswissen ein, Deutungen verfestigen sich zur Routine, routinierte Interpretationen erfahren wiederum eine theoretische Überprüfung, Modifizierung und Verbesserung.

In diesem zirkelhaften Prozess lässt sich auch die bereits angedeutete Aufgabe der Ethik vertiefend beschreiben: Sie nimmt kritisch Bezug auf jene moralischen Überzeugungen, die Handlungsmuster begleiten. Moralische Überzeugungen stecken Wahrnehmungs-, Deutungs- und Handlungsfelder ab. Sie markieren Normalitätsgrenzen, jenseits derer ein Leben als moralisch problematisch gilt. Eine derart normalitätsstiftende Funktion beinhaltet ein geradezu automatisches Gefälle, sich diesseits der Grenze als zur Normalität gehörig zu verstehen. Wird diese Ambivalenz abgeblendet, tritt die damit verbundene Abgrenzungsdynamik in den Vordergrund: Wir, das sind die moralisch Guten, im Gegensatz zu den sich jenseits dieser Grenzlinie befindenden Bösen. Ein unreflektierter Rückgriff auf Moral gerät im Zuge dessen leicht zur Selbstrechtfertigung; „Moral ist [dann] ganz einfach die Pose, welche man jenen gegenüber einnimmt, die man persönlich nicht leiden kann.“ (Oscar Wilde)

Demgegenüber stellt Ethik die kritische Bearbeitung dieser Ambivalenz in den Mittelpunkt. Sie analysiert die normativen Voraussetzungen und prüft die Rechtfertigung der mit den Grenzziehungen indirekt aufgerichteten Sollensansprüche: Sind die derzeitig unserem Ethos eingeprägten Grenzlinien begründet? Welche Rechtfertigungen besitzen die darin eingegangenen inhaltlichen Vorstellungen von gut und böse? Welche Argumente sprechen dafür, eingebrachte Unterscheidungen aufrechtzuerhalten, welche dagegen? Welche Grundunterscheidungen sollen Kinder durch Erziehung lernen? Gibt es Gründe, Grenzlinien zu verändern, zu verschieben oder zu überschreiten?

Das Freilegen der Widersprüche und Ambivalenzen erfordert eine Analyse der Grundnormen und -regeln des Praxis-Ethos. Das **Ethos** lässt sich definieren als „die bestimmten Formen der eingelebten, von Erziehung und Tradition weiter gereichten, im konkreten Tun bestätigten Regelungen des gemeinsamen Handelns …, die alle oder doch eine weit überwiegende Mehrzahl der Handelnden eint“ (Bubner 1984, 177). Zur Beurteilung bedarf es offensichtlich weiterer begründeter Kriterien: Fördert ein Handlungsmuster die Anerkennung und den gegenseitigen Respekt der an der Interaktion beteiligten Personen? Unterstützen die in der Erziehung praktizierten Regeln die Selbstständigkeit des Kindes? Sind die sozialen und politischen, das menschliche Zusammenleben steuernden Regeln gerecht? Gibt es eine gleiche Verteilung der Lasten? In welchem Verhältnis stehen die guten Absichten der Menschen zu den praktizierten Handlungsregelungen und ihren Folgen? Möglicherweise sind andere Regeln den guten Absichten angemessener, denn das Gegenteil von ‚gut‘ ist häufig ‚gut gemeint‘.

Im lebendigen Wechselverhältnis zwischen Praxis und Theorie, von Alltags- und Professionswissen, ist mit wechselseitig anknüpfungsfähigen Teilaspekten zu rechnen. Im Ideal begleitet und verbessert die Ethik den lebenslangen beruflichen Lernprozess in einer dynamischen, sich rasant verändernden Gesellschaft.

Übungsfragen und -aufgaben

1. Erläutern Sie die Unterscheidung zwischen Ethik und Ethos!
2. Welche Funktion besitzt ein regulatives Kriterium der Ethik?
3. Welche Bedeutung besitzt ethische Reflexion für die Orientierung in einer pluralistischen Gesellschaft?
4. Beschreiben Sie das Wechselverhältnis von Theorie und Praxis mit Hilfe des Thomas-Theorems. Greifen Sie dabei auf die Unterscheidungen (Deuten, Wahrnehmen, Handeln) von Alfred Schütz zurück.
5. Diskutieren sie die Funktion ethischer Reflexion für die Profession Sozialer Arbeit!

Vertiefende Literatur

Das Problem der Wahrnehmung und der Relevanz. In: Schütz, A./Luckmann, T., Strukturen der Lebenswelt, Bd. 1, Frankfurt/M. 1979, S. 227–233

Der Textauszug zeigt an einem einfachen Beispiel des antiken Philosophen Carneades die Komplexität unserer Wahrnehmungs- und Deutungsprozesse im Alltag und ihre Rückwirkungen auf unsere Handlungsmuster.

Kapitel 2
Menschenrechte – Grundlagen

■ Menschenrechte gelten heute weithin als internationaler Konsens; ihre Verwirklichung steht indessen in vielerlei Hinsicht noch aus. Verletzungen des Menschenrechtsethos ziehen daher immer öffentliche Kritik nach sich. So eröffnen sich breite Diskussionsforen, die wiederum Klärungsbedarfe und normative Beurteilungen anstoßen. Soziale Arbeit bezieht sich in ihren nationalen und internationalen Berufskodices zentral auf die Menschenrechte. Mit ihrer Hilfe gewinnt Soziale Arbeit ein normatives Selbstverständnis ihrer Profession, das sowohl ihrer sozialpolitischen Rolle wie den nutzerbezogenen Zielen Orientierung und Maß gibt.

Im Regelfall sind Menschenrechte heute fester Bestandteil moralischer Argumentation. Sie gelten als weithin anerkannt und profilieren als Normen die Vorstellungen vom humanen Leben. Auch im Selbstverständnis helfender Berufe spielen sie als ethisches Orientierungswissen eine bedeutende Rolle. In der Sozialen Arbeit entwickelten sie sich zum grundlegenden Bestandteil berufsethischer Prinzipien und Standards. In den ethischen Grundlagen der Internationalen Vereinigung der SozialarbeiterInnen heißt es: „SozialarbeiterInnen respektieren die grundlegenden Menschenrechte [und] … sind den Grundsätzen der sozialen Gerechtigkeit verpflichtet" (IFSW 1997). Daher bedarf Professionalität eines elementaren ethischen Wissens, um „ethische Streitfragen/Probleme … [zu] hinterfragen, analysieren" (ebd.) und zu kommunizieren.

Obwohl unser Vorverständnis bereits maßgeblich von Menschenrechtsvorstellungen geprägt ist, bedarf es in der professionellen Arbeit genauerer Systematisierung und Präzisierung. Denn nur so entwickeln sich Menschenrechte zum Element beruflicher Identität und tragen zur Orientierung bei. Die Verständigung betrifft zum einen die interne professionelle Identitätsfindung, zum anderen die Kommunikation zwischen sozialarbeiterischen Institutionen und der gesamten Gesellschaft. Diese erwartet legitimerweise auch Auskunft über die grundlegenden moralischen und rechtlichen Zielperspektiven der Sozialen Arbeit.

Im Alltagsverständnis bewerten Menschen mit Hilfe der Menschenrechtsideen individuelle und soziale Situationen, innenpolitische und außenpolitische Politikstrategien sowie gesamtgesellschaftliche Situationen. Ihre Evidenz und Begründung wird vor allem bei Helfenden vorausgesetzt. Sie verstehen Menschenrechte als Teil ihres moralischen Alltagsbewusstseins, das ihr berufliches Handeln begleitet und ihr Selbstverständnis als helfende Profession unterstützt. Ansätze einer normativen Artikulation nehmen fast immer von dort ihren Ausgang.

Die assoziative Bandbreite des Menschenrechtsbezugs dokumentiert allerdings eine relativ unübersichtliche Lage. Inhalte und Handlungsoptionen besitzen selten die erwünschte Homogenität und Eindeutigkeit. Bereits ein kleiner inhaltlicher Ausschnitt belegt die Notwendigkeit zu weiteren Präzisierungen und Systematisierungen: Das Recht auf Lebensschutz beispielsweise gilt als unbestritten; dennoch vermag niemand absolut eindeutige Folgerungen für die Beurteilung des Schwangerschaftsabbruchs zu ziehen. In anderen medizinethischen Konflikten findet sich ähnlicher Klärungsbedarf. Die Sterbehilfe bzw. -begleitung diskutiert die Spannung zwischen prinzipieller Bejahung des Lebens und individueller Selbstbestimmung. Auch soziale Rechte erfordern präzisierende Bestimmungen. In welchem Umfang soll der Staat soziale Leistungen erbringen? Was sind angemessene Niveaus in der Krankenversicherung? Die Beispiele veranschaulichen eine Vieldeutigkeit, die durch den Bezug auf Menschenrechte nicht verschwindet. Denn auch Menschenrechte sind interpretationsfähig und -bedürftig.

2.1 Menschenrechte – Konkretisierungen des Schutzes der menschlichen Würde

Die deutsche Verfassung erklärt den **Schutz der Würde menschlichen Lebens** zur staatlichen Aufgabe. In Absatz GG 1,1–3 heißt es: „(1) **Die Würde des Menschen ist unantastbar.** Sie zu achten und zu schützen ist Verpflichtung aller staatlichen Gewalt. (2) Das Deutsche Volk bekennt sich darum zu unverletzlichen und unveräußerlichen Menschenrechten als Grundlage jeder menschlichen Gemeinschaft, des Friedens und der Gerechtigkeit in der Welt. (3) Die nachfolgenden Grundrechte binden Gesetzgebung, vollziehende Gewalt und Rechtssprechung als unmittelbar geltendes Recht" (Hervorh. v. W.M.). Der in diese Rechtssätze eingegangene programmatische Bezug auf die menschliche Würde und sein Verhältnis zu den Menschenrechten bedarf der Klärung.

Was bedeutet es, ein würdiges Leben zu führen? Kant hat eine wirkungsgeschichtlich bedeutungsvolle Definition vorgeschlagen: **Würde** kommt dem zu, das „über allen Preis erhaben ist, mithin kein Äquivalent verstattet" (Kant 1965, 58). Für das, ‚was kein Äquivalent verstattet', gibt es keinen angemessenen Gegenwert; für menschliches Leben kann demzufolge kein

Geld oder können keine anderen Dinge als Ersatzgröße eingesetzt werden; eine Person ist nicht 50 Kamele wert. Obwohl diese Definition noch weitere Bestimmungen erfordert, enthält sie bereits die zentrale Bedeutung: **Die Würde hebt die Selbstzwecklichkeit des Menschen gegenüber seiner Instrumentalisierung hervor.** Das, was Würde besitzt, kann deshalb nicht als Mittel zu einem fremden Zweck begriffen werden. Dem Menschen wird Würde zugesprochen, er ist kein Ding oder keine Sache und soll daher auch nicht so behandelt werden. Allein durch die Tatsache, dass jemand ein Mensch ist, besitzt er das Recht auf Rechte und auf Anerkennung als Mensch.

Neuzeitlicher Würdebegriff

- Selbstzwecklichkeit statt Instrumentalisierung
- Träger unveräußerlicher Rechte qua Mitgliedschaft an menschlicher Gattung

Die Anerkennung der Menschenwürde wird auch von Institutionen erwartet. Daher zielt der Schutz der Würde auch auf die Begrenzung institutioneller Macht und Willkür (→ Kap. 6). Diese machtkritische Komponente findet in **Menschenrechten als Abwehrrechten** gegenüber dem Staat seine Gestalt. Menschen erwarten den Respekt ihrer persönlichen Freiheitssphäre und wollen zudem nicht zu einer Sache degradiert werden. Im Persönlichkeitsbereich soll der **Staat abwesend** sein.

Die Durchsetzung der Menschenrechte zielt ebenso auf die gegenseitige Anerkennung aller zusammenlebenden Personen ab. Allen Menschen gebührt die Anerkennung ihrer Würde gleichermaßen; keine Person darf den anderen Menschen zu einer Sache herabsetzen. Daher ist die Abgrenzung der individuellen Freiheitssphären untereinander substantieller Bestandteil gegenseitiger Anerkennung. Eingriffe in die persönliche Freiheitssphäre gelten ohne Zustimmung des Betroffenen als illegitim. Da alle Menschen die gleiche Würde besitzen, erwarten sie auch die Gleichbehandlung aller Menschen vor dem Recht. Die Rechtsgestaltung des Staates soll die eingeforderte Rechtsgleichheit garantieren. Das Konzept des Rechtsstaats zielt auf die Begrenzung und Minimierung gesellschaftlicher und staatlicher Macht gegenüber dem Einzelnen, um damit der Selbstzwecklichkeit des Menschen Rechnung zu tragen.

Neben den Motiven des Abwehrrechts und der Rechtsgleichheit ist dem Alltagsverständnis ein weiterer Aspekt geläufig: Der Staat soll einerseits Rechtsgleichheit garantieren und auf Eingriffe in die persönliche Freiheitssphäre verzichten, andererseits als Garant von **Schutzrechten** in bestimmten Fällen **anwesend** sein. Dies betrifft zum einen den elementaren Schutz des Lebens; dort, wo der Einzelne sich nicht schützen kann, soll der Staat seinen Schutz gewährleisten. Wenn ungleiche Startchancen gleiche Realisierungschancen der Individuen verhindern, soll er auch steuernd eingreifen. Als Sozialstaat tritt er für sozialen Ausgleich ein. Diese intuitive Erwartung artikuliert sich z. B. im Recht auf Bildung und Arbeit als Menschenrecht.

In den vielfältigen Aspekten des Vorverständnisses der Menschenrechte lässt sich ein latentes systematisches, spannungsvolles Gewebe mit unterschiedlichen Schwerpunkten entdecken. Das Spannungsgefüge von Abwehrrechten und Anspruchsrechten sowie individueller Freiheit und sozialer Gleichheit umspannt den Horizont des Menschenrechtsverständnisses. Hieraus lässt sich in weiteren Schritten ein ethisches Orientierungswissen gewinnen: Zunächst gilt es eine Definition zu entwickeln (→ Kap. 2.2). Anschließend wird das Verhältnis von Menschenrechten und Grundrechten in den Blick genommen. Dies lenkt die Aufmerksamkeit auf die rechtliche Dimension als zentrale Realisierungsbedingung der Menschenrechte (→ Kap. 2.3). Des weiteren erfährt der Begriff eine systematisch-historische Vertiefung. Anschließend wird in das Verhältnis von Freiheit, Gleichheit und Teilhabe eingeführt (→ Kap. 2.6). Ein Einblick in die historische Entwicklung dokumentiert die unterschiedlichen Schwerpunkte der Menschenrechte in entsprechenden nationalen Entstehungskontexten (→ Kap. 3.1). Diese grundlegenden Erklärungen dienen im weiteren der Entwicklung Sozialer Arbeit als menschenrechtlich begründeter Profession.

2.2 Definitionen

> „Als **Menschenrechte** … sind … diejenigen Rechte anzusehen, die allen Menschen kraft ihres Menschseins und unabhängig von Hautfarbe oder Staatsangehörigkeit, politischer oder religiöser Überzeugung, sozialer Stellung oder wirtschaftlichem Einfluß, Geschlecht oder Alter zukommen. Diese Menschenrechte werden nicht vom Staat verliehen, sondern tragen vorstaatlichen Charakter. Sie sind unantastbar und unveräußerlich: weder darf der Staat sie verweigern oder entziehen, noch kann der oder die einzelne freiwillig oder gezwungenermaßen auf sie verzichten. […] Träger der Menschenrechte sind immer die einzelnen menschlichen Personen; es handelt sich also durchweg um Statusrechte der einzelnen, nicht um Kollektivrechte." (Huber 2000, 583 f.)

Diese Kennzeichnung zeigt die zentralen Definitionsmerkmale der Menschenrechte auf: Sie gelten erstens für jeden, der zur Gattung der Menschen gehört und dem deshalb die Anerkennung seiner Würde zuzubilligen ist.

Die Definition hebt zentral heraus, dass die Anerkennung – d.h. wann wir überhaupt einen Menschen als Menschen begreifen – nicht von herabsetzenden, differenzstiftenden Zuschreibungen abhängt. Menschenrechte sind daher im Kern **Antidiskriminierungsrechte.** Einige diskriminierungsrelevante Unterscheidungen (Hautfarbe, Staatsangehörigkeit, politische und religiöse Überzeugung, soziale Stellung, wirtschaftlicher Einfluss, Geschlecht) werden eigens aufgeführt. Besonders diese Differenzen dienten in der Geschichte immer wieder dazu, Menschen aus der menschlichen Gattung auszugrenzen, d.h. sie herauszudefinieren und sie zu Halb- oder Untermenschen zu erklären. Dies galt dann als Rechtfertigung für Sonderbehandlungen und prinzipielle Rechtlosigkeit. Die problematische Liste der Unterscheidungen ließe sich beliebig erweitern. Es ist keineswegs sichergestellt, dass nicht auch in Zukunft Differenzen in den Vordergrund rücken, die dazu verführen, die Anerkennung der Menschenrechte von ihnen abhängig zu machen – z.B. schwere, unheilbare Krankheiten, extrem hohes Alter mit hoher kostenintensiver Versorgung usw. Menschenrechte sind prinzipiell an keinerlei Unterscheidungen gebunden, die Herabsetzung und Ausgrenzung legitimieren.

Zweitens betont die Definition, dass nicht der Staat die Menschenrechte verleiht. Daher werden sie als **‚vorstaatlich'** charakterisiert. Keine Staatskonzeption kann und darf diese Rechte den Menschen nehmen. In der Realität geschieht dies allerdings häufig. Es liegt im Wesen der Menschenrechte, dass sie gerade gegenüber denjenigen Staaten normativ geltend gemacht werden, die in der Realität Menschenrechtsverletzungen begehen. Ohne die feste Überzeugung von Vorstaatlichkeit lässt sich Folter und Verfolgung nicht ernsthaft, glaubhaft und vor allem nachvollziehbar kritisieren.

Menschenrechte sind dem Menschen wesensmäßig zueigen, so dass er sie auch **nicht** selbst abgeben, d.h. **veräußern** kann, da er damit in Selbstwiderspruch zu seinem Wesen träte. Sie besitzen unveräußerlichen Charakter. Als unveräußerliche Rechte bleiben Menschenrechte **Rechte des Einzelnen** und nicht Rechte von Gruppen (Kollektivrechte).

Besonders im Konfliktfall tritt eine weitere unverzichtbare Bestimmung heraus: Menschenrechte gelten immer, sie haben **universale Geltung.** Es macht geradezu ihren moralischen Kern aus, dass ihre Geltung nicht von der aktuellen Gewährung durch den Staat oder andere Instanzen, Ausnahmesituationen und -tatbestände abhängt. Diese von der empirischen Realität unabhängige Geltung gab den Menschenrechtsbewegungen und ihren Vertretern stets die Überzeugung und die Kraft, gegen die alltäglichen Demütigungen, die sie erfuhren, anzukämpfen. Die alltägliche Erfahrung von Menschenrechtsverletzungen verleitete sie nicht zur Infragestellung der Geltung. Im Gegenteil: Die universale Geltung stimulierte ihre Kritik und ihre politische Praxis. Sie insistierten umso heftiger auf einer der vorstaatlichen Geltung entsprechenden wirkungsvollen Realisierung in ihrem Lebenszusammenhang.

Der unantastbare Geltungscharakter beinhaltet zudem, dass Menschenrechte nicht durch eine – denkbare, wenn auch seltene – individuelle, irregeleitete Entscheidung eines Einzelnen ihre Gültigkeit verlieren. Selbst in jenen paradoxen Grenzfällen, in denen einzelne oder mehrere Menschen die Gültigkeit der Menschenrechte durch eine individuelle Entscheidung für sich verneinen, tangieren sie nicht ihre prinzipielle Gültigkeit.

Zentrale Definitionsmerkmale der Menschenrechte

- unabhängig von differenzstiftenden Zuschreibungen wie Rasse, Geschlecht, Religion (Verzicht auf Diskriminierung)
- vorstaatlich
- unveräußerlich
- Rechte des Einzelnen
- universal gültig

2.2.1 Relativismus der Menschenrechte?

Die universale Geltung der Menschenrechte – sie gelten zu jedem Zeitpunkt, für jeden Menschen, an jedem x-beliebigen Ort der Welt – klingt unbescheiden. Da sie in der Neuzeit und in einem spezifisch abendländischen Kontext entstanden, erscheinen sie zunächst als relativ und hinterfragbar. Warum sollten Menschenrechte universale Geltung besitzen? Ist es nicht letztlich ein Zeichen von Intoleranz, die Einhaltung dieser Grundnormen auch von anderen kulturellen Traditionen zu verlangen? Sollten anderen politischen und kulturellen Kontexten nicht ihre eigenen Normen zugebilligt werden?

Die Skepsis gegenüber der universalen Geltung lässt sich gut nachvollziehen. Sie entspringt häufig einer Parteilichkeit, die sich für fremde Kulturen einsetzt und sie vor Überfremdung schützen will. Denn die Verbreitung der Menschenrechte konnte und könnte als Vorwand für die kulturelle Enteignung anderer Länder, ihre politische Beherrschung und ihre wirtschaftliche Ausbeutung dienen. Demgegenüber wird ein Freiraum sozialer, politischer und ökonomischer Selbstbestimmung geltend gemacht. Ein solcher Standpunkt bleibt allerdings folgenden Fragen ausgesetzt: Warum sollte jede Kultur ihren eigenen Weg bestimmen? Warum sollten andere Kulturen unserer Kultur gegenüber tolerant sein? Welcher Grund für Toleranz lässt sich überhaupt anführen? Sobald jemand Rechtfertigungsgründe für seine

Parteinahme und seine Toleranzforderung vorlegt, greift er unversehens auf die universale Geltung gegenseitiger Anerkennung zurück. Ohne diese zentrale Kernvorstellung der Menschenrechte vermag auch er seine Kritik nicht zu begründen. Der Verweis auf den ideologischen Missbrauch der Menschenrechte in Zeiten der Kolonialisierung schärft zwar den Blick für die ambivalenten Dimensionen, besitzt aber nicht den Charakter einer Begründung oder eines ernsthaften Arguments gegen die Universalität der Menschenrechte.

Dem Anspruch universaler Geltung lässt sich daher nicht durch eine moralische Parteinahme für fremde Länder und Kulturen begegnen. Brisante Beispiele verdeutlichen das: Verzichtete man auf die universale Geltung der Anerkennung menschlicher Würde und auf das daraus folgende Menschenrecht auf körperliche Integrität, gäbe es kein Argument für den moralischen Protest gegen die Beschneidung der Frau oder die Folter. Es gäbe kein Argument für die rechtliche Gleichbehandlung von Ausländern noch einen Rechtfertigungsgrund, gewalttätige Eingriffe in unseren Lebenszusammenhang zu verurteilen. Parteinahme gegen die durch Globalisierungsprozesse ausgelöste Verelendung außerhalb des eigenen Lebensraums hätte keine Grundlage. So sollte man sich stets die denkbaren Folgen des Verzichts auf universale Geltung gegenwärtig halten.

Die Einwände gegen die Universalität der Menschenrechte enthalten jedoch durchaus bedenkenswerte Gesichtspunkte. Sie sensibilisieren für den stets möglichen Missbrauch von Moral im politischen Diskurs und ihr Legitimationspotential. Sie verstärken auch die Sorgfalt, die universalen Inhalte möglichst überlegt und vorsichtig festzulegen. Ob das Modell eines demokratischen und sozialen Rechtsstaates das einzig denkbare politische Modell ist, das die Anerkennung menschlicher Würde garantieren kann, bleibt im Prinzip eine offene Frage. Auch wenn einiges dafür spricht, kann dennoch nicht prinzipiell ausgeschlossen werden, dass sich auch hierzu Alternativen entwickeln könnten.

2.3 Menschenrechte, Grundrechte und Bürgerrechte

Menschenrechte sind keine bloßen moralischen Absichtserklärungen. Sie sind einerseits unveräußerliche Rechte, andererseits formulieren sie Zielvorstellungen, da ihre Verwirklichung noch partiell oder ganz aussteht. Die Durchsetzung in der sozialen und politischen Wirklichkeit ist ihnen aufgrund ihres unveräußerlichen Rechtscharakters als Programm eingestiftet. Daher müssen die moralisch geltend gemachten Rechte zu wirklichen Rechten werden, damit sich der Einzelne auf sie berufen und sie wirksam einklagen kann. Ein zentrales Grundproblem der Menschenrechte besteht deshalb in der Umsetzung ihrer **vorstaatlichen Geltung** in entsprechend **wirkungsvolle Realisierungen.** Ihre rechtswirksame Durchsetzung besitzt für die Betroffenen eine gravierende Bedeutung. Allein die Möglichkeit, den Rechtsweg einzuschalten, minimiert – nicht zuletzt wegen ihres politischen Öffentlichkeitscharakters – potentielle Menschenrechtsverletzungen. Menschenrechte müssen daher Eingang in die normierenden Rechtskorpora der gesellschaftlichen Systeme finden und damit positiviert werden (abgeleitet von lat. *positum* = das Gesetzte). Auf diese Weite entwickeln sie sich zu aktuell gültigen und wirksamen Rechten, zu **positivem** (gesetztem) **Recht.** Insgesamt verbessert die Positivierung die Durchsetzungsmöglichkeiten erheblich. Flankiert wird sie durch die **Verbreitung der Menschenrechte durch Bildung.** Beide Durchsetzungsstrategien lösen immer wieder Interpretationsdiskurse aus und bestimmen das politische Agenda-Setting. So besitzt die von Deutschland unterschriebene Behinderungsrechtskonvention (Degener/Maaser 2008) für eine entsprechend politisch geförderte Weiterentwicklung der Behindertenarbeit in Deutschland erhebliche Bedeutung.

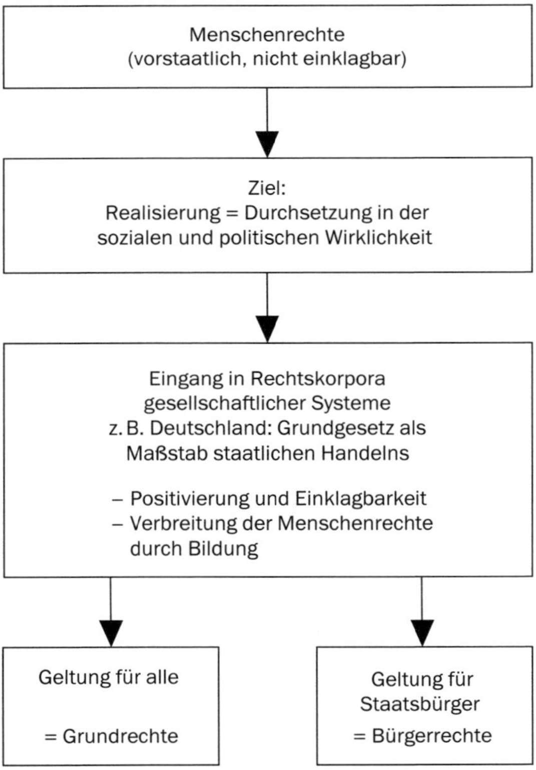

Abb. 4: Durchsetzung von Menschenrechten

Ein Teil der Menschenrechte, wie sie die „Universale Erklärung der Menschenrechte“ der UN von 1948 auf den Weg gebracht hat, ist in die Verfassung Deutschlands eingegangen (vgl. GG Art. 1–19, 101, 103, 104) und erlangte auf diese Weise den Status von Grundrechten. „**Grundrechte** sind grundlegende Rechtsbestimmungen der Einzelperson, die durch die Verfassungsordnung des jeweiligen Staates mit unmittelbarer Verpflichtungskraft für das staatliche Handeln ausgestattet sind.“ (Huber 2000, 584) Als konkretisierte, in einer Rechtsform verankerte Grundrechte sollen staatliche Institutionen die Einhaltung der Menschenrechte gewährleisten. Diese Grundrechte gelten in bestimmten Ausschnitten für jeden Menschen, in anderen Teilen als Bürgerrechte lediglich für Staatsbürger (GG Art. 8, 9, 11, 12). Es liegt ein abgestufter Positivierungsvorgang vor. Gleichzeitig gelten sie auch als Maßstäbe außenpolitischer Gestaltung (vgl. GG Art. 1 (1) u. (2)). Der menschenrechtlich geltend gemachte Anspruch der Verfassung fällt allerdings des öfteren wirtschaftlichen Opportunitätsgründen zum Opfer, ein Sachverhalt, der als besonders kritisch angesehen werden muss.

2.4 Das Verhältnis von Rechten und Pflichten

Grundrechte ziehen naturgemäß die Frage nach dem Verhältnis bzw. der Spannung von Rechten und Pflichten nach sich. Im Alltagsbewusstsein ist die Entsprechung von Rechten und Pflichten tief verankert; wer die Pflichten nicht erfüllt, kann auch die ihm gewährten Rechte nicht erwarten. Dieser Ansicht liegt eine Gleichgewichtsvorstellung zugrunde. Wenn der Einzelne durch Verletzung der Pflichten das Gleichgewicht stört, droht ihm der Entzug bestimmter Rechte. Ist dieses Gleichgewichtsmodell auch im Falle fundamentaler Menschenrechte angemessen? Besitzt derjenige, der die Menschenrechte verletzt, selbst ein Anrecht auf Menschenrechte? Wenn unveräußerliche Rechte im Kern nicht von differenzstiftenden, auf Erfahrung bezogenen Zuschreibungen (Hautfarbe, Staatsangehörigkeit, Geschlecht etc.) abhängen, dann kann die Anerkennung des Menschen als Person auch nicht von den Taten der Person abhängig sein. Denn auch sie sind erfahrungsbezogene Sachverhalte.

Besonders in Grenzsituationen erweist es sich, wie ernst eine Gesellschaft die vorgängige Anerkennung menschlicher Würde nimmt. Ein Mensch, der rücksichtslos in die Freiheitssphäre anderer Menschen eindringt und im Extremfall einen anderen ermordet, verliert seine Grundrechte selbst dann nicht. Obwohl er das fundamentale Menschenrecht auf Unversehrtheit des Körpers verletzt hat, bleibt ihm selbst dieses unveräußerliche Recht erhalten. Es wird ihm nicht mit gleicher Münze heimgezahlt. Wir verurteilen seine Tat aufs Schärfste; dennoch besitzt der Täter weiterhin das Recht auf Gleichbehandlung vor dem Gesetz und darf Rechtsweggarantien wahrnehmen. Rechte und Pflichten sind in diesem Fall nicht gleichgewichtig. Andernfalls wäre die Todesstrafe als Äquivalent für das Leben des Ermordeten anzuwenden. Dies widerspricht der vorgängigen Anerkennung menschlicher Würde, denn für sie gibt es kein Äquivalent, auch nicht den Gegenwert eines weiteren getöteten Lebens.

Angesichts abscheulicher Taten wird auch die emotionale Herausforderung des Würdepostulats für die Menschen deutlich; Erschrecken, Ekel, Hilflosigkeit, Ohnmachts- und Rachegefühle erschweren den realen Anerkennungsprozess. Die Analyse des obigen Beispiels dokumentiert gleichzeitig die Differenz von Anerkennung und Gegenseitigkeit. Die Anerkennung der Würde hängt nicht von einer real praktizierten Gegenseitigkeit ab. Sie stellt vielmehr einen Vorgang dar, der allen menschlichen Taten vorausgeht. Aus ihr folgen der moralische Anspruch gegenseitiger Anerkennung und das Gegenseitigkeitsprinzip. Hingegen folgt aus der realen Verletzung der Gegenseitigkeit nicht die Aberkennung der menschlichen Würde.

Eine Ablehnung der Todesstrafe aus dem Verständnis der Menschenrechte heraus wirft ein kritisches Licht auf Rechtssysteme, die diese Strafe vorsehen. Die Todesstrafe kann daher als eine Art Nagelprobe angesehen werden. Der Verzicht auf sie beinhaltet die fundamentale **Unterscheidung von Person und Taten.** Im Falle abgründiger Straftaten erfordert dies die kritische Bearbeitung der Straf- und Rachephantasien. Medien und Literatur inszenieren hingegen des öfteren eine oberflächliche Betroffenheit und behindern so den schwierigen Lernvorgang fundamentaler Anerkennungsprozesse.

So unangemessen die Gleichgewichts- und Äquivalenzvorstellung im Falle von Menschenrechtsverletzungen ist, so angemessen ist sie in Bezug auf Sachverhalte, in denen es um die Abwägung eines äquivalenzfähigen Schadens geht. Auch das Gegenseitigkeitsprinzip darf in der Gestaltung sozialen Lebens als eine zentrale Grundregel gelten, die zur Zivilisierung des Individuums beiträgt. Es wird nicht durch die Asymmetrie vorgängiger Anerkennung außer Kraft gesetzt.

2.5 Historische Dimensionen des Würdebegriffs: der vorneuzeitliche Würdebegriff

Der Kern der Menschenrechte gründet auf dem Gedanken der **unveräußerlichen Würde jedes Menschen** (→ Kap. 2.1). Diese für heutige Menschen selbstverständlich gewordene Intuition bedurfte historisch einer langen Entwicklung. Die vertraute Bedeutung erlangte der Begriff erst in der Neuzeit. Zuvor bezeichnete Würde (lat. *dignitas*) den **Rang einer Person inner-**

halb einer Gesellschaft: Weil ein Mensch einer bestimmten Gruppe zugehörte (z.B. den freien männlichen Bürgern, dem Adel o.Ä.), besaß er bestimmte Rechte. Würde kam demnach nur einem eingegrenzten Personenkreis zu, der sich den anderen gegenüber durch besondere privilegierte Rechte auszeichnete. Im altertümlichen Begriff des Würdenträgers klingt diese Bedeutung noch heute nach.

Eine zweite Bedeutung des vorneuzeitlichen Würdebegriffs hingegen leuchtet heute noch ein. Sie hebt auf die menschliche Sonderstellung im Kosmos ab. Sowohl dem stoischen als auch dem christlichen Menschenbild wohnt eine Tendenz zur Gleichheit inne. Die Stoiker legten vor allem auf die Vernunftausstattung des Menschen Wert, die Christen begründeten die Sonderstellung des Menschen mit dem Verweis auf seine **Gottesebenbildlichkeit:** Als einem Geschöpf Gottes (1. Mose 1,26) kommt ihm Würde zu, die seine besondere Stellung in der Welt rechtfertigt. Die Menschen werden vor Gott als gleich betrachtet. Allerdings sah man darin erst spät einen Grund zur realen Gleichbehandlung in der Welt.

Auch antike philosophische Traditionen machten hier Unterschiede; so sahen sie in Sklaven bloß beseelte Werkzeuge (vgl. Aristoteles 1978, I.4), die wie Kinder und Frauen nicht als vernunftfähig galten. Auch die christliche Tradition entfaltete zunächst wenig emanzipatorische Kraft. Die Geschichte der Kreuzzüge, ihre Grausamkeiten und ihre Ideologie demonstrieren, dass der Begriff der Würde ausschließlich als Privileg der Christen angesehen wurde; Irrlehrern und Heiden hingegen kam er nicht zu. Zudem wurden bestimmte Personengruppen gar nicht erst unter die Gattung menschlicher Lebewesen gerechnet. Sie galten als Halb-Menschen und Wilde, die eher den Tieren nahe standen. Erst einige Renaissancephilosophen (vor allem Pico della Mirandola 1988) des 15. und katholische Gelehrte des 16. Jahrhunderts gingen von der **Vernunftausstattung jedes Menschen** aus und zogen auch seine Sozialität in Betracht. Würde wurde von da an nicht mehr nur für einen eingeschränkten Personenkreis geltend gemacht. Besonders im Zusammenhang der Entdeckung und Eroberung Lateinamerikas (Todorov 1983, 177–201) löste diese damals keineswegs unbestrittene These umfängliche Debatten aus. Welche Wesen werden überhaupt zur menschlichen Gattung hinzugerechnet und entsprechend behandelt? Aufgerüttelt durch die Grausamkeiten der Eroberer widersprachen Einzelne wie Bartolomé de Las Casas (Bartolomé de Las Casas 1994) der moralischen Rechtfertigung von Ausbeutung und Folter von Quasi-Tieren; sie vertraten allerdings eine Minderheitenmeinung.

Etwa zur gleichen Zeit stellten die Reformatoren des 16. Jahrhunderts das Recht auf Glaubens- und Gewissensfreiheit heraus. Luther postulierte neben anderen Grundrechten (Scharffenorth 1982) ein unveräußerliches Recht auf Religionsfreiheit, das kein Herrscher dem Menschen nehmen darf. So trug auch die Reformation indirekt zur Menschenrechtsentwicklung bei.

Bedeutungsdimensionen des vorneuzeitlichen Würdebegriffs

- Würde als Rang einer Person innerhalb der Gesellschaft
- Würde als besondere Stellung des Menschen aufgrund seiner Gottesebenbildlichkeit
- Würde als besondere Stellung des Menschen aufgrund seiner Vernunftbegabtheit

2.5.1 Würde und Lebensqualität

Die Alltagssprache spricht von einem würdelosen Leben, das ein Mensch unter Elendsbedingungen führen muss. Sie geht, je nach sozialen und ökonomischen Bedingungen, von einem ‚Mehr oder Weniger' an Würde aus. In solchen Fällen wird die **Lebensqualität** in den Blick genommen. Sie ist eine **erfahrungsbezogene, empirische Größe.** Von dieser Bedeutung muss der Begriff der Würde sorgfältig unterschieden werden. Er hebt die Unabhängigkeit von Erfahrung und damit auch von sozialen Bedingungen heraus. Er betont die prinzipielle Bedeutung, die kein ‚Mehr oder Weniger' an Würde zulässt. Die Würde hängt nicht von der Lebensqualität des Menschen ab. Ein Obdachloser, der unter elenden sozialen Bedingungen lebt und unter beträchtlichen gesundheitlichen Einschränkungen leidet, verliert seine Würde nicht; er ist weiterhin Träger von unveräußerlichen, nicht auf Erfahrung gegründeten Rechten und besitzt das Recht, als Mensch behandelt zu werden. Durch seine katastrophale Lebensqualität fehlen ihm allerdings die Erfahrbarkeitsbedingungen der Würde. Für ihn bleibt Würde für sich genommen, d.h. losgelöst von Lebensqualität, ein zynisches Postulat, weil seine Lebensverhältnisse keine Selbstachtung und gegenseitige Anerkennung zulassen. Hier wird deutlich: Ein konsequentes Ernstnehmen des **prinzipiellen, nicht an Empirie gebundenen Charakters der Würde** muss die Erfahrbarkeitsbedingungen miteinbeziehen und damit die Lebensqualität. Ohne Würdeerfahrung, d.h. Lebensqualität bleibt das Postulat der Würde blutarm und leer. Hingegen muss zu jedem Zeitpunkt sicher sein, dass mit einer schlechten Lebensqualität nicht die Würde überhaupt verloren geht.

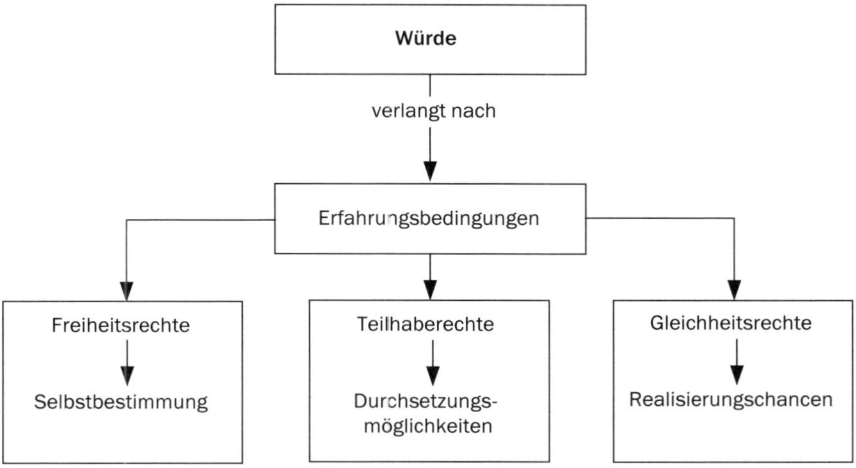

Abb. 5: Menschenrechte als Konkretisierung der Würde

2.6 Freiheit, Gleichheit und Teilhabe

Die vorneuzeitlichen, legitimationsstiftenden Verwendungen des Würdebegriffs dokumentieren den entscheidenden Unterschied zu einem universalen Verständnis. Letzteres hält die prinzipielle Zugehörigkeit aller Menschen zur menschlichen Gattung fest, es begreift den Menschen als Träger unveräußerlicher Rechte und macht Anerkennung nicht von erfahrungsbezogenen Zuschreibungen abhängig. Das Menschenrechtsverständnis entwickelt sich im Kern aus dem Grundgedanken unveräußerlicher Würde und erfährt von hierher seinen ethischen Sinn und Grund. Alle Menschenrechte bleiben in ihrer Vielfalt hierauf bezogen.

Während der Würdegedanke ein komplexer, aber einheitlicher Grundgedanke ist, fächert sich die Vielfalt der Menschenrechte in unterschiedliche, systematisch motivierte Typisierungen auf: Die Unterscheidung in Freiheits-, Gleichheits- und Teilhaberechte ist die geläufigste Differenzierung und wird im Folgenden verwendet. Andere Unterscheidungen – Abwehr-, Anspruchs- und Mitwirkungsrechte; Individual-, Sozial- und Teilhaberechte – kann man damit nicht oder nur teilweise parallelisieren. Die zentralen systematischen Dimensionen lassen sich an der wirkungsgeschichtlich bedeutsamen „Allgemeinen Erklärung der Menschenrechte" von 1948 aufzeigen.

Freiheitsrechte lassen sich als die erste Konsequenz der Anerkennung des Menschen als Menschen begreifen. Sie betonen die Begrenzung staatlicher Gewalt. Es gibt eine Freiheitssphäre des Einzelnen, die einen strategischen Schutz vor staatlichem Zugriff verdient. Zu diesem Typus gehören vor allem das Recht auf körperliche Unversehrtheit, das Recht auf Leben und Sicherheit der Person, der Anspruch auf Gewissens-, Gedanken- und Religionsfreiheit, das Recht auf Freizügigkeit, der Schutz des Privatlebens, in relativ weit festgelegten Grenzen auch das Recht auf Eigentum, das in Spannung zu den sozialen Rechten anderer stehen kann.

So heißt es in der Menschenrechtserklärung von 1948:

„Artikel 3
Jeder Mensch hat das Recht auf Leben, Freiheit und Sicherheit der Person.

Artikel 4
Niemand darf in Sklaverei oder Leibeigenschaft gehalten werden; Sklaverei und Sklavenhandel sind in allen ihren Formen verboten.

Artikel 5
Niemand darf der Folter oder grausamer, unmenschlicher oder erniedrigender Bestrafung unterworfen werden. [...]

Artikel 12
Niemand darf willkürlichen Eingriffen in sein Privatleben, seine Familie, sein Heim oder seinen Briefwechsel noch Angriffen auf seine Ehre und seinen Ruf ausgesetzt werden. Jeder Mensch hat Anspruch auf rechtlichen Schutz gegen derartige Eingriffe oder Anschläge.

Artikel 13
(1) Jeder Mensch hat das Recht auf Freizügigkeit und freie Wahl seines Wohnsitzes innerhalb eines Staates.
(2) Jeder Mensch hat das Recht, jedes Land, einschließlich seines eigenen, zu verlassen sowie in sein Land zurückzukehren. [...]

Artikel 17
(1) Jeder Mensch hat allein oder in Gemeinschaft mit anderen Recht auf Eigentum.
(2) Niemand darf willkürlich seines Eigentums beraubt werden.

Artikel 18
Jeder Mensch hat Anspruch auf Gedanken-, Gewissens- und Religionsfreiheit; dieses Recht umfaßt die Freiheit, seine Religion oder seine Überzeugung zu wechseln, sowie die Freiheit, eine Religion oder seine Überzeugung allein oder in Gemeinschaft mit anderen, in der Öffent-

lichkeit oder privat, durch Lehre, Ausübung, Gottesdienst und Vollziehung von Riten zu bekunden.“ (Heidelmeyer 1982, 272–274)

Des weiteren umfassen **Gleichheitsrechte** zum einen den Komplex von Rechten, die die Gleichbehandlung vor dem Gesetz festhalten: Da jeder Mensch mit gleicher Würde ausgestattet ist, besitzt er auch das Recht auf Anerkennung als Rechtsperson und Gleichbehandlung vor dem Recht. Daher bekräftigen die Menschenrechte die **formale Rechtsgleichheit:**

> „Artikel 6
> Jeder Mensch hat überall Anspruch auf Anerkennung als Rechtsperson.
>
> Artikel 7
> Alle Menschen sind vor dem Gesetz gleich und haben ohne Unterschied Anspruch auf gleichen Schutz durch das Gesetz. Alle haben Anspruch auf gleichen Schutz gegen unterschiedliche Behandlung [...]
>
> Artikel 8
> Jeder Mensch hat Anspruch auf wirksamen Rechtsschutz vor den zuständigen innerstaatlichen Gerichten gegen alle Handlungen, die seine ihm nach der Verfassung oder nach dem Gesetz zustehenden Grundrechte verletzen. [...]
>
> Artikel 11
> (1) Jeder Mensch, der einer strafbaren Handlung beschuldigt wird, ist solange als unschuldig anzusehen, bis seine Schuld in einem öffentlichen Verfahren, in dem alle für seine Verteidigung nötigen Voraussetzungen gewährleistet waren, gemäß dem Gesetz nachgewiesen ist.“ (Heidelmeyer 1982, S. 272 f.)

Neben diesen rechtsstaatlichen Motiven betrifft der zweite zentrale Aspekt der Gleichheitsrechte die **soziale Gleichheit.** Hier rücken Probleme der sozialen Gerechtigkeit in den Mittelpunkt der Aufmerksamkeit (→ Kap. 4). Ungleich verteilte Lebenslagen führen je nach sozialer Herkunft zu unterschiedlichen Startchancen. Diese Gestalt der Ungleichheit entsteht durch sozioökonomische und kulturelle Faktoren, durch die sich ungleich verteilte Realisierungsmöglichkeiten der Freiheit entwickeln. Ein menschenrechtliches Verständnis einer freien Gesellschaft zielt auf die politische Realisierung sozialer Rechte. Wenn nur wenige einen ausreichenden Zugang zu ökonomischen, sozialen und kulturellen Gütern besitzen, lässt sich eine Gesellschaft nur bedingt als frei begreifen. Denn die Realisierung der Freiheit aller beinhaltet auch einen angemessenen Zugang zu gesellschaftlichen

Gütern. Ohne sie kommt es zu ungleich verteilten Freiheitschancen. Folglich muss sich ein realitätsgemäßes Freiheitskonzept um den zentralen Aspekt der sozialen Gleichheit bzw. Gerechtigkeit erweitern. Soziale Rechte machen angemessene, d.h. für eine nachhaltig selbstständige Lebensführung notwendige Realisierungschancen für alle Menschen im Zugang zu wirtschaftlichen, sozialen und kulturellen Gütern geltend.

Die Menschenrechtserklärung von 1948 formuliert:

> „Artikel 22
> Jeder Mensch hat als Mitglied der Gesellschaft Recht auf soziale Sicherheit; er hat Anspruch darauf, durch innerstaatliche Maßnahmen und internationale Zusammenarbeit unter Berücksichtigung der Organisationen und der Hilfsmittel jedes Staates in den Genuß der für die Würde und die freie Entwicklung unentbehrlichen wirtschaftlichen, sozialen und kulturellen Rechte zu gelangen.
>
> Artikel 23
> (1) Jeder Mensch hat das Recht auf Arbeit, auf freie Berufswahl, auf angemessene und befriedigende Arbeitsbedingungen sowie auf Schutz gegen Arbeitslosigkeit. [...]
>
> Artikel 25
> (1) Jeder Mensch hat Anspruch auf eine Lebenshaltung, die seine und seiner Familie Gesundheit und Wohlbefinden, einschließlich Nahrung, Kleidung, Wohnung, ärztlicher Betreuung und der notwendigen Leistungen der sozialen Fürsorge, gewährleistet, er hat das Recht auf Sicherheit im Falle von Arbeitslosigkeit, Krankheit, Invalidität, Verwitwung, Alter oder von anderweitigem Verlust seiner Unterhaltsmittel durch unverschuldete Umstände. [...]
>
> Artikel 26
> (1) Jeder Mensch hat das Recht auf Bildung. [...]" (Heidelmeyer 1982, S. 275).

Praktisch gesehen erweist sich Gleichheit als zentral für die Freiheit (zum Konflikt zwischen Egalitaristen und Non-Egalitaristen → Kap. 4.5). Liberalkonservative Menschenrechtsinterpretationen hingegen sehen dies anders. Sie ordnen die Gleichheits- und Teilhaberechte den Freiheitsrechten nach. Dahinter verbirgt sich die Auffassung, dass ein Zuviel an Gleichheit die Freiheitsrechte eingrenzen und ggf. beschädigen könne. Diese nahe liegende Intuition erfährt häufig eine theoretische Ausarbeitung, die sich am prinzipiellen Gegensatz von Freiheit und Gleichheit orientiert. Ein derartiger Kontrast vermischt unzulässigerweise systematische und empirische Ebenen. Auch wenn die Freiheit systematisch den normativen Vorrang besitzt, zeigt die Analyse des vergesellschafteten Lebens, dass sich die universale Dimension des Freiheitsgedankens erst konsequent durch einen Mindestmaß an sozialer Gleichheit in den Realisierungsbedingungen entfalten lässt. Die Empirie erinnert gewissermaßen den Freiheitsgedanken an eine seiner eigenen Implikationen, nämlich, dass in der Abstraktion die gleichen Realisierungschancen der Freiheit bereits vorausgesetzt sind. In dieser Rückkopplung erweitert sich Freiheit um die Gleichheit. So gesehen stehen Freiheit und Gleichheit hier nicht miteinander in Konkurrenz. Die praktische Dimension der Universalisierung der Freiheit führt dann folgerichtig zu der Frage: Wieviel Gleichheit bedarf es, damit alle ihre Freiheit angemessen realisieren können? Gleichheit im Sinne von effektiven Freiheitschancen aller (Dworkin 1981) lässt sich als eine zentrale Modalität der Freiheit verstehen. Ein Konzept einer freien Gesellschaft, das den Realisierungsbedingungen der Freiheit keine Beachtung schenkt, fällt seinem eigenen Freiheitsanspruch in den Rücken.

Der dritte Typus von Menschenrechten umfasst die sog. **Teilhaberechte.** Sie machen das Recht auf politische Mitbestimmung geltend. Auch sie lassen sich als ein Implikat und eine Modalität der Freiheit verstehen. Ihr universaler Gesichtspunkt drängt über den Bereich des Privaten hinaus. Menschen wollen auch im öffentlichen Bereich als freie Subjekte auftreten, sich artikulieren und mitbestimmen. Zu dieser Teilhabe als politischer Dimension der Freiheit gehören sowohl die öffentliche Kritik als auch das Recht, durch Wahlen und Demonstrationen am politischen Prozess mitzuwirken.

Die Menschenrechtserklärung von 1948 nennt vor allem:

> „Artikel 19
> Jeder Mensch hat das Recht auf freie Meinungsäußerung; dieses Recht umfaßt die Freiheit, Meinungen unangefochten anzuhängen und Informationen und Ideen mit allen Verständigungsmitteln ohne Rücksicht auf Grenzen zu suchen, zu empfangen und zu verbreiten.
>
> Artikel 20
> (1) Jeder Mensch hat das Recht auf Versammlungs- und Vereinigungsfreiheit zu friedlichen Zwecken. [...]
>
> Artikel 21
> (1) Jeder Mensch hat das Recht, an der Leitung der öffentlichen Angelegenheiten seines Landes unmittelbar oder durch frei gewählte Vertreter teilzunehmen.
> (2) Jeder Mensch hat unter gleichen Bedingungen das Recht auf Zulassung zu öffentlichen Ämtern in seinem Lande.

(3) Der Wille des Volkes bildet die Grundlage für die Autorität der öffentlichen Gewalt; dieser Wille muß durch periodische und unverfälschte Wahlen mit allgemeinem und gleichem Wahlrecht bei geheimer Stimmabgabe oder in einem gleichwertigen freien Wahlverfahren zum Ausdruck kommen." (Heidelmeyer, 274 f.)

Die Typisierung und das systematische **Spannungsfeld von Freiheits-, Gleichheits- und Teilhaberechten** gehören zum zentralen ethischen Orientierungswissen. Unterschiedliche Interpretationen der Menschenrechte führen zu entsprechenden Gewichtungen: Liberale Ansätze betonen vor allem die Freiheitsrechte und die Gleichheit im Sinne der formalen Rechtsgleichheit. Dies wird in konservativen Interpretationen ähnlich gesehen; die sozial-konservative Traditionslinie hingegen erweitert den Gleichheitsbegriff um die Dimension der sozialen Gleichheit; sie billigt ihm allerdings nicht die gleiche Wertigkeit zu wie den Freiheitsrechten. Sozial-liberale Interpretationen akzentuieren vor allem die Gleichwertigkeit von Freiheits- und Gleichheitsrechten; die Teilhaberechte treten deutlicher hervor als in den liberal-konservativen Ansätzen.

In systematischer Hinsicht lässt sich insgesamt festhalten: Aus dem Gedanken der unantastbaren Würde entwickeln sich die Freiheitsrechte. Sie stellen die erste historische Konkretisierungsstufe dar. In der Durchsetzung der Freiheit aller stößt man unweigerlich auf die politische Teilhabe. Die politische Dimension wird im zweiten Schritt zu einem zentralen Aspekt eines vollwertigen Subjektseins. In einem dritten Schritt gewinnt man durch eine immer stärkere Einsicht in den gesellschaftlichen Charakter des Lebens und die damit gegebenen Realisierungschancen der Freiheit die Erkenntnis, dass sich die Verteilung politisch beeinflussbaren Rahmenbedingungen verdankt. Dies lässt soziale Gleichheitsrechte entstehen.

Übungsaufgaben

1. Erläutern Sie die zentralen Definitionselemente der Menschenrechte!
2. Skizzieren Sie die zentralen Bedeutungsinhalte des neuzeitlichen Würdebegriffs!
3. Erörtern Sie den Unterschied von Würde und Lebensqualität!
4. Skizzieren Sie das Spannungsgefüge von Freiheit, Gleichheit und Teilhabe und denkbare Prioritätenkonflikte!
5. Diskutieren Sie das Verhältnis zwischen Rechten und Pflichten am Beispiel der Todesstrafe!

Vertiefende Literatur

Kritik an den Menschenrechten/Relativismus der Menschenrechte/Islam und Menschenrechte/Behindertenrechtskonvention/Begründungsfragen

Boshammer, S., Art. Diskriminierung, in: Handbuch der politischen Philosophie und Sozialphilosophie, Bd. 1, hg. v. S. Gosepath, W. Hinsch u. B. Rössler, Berlin 2008, 232–238

Fritzsche, K. P., Menschenrechte. Eine Einführung mit Dokumenten, Paderborn 2007, S. 42–44, 88–93, 355–363

Graumann, S., Assistierte Freiheit: von einer Behindertenpolitik der Wohltätigkeit zu einer Politik der Menschenrechte, Frankfurt/M. 2011

Joas, Hans, Die Sakralität der Person. Eine neue Genealogie der Menschenrechte, Berlin 2013

Menke, C./Raimondi, F. (Hg.), Die Revolution der Menschenrechte. Grundlegende Texte zu einem Begriff des Politischen, Frankfurt/M. 2011

Otto, H.-U./Ziegler, H. (Hg.), Das Normativitätsproblem der Sozialen Arbeit. Zur Begründung des eigenen und gesellschaftlichen Handelns, Lahnstein 2012

Shue, Henry, Menschenrechte und kulturelle Differenz, in: Philosophie der Menschenrechte, hg. v. S. Gosepath u. G. Lohmann, Frankfurt/M. 1998, S. 343–379

Shute, S./Hurley, S. (Hg.), Die Idee der Menschenrechte, Frankfurt/M. 1999

Kapitel 3
Menschenrechte – Vertiefung

■ Ein historischer Rückblick auf unterschiedliche Politikkulturen dokumentiert die Bandbreite der Menschenrechtsinterpretationen. Die Funktionen der Sozialen Arbeit für die Gesellschaft werden unter Bezug auf die heutigen Verfassungsprinzipien verdeutlicht. Sowohl die sozialpolitische Rolle als auch die Akteursrolle der Sozialen Arbeit lassen sich von hierher aufzeigen.

3.1 Historische Entwicklungslinien

Die groben Linien der historischen **Menschenrechtsentwicklung** zeigen, wie das systematische Gefüge von Freiheits-, Gleichheits- und Teilhaberechten in der Neuzeit allmählich entstand und bis in das heutige Alltagsverständnis vordrang. Die Idee unveräußerlicher Menschenrechte erfährt je nach politischem Kontext unterschiedliche Konkretionen. Der entscheidende Durchbruch der Menschenrechtsentwicklung erfolgte allerdings erst im 17. Jahrhundert. Damals zogen einzelne Philosophen aus der für alle geltend gemachten Würde Konsequenzen und beanspruchten hierauf aufbauend für jeden Menschen unveräußerliche Rechte. Vor allem John Locke (Locke, 1690) reklamierte das Recht auf Leben, Freiheit und Eigentum für jeden als unveräußerlich und überwand damit in Ansätzen auch das ständische Verständnis von Würde (Würde als besonderer Rang, der einer bestimmten Personengruppe zukommt).

Dieser progressive Kerngedanke erfuhr in verschiedenen nationalen Kontexten unterschiedliche Ausformungen. Die **englische,** auf der Linie von Locke liegende **Entwicklung** zeichnet sich durch politische Konkretheit aus. Menschenrechte wurden nicht nur als unveräußerliche Rechte des Einzelnen postuliert. Die politischen Institutionen selbst sollten ihre Funktionsweisen auf die Menschenrechte abstimmen und durch Gewaltenteilung sowohl die Machtwillkür minimieren als auch die politische Kontrolle optimieren. Auf diesem Weg gingen menschenrechtliche Grundgedanken in die Gestaltungsprinzipien politischer Institutionen ein.

Die **amerikanische Entwicklung** ging indirekt aus der englischen hervor. Die Pilgerväter, die um 1620 als Kolonisten und religiös Unterdrückte

England verließen und nach Amerika emigrierten, emanzipierten sich von ihrem Ursprungsland. Dabei beriefen sie sich selbst auf die Menschenrechte (1776). Ihrem Mutterland gegenüber bestanden sie auf politischer Selbstbestimmung und setzten sie letztlich durch (1783). Sie betonten daher vor allem die demokratischen Traditionen und die persönlichen Freiheitsrechte. Die enge Verbindung der nur für Staatsangehörige geltenden Grundrechte mit den Menschenrechten war neben ökonomischen und sozialen Gründen eine der Ursachen dafür, dass bestimmten Personengruppen – ‚Ausländern‘ wie Sklaven, kolonialisierten ‚Inländern‘ wie Indianern) – diese Rechte nicht zubilligt wurden.

Die **französische Entwicklung** und die amerikanische Entwicklung beeinflussten sich gegenseitig. Die französische Revolution (1789) – das entscheidende politische Fanal für Europa – und ihre Menschen- und Bürgerrechtserklärung hoben zunächst, ähnlich wie die englische Tradition, die enge Verbindung von Menschenrechten und Verfassungsstaat hervor. Die Revolutionäre orientierten sich an der Verbindung der Menschenrechte mit einem gewaltengeteilten und an ein Recht gebundenen Verfassungsstaat. Das Motiv des Verfassungsstaates trat allerdings bereits kurz nach der Revolution (1792) in den Hintergrund. Spezifisch französische Prägungen des Staatsverständnisses ließen den Kerngedanken individueller Persönlichkeitsrechte zeitweise zurücktreten und stattdessen das Allgemeininteresse – Rousseaus Theorie des *volonté générale* spielt eine wichtige Rolle – dominieren. Dieses Verständnis begleitete eine kurze Terrorherrschaft (Robespierre u. a.) und verlieh ihr den Schein moralischer Legitimität, weil die Gewalttaten angeblich im Dienste des allgemeinen Interesses geschahen.

Englische Entwicklung: Freiheitsrechte

1. Recht auf Leben, Freiheit und Eigentum (J. Locke)
2. Gewaltenteilung; politische Kontrolle von Herrschaft

Amerikanische Entwicklung: Teilhaberechte

1. politische Selbstbestimmung
2. demokratische Teilhabe/Volkssouveränität

Französische Entwicklung: Gleichheitsrechte

1. formale Rechtsgleichheit (Bürger)
2. soziale Gleichheit

Abb. 6: Entwicklung und Erweiterungen der Menschenrechtsidee

In Deutschland wurde die französische Entwicklung zunächst fasziniert beobachtet und als politisch inspirierend empfunden. Die zeitweise blutige Wendung der französischen Revolution versetzte allerdings viele deutsche Bürger in tiefes Erschrecken. Dies war einer der Gründe, warum die **deutsche Entwicklung** einen anderen Verlauf nahm. Das Ursprungsmotiv der Menschenrechte – jeder Mensch besitzt vorstaatliche und unveräußerliche Abwehrrechte gegenüber dem Staat – konnte hier zunächst nicht Fuß fassen. Im deutschen Kontext standen deshalb die Bürgerrechte im Vordergrund. Sie betrafen nur die Staatsangehörigen; eine Verklammerung von Menschenrechten und Bürgerrechten fand demzufolge nicht statt. Die Bürgerrechte wurden als im Prinzip vom Staat gewährte Rechte begriffen; einen unveräußerlichen Charakter erhielten sie nicht. Erst die Erfahrung mit dem Nationalsozialismus führte nach dem Zweiten Weltkrieg dazu, dass unveräußerliche, für alle Menschen geltende Menschenrechte 1949 Eingang in die Verfassung fanden (vgl. GG Art. 1).

Diese Entwicklungen zeigen in ihrer Gesamtheit folgenden Verlauf: Das Spannungsfeld von Freiheit, Gleichheit und Teilhabe erfuhr in verschiedenen Kontexten unterschiedliche Gewichtungen, die bis heute Einfluss auf die politische Kultur des jeweiligen Landes besitzen. In Amerika und England dominierten vor allem individuelle Freiheits- und politische Teilhaberechte; Gleichheit war vorwiegend auf die formale Rechtsgleichheit eingeengt. In Frankreich trat der Aspekt der sozialen Gleichheit stärker hervor.

Deutschland lässt sich nicht einfach mit Hilfe des menschenrechtssystematischen Spannungsgefüges einordnen. Die Entwicklung stellt hier eine Art Sonderweg dar. Der Gedanke der Unveräußerlichkeit und Vorstaatlichkeit der Menschenrechte setzte sich zunächst nicht durch. Dem **Staat** kam aufs Ganze gesehen eine dominierende **rechtsgewährende Funktion** zu. Dies verhinderte jedoch nicht, dass der deutsche Staat eine Rolle bei der Korrektur der Ungleichheit übernahm. Die frühen Ansätze des Sozialstaats (1883 ff.) in der Bismarckzeit (Huster/Benz/Boeckh 2006, 62–83) entsprangen dem Kalkül einer konservativen, antisozialistischen Ordnungspolitik. Die von Bismarck initiierte Sozialgesetzgebung brachte die ersten Bausteine eines Sozialstaates auf den Weg, der bis heute im Grundriss Bestand hat. In diesem sich entwickelnden Fürsorgegedanken, der einem machtpolitischen Kalkül entsprang, traten die staatskritischen Potentiale in den Hintergrund. Die Dominanz und Verantwortlichkeit des Staates – häufig im Zusammenspiel mit Obrigkeitsgehorsam wie auch Obrigkeitsfixiertheit (vgl. M. Greiffenhagen/Greiffenhagen 1981) – verhinderten die Implementierung der Menschenrechte in die unterschiedlichen deutschen Verfassungen. Dies war u. a. ein Grund für die unkritische Haltung gegenüber dem Nationalsozialismus. 1949 zog man aufgrund dieser Erfahrung Konsequenzen und schrieb einen Teil der Menschenrechte als Grundrechte in die deutsche

Verfassung ein (GG Art. 1 ff.). Obwohl die Entstehung des deutschen Sozialstaats nicht der Durchsetzung der Menschenrechte geschuldet war, lässt sich der Sozialstaat nach 1949 im Lichte der nun endgültig und programmatisch durch die Verfassung bejahten Menschenrechte interpretieren. Soziale Gleichheitsrechte gelten von daher als Rechte des Einzelnen gegenüber dem Staat. Ihre Konkretisierung bleibt jedoch zu jedem Zeitpunkt weithin das Ergebnis eines politischen Konsenses und Kompromisses.

3.2 Exkurs: Grundrechte zwischen Gewährleistung und Beschränkung

Die Verwirklichung der Menschenrechte zielt auf ihre Positivierung in den Verfassungen. Nur so können sich von Menschenrechtsverletzungen Betroffene rechtswirksam auf sie berufen. Neben der Differenzierung von Grundrechten und Bürgerrechten (→ Kap. 2.3) beinhaltet die innere Systematik der Grundrechte noch weitere Spannungen und Differenzierungen.

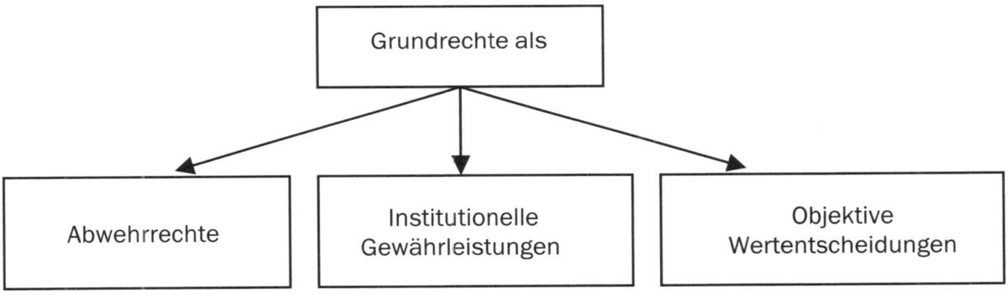

Abb. 7: Verfassungsinterpretation

Grundrechte beziehen sich als Abwehrrechte im Kern auf das Verhältnis des Einzelnen zum Staat. Sie sollen den Schutz der individuellen Freiheitssphäre vor staatlicher Gewalt sicherstellen. Sie sind subjektive Rechte, da sich das Individuum auf sie berufen kann (GG 19 (4)). Darüber hinaus enthalten sie institutionelle Gewährleistungen wie etwa den Schutz von Familie und Ehe als Rechtsinstitute (GG 6 (1)). Gleichzeitig verkörpern sie nach allgemeiner Auffassung objektive Wertentscheidungen der Verfassung für das gesamte staatliche und gesellschaftliche Leben und entfalten als Rechtsgrundsätze eine mittelbare Wirkung auf das Verhältnis zwischen Privatpersonen.

Besondere Aufmerksamkeit verdient das Problem der Gewährleistung. Da Grundrechte die vorpositiven Menschenrechte verrechtlichen, muss der Staat die Grundrechte **nicht gewähren,** sondern sie als bereits vorgegeben

gewährleisten. Diese Grundfigur (von den vorstaatlichen Menschenrechten zur Positivierung als Grundrechte bis hin zur staatlichen Gewährleistung) darf allerdings nicht darüber hinwegtäuschen, dass die Verfassung wiederum eine Einschränkung der Gewährleistung erlaubt. Dieser Sachverhalt erfährt in der Regel wenig Aufmerksamkeit, obwohl das Spannungsverhältnis zwischen Gewährleistung und Einschränkung in der Verfassung selbst eigens thematisiert wird. Die Rahmenbedingungen werden besonders geregelt (ausführlich hierzu Pieroth/Schlink 1997, 51–78). Die Beschränkung eines Grundrechts hebt laut diesen Regelungen das Grundrecht selbst nicht auf. Sie setzt vielmehr den Grundrechtsausübungen der Individuen Schranken.

Zwei Leitgesichtspunkte rechtfertigen eine Einschränkung: die Grundrechte anderer Grundrechtsberechtigter und das Interesse der Allgemeinheit. Die Verfassung legt das Spannungsverhältnis zwischen Gewährleistung und Einschränkung mehrstufig aus: Zunächst gibt es einen unverrückbaren Rahmen: Jede Grundgesetzänderung gilt als unzulässig, die die Grundsätze des Art. 1 und 20 betrifft (vgl. Art. 79 (3)); der Grundsatz der Menschenwürde und Rechtsstaatlichkeit gilt als der Einschränkung entzogen. Aber es sind Einschränkungen in bestimmten Fällen möglich. Damit ein derartiger Vorgang nicht schrankenlos wird und so die Substanz des Grundrechts zerstört, bedarf jede Einschränkung wiederum der Schranken (sog. Schranken-Schranken). Daher unterliegen Eingriffe in Grundrechtsbereiche der formellen Rechtfertigung und sind an bestimmte formale Kriterien gebunden.

Grundrechte dürfen nur durch ein Gesetz und/oder aufgrund eines Gesetzes eingeschränkt werden (Art. 19 (1)). Das Gesetz muss allgemein sein und den Grundrechtsartikel nennen, um verschleierte Grundrechtseinschränkungen auszuschließen. Grundrechtliche Eingriffe stehen aus diesem Grund unter einem **Gesetzesvorbehalt** mit unterschiedlichen Abstufungen. Je nach Grundrecht kann es sich zum einen um einen **einfachen** Gesetzesvorbehalt handeln, der keine besonderen Anforderungen an das beschränkende Gesetz stellt. Zum anderen kann das Grundrecht einem **qualifizierten** Gesetzesvorbehalt unterliegen. Dieser Vorbehalt verlangt, dass das Gesetz an bestimmte Situationen anknüpft, bestimmten Zwecken dient oder bestimmte Mittel nutzt. Für Grundrechte ohne Gesetzesvorbehalt sieht das Grundgesetz überdies keine Eingriffe vor.

Die Grundrechte einschränkenden Gesetze regeln Eingriffe auf zweifache Weise: Sie können **durch Rechtsverordnung** und Satzung zu Eingriffen in den Grundrechtsbereich ermächtigen. Dann handelt es sich um einen Eingriff **aufgrund eines Gesetzes.** Die Regierung erlässt auf dieser Grundlage die Straßenverkehrsordnung. Individuelles Verhalten wird hier rechtlich sanktioniert, da Grundrechte anderer Grundrechtsberechtigter und das

Interesse der Allgemeinheit berührt sind. Im zweiten Fall bleibt der Eingriff durch Gesetz unmittelbar an den Gesetzgeber, d.h. das Parlament gebunden. Das Bundesverfassungsgericht legt hier fest, dass wesentliche Eingriffe nicht aufgrund eines Gesetzes erfolgen und an die Verwaltung delegiert werden dürfen. Derartige Entscheidungen dürfen nur durch ein Gesetz erfolgen. Sie unterliegen damit der parlamentarischen Befugnis und stehen somit unter **Parlamentsvorbehalt.**

Um die Eingriffsschwelle möglichst hoch anzusetzen, treten neben diese formellen auch materielle Rechtfertigungskriterien. Letztere legen fest, wie ein Gesetz auszusehen hat und welche Inhalte es aufweisen muss. Das zentrale materielle Kriterium besagt, dass die gesetzliche Regelung zur Verfolgung eines verfassungslegitimen Zwecks geeignet und notwendig sein muss. Einerseits muss nach diesem sog. Grundsatz der **Verhältnismäßigkeit (im weiteren Sinne)** das Mittel den Zweck fördern (Eignung), andererseits darf es faktisch keine anderen, weniger belasteten Mittel zur Erreichung des Zwecks geben (erforderlich, notwendig).

Die Abwägung zwischen der Beeinträchtigung der Grundrechtsausübung des Einzelnen und dem mit dem Eingriff verfolgten Zweck stellt ein besonderes Problem dar. Beides soll in einem ausgewogenen Verhältnis zueinander stehen **(Verhältnismäßigkeit im engeren Sinne).** Ist beispielsweise ein Eingriff in die Privatsphäre zur Bekämpfung organisierter Kriminalität gerechtfertigt? Bei solchen Entscheidungs- und Abwägungsprozessen gehen in erheblichem Maße gesellschaftliche und subjektive Vorstellungswelten in die rechtlichen Entscheidungen ein. Teilweise empfehlen Juristen deshalb, das Kriterium der Verhältnismäßigkeit im engeren Sinne aus den materiellen Rechtfertigungskritierien auszuschließen (so Schlink, Abwägung im Verfassungsrecht 1976). Im Falle der Verletzung eines Grundrechts durch die öffentliche Gewalt steht dem Einzelnen der Rechtsweg offen (Art. 19 (4)). Die Verfassungsbeschwerde beim Bundesverfassungsgericht (Art. 93 Ab 1, Nr. 4a) eröffnet ihm einen Weg zur Prüfung seiner Beschwerde darüber, dass er von der öffentlichen Gewalt durch ein Gesetz in einem seiner Grundrechte verletzt worden sei.

Einen Sonderfall stellt das Problem der ‚Verwirkung' von Grundrechten (GG Art. 18) dar. Sie gelten als ‚verwirkt', wenn der Betroffene sie zum Kampf gegen die freiheitlich demokratische Grundordnung missbraucht. Dies betrifft z.B. die Grundrechte der Meinungsfreiheit, Versammlungsfreiheit und Vereinigungsfreiheit (z.B. Art 5 (1), Art. 8, 9). Im Fall eines Missbrauchs verliert der Betroffene das Recht, sich auf das Grundrecht zu berufen. Die prinzipielle Geltung des Grundrechts bleibt davon jedoch unberührt.

Das Spannungsfeld von Gewährleistung und Einschränkung sowie die weiteren rechtlichen Differenzierungen und Unterscheidungen zeigen, dass die Grundrechte als positivierte Menschenrechte in ihrer Anwendung, Gewährleistung und Beschränkung spezifischen, rechtsförmigen Umgangsweisen unterliegen. Obwohl die Verfassung eine Art nicht anzutastenden Wesensgehalt von Grundrechten annimmt (GG 19 (2)), ist den prozeduralen Auslegungsvorgängen eine ernüchternde Elastizität zueigen.

Der Einblick in die rechtliche Auslegung von Grundrechten belegt auf seine Weise die These von der **grundsätzlichen Interpretationsbedürftigkeit** der Menschenrechte (→ Kap. 2). Sobald Menschenrechte als Grundrechte in die eine politische Ordnung konstituierende Verfassung eingeschrieben werden, lassen sich zentrale, realitätssteuernde Interpretationssubjekte und Interpretationsverfahren ausmachen. Bereits der Parlamentsvorbehalt dokumentiert die Bedeutung des Gesetzgebers und damit auch der im Parlament repräsentierten Parteien. Auch die Verfassungsbeschwerde lässt die zentrale Bedeutung des Bundesverfassungsgerichts als quasi ultimatives Interpretationssubjekt erkennen (GG Art. 93), das über die Auslegung des „Grundgesetzes aus Anlass von Streitigkeiten über den Umfang der Rechte und Pflichten eines obersten Bundesorgans" (Art. GG 93, Abs. 1, Nr. 1) entscheidet. Beide Subjekte sind in den fortlaufenden Prozess gesamtgesellschaftlicher Interpretation verwickelt. Die von Bürgern gewählten Parteien nehmen ggf. menschenrechtlich bedeutsame Interpretationen der Gesellschaft auf und bringen sie je nach Mehrheitsverhältnissen durch entsprechende Gesetzesvorlagen und Gesetzgebungsverfahren in rechtsförmige Gestalt. Die Wechselbeziehung zwischen Politik und Recht liegt hier auf der Hand. Das Bundesverfassungsgericht unterscheidet zwar seinem Selbstverständnis entsprechend deutlich zwischen Politik und Recht, da seine Entscheidungen den politischen Handlungsspielraum aufgrund ihres letztinstanzlichen Charakters einengen. Seine Richter werden aber je zur Hälfte durch die Mitglieder des Bundestages und des Bundesrates gewählt (Art. 94). Diese Schnittstelle dokumentiert bereits die Schwierigkeit einer reinen Trennung von Recht und Politik. Zudem fließen neben rechtlichen Kriterien auch vorrechtliche Gesichtspunkte in die Entscheidungsfindung ein. Im Falle von Abwägungsprozessen (Verhältnismäßigkeit im engeren Sinne), in der das Grundrecht des Einzelnen ggf. gegen das Interesse der Allgemeinheit abgewogen und im Ergebnis eingeschränkt wird, fließen gesellschaftliche Definitionssituationen und ein entsprechend ausgemachter Handlungsbedarf ein.

Aber auch die Abwägungen von Grundrechtsansprüchen gegeneinander, z. B. zwischen dem Recht auf freie Entfaltung der Persönlichkeit (GG Art. 2 (1)) und dem Recht auf Leben (GG 2 (2)), sofern es auch für das ungeborene Leben Geltung besitzt, machen Abwägungsprozesse notwendig. In sie gehen Vorstellungen des menschlichen und personalen Seins ein, die vorrechtlichen, anthropologischen und ethischen Charakter besitzen. Die

Entscheidung des Bundesverfassungsgericht zum Schwangerschaftsabbruch (StGB §§ 218, 219) in den 1990er Jahren dokumentiert dies. Sie hob die von der Mehrheit der Abgeordneten verabschiedete Fristenregelung ohne Beratungsschein auf. Infolgedessen kam es zu einer Fristenregelung mit Beratungspflicht. Das Gericht ging davon aus, dass der Grundgesetzartikel 2 (2) – „Jeder hat das Recht auf Leben und körperliche Unversehrtheit" – auch das ungeborene Leben einschließt und deshalb dessen Rechtsschutz durch den Staat garantiert werden muss. Das menschliche Sein wird hier so ausgelegt, dass bereits das werdende Leben, dessen Möglichkeiten zur Personalität sich erst im Werden befinden, als Träger von unveräußerlichen Rechten begriffen wird. Hier fließt daher unvermeidlich eine vorrechtliche Vorstellung vom Personsein in die Rechtsprechung ein und bestimmt die Konzeption der jetzigen Schwangerschaftskonfliktberatung mit Beratungsschein nachhaltig.

Die genauere Analyse der Transformation von Menschenrechten in rechtsförmige Prozesse, also in Grundrechte, dokumentiert, welche bedeutsame Rolle gesellschaftliche Definitionsvorgänge und maßgebliche Auslegungsinstanzen in der Kontextualisierung von Menschenrechten spielen.

3.3 Soziale Arbeit zwischen Menschenrechten und sozialstaatlicher Aufgabe

Für die Soziale Arbeit spielt der Gesichtspunkt der Sozialstaatlichkeit (ausführlich → Kap. 11) naturgemäß eine dominante Rolle. Es gibt kaum einen Beruf, dessen Handlungsfelder so anschaulich die sozialstaatlichen Herausforderungen erkennen lassen und der mit der Vielfalt menschlichen Elends derart eng in Kontakt kommt: Die Komplexität und die Determinanten menschlicher Not, das Veröden existentieller Möglichkeiten, die Genese von Pathologien – all dies liegt den SozialarbeiterInnen täglich in einer ganzen Reihe von Handlungsfeldern vor Augen. Sie blicken gewissermaßen in den Bauch der Gesellschaft. Während sich die Armutsforschung und -berichte (Huster/Boeckh/Mogge-Grotjahn 2008) vor allem auf wichtige, messbare Determinanten konzentrieren, gerät hier das Innenleben mit seinen variationsreichen Facetten und Verformungen in den Blick. Sozialarbeit arbeitet zum einen als letzte Hilfe an den für die gesellschaftlichen Inklusionsprozesse bedeutsamen Zonen, zum anderen sollen Menschen durch präventive Maßnahmen nachhaltig zur selbstständigen Lebensführung befähigt werden. Dort, wo diese Lebensführung gefährdet oder bereits verloren gegangen ist, gilt es, sie mit Hilfe der Sozialen Arbeit wiederzugewinnen. Daher sind neben den präventiven Gestaltungsaufgaben, die einen sozialen Abstieg der Menschen bereits im Vorfeld aus politischer Klugheit vermeiden helfen, vor allem die von Benachteiligung und Armut bereits Betroffenen im Blick.

Dass unsere Gesellschaft einen dringenden Handlungsbedarf hat, unterliegt keinem Zweifel. In regelmäßigen Abständen verbreiten sich die dramatischen und ernüchternden Meldungen über vernachlässigte und zu Tode gekommene Kinder; immer wieder kommt es zur Diskussion um die Gewaltbereitschaft junger Menschen und über mögliche Handlungsstrategien zur Prävention. Diese vom Durchschnittsbürger eher selten wahrgenommenen Ausschnitte geraten durch entsprechend aufbereitete Medien- und Großereignisse für kurze Zeit in den Mittelpunkt der Aufmerksamkeit, fallen anschließend aber wieder in Vergessenheit. In dieser Gemengelage von Entrüstung, Skandalisierung und verzweifelter Suche nach Verantwortungssubjekten müssen sich SozialarbeiterInnen heute orientieren. Sie arbeiten gewissermaßen an vorderster Front für ein Stück Humanität, häufiger nur für ein Fragment von Humanität, wie etwa eine gelungene Abwehr von Kindeswohlgefährdung mit anschließender Heimeinweisung oder eine erfolgreiche Wohnungsvermittlung bei drohender Obdachlosigkeit. Dieser fragmentarische Charakter besitzt seine eigene Dignität und seinen eigenen Wert; derartige sozialarbeiterische Interventionen sind in sich sinnvoll.

Sozialarbeiterische Interventionen zum Beispiel bei Kindeswohlgefährdungen dokumentieren zudem die enge Verflechtung von Sozialarbeit und Sozialstaatlichkeit. Durch ihre öffentliche Beauftragung erscheinen Mitarbeiter des Jugendamtes als Funktionsträger des Staates. Auch Sozialarbeiter in freien Trägerschaften können als sozialstaatliche oder parasozialstaatliche Akteure angesehen werden, da sie in weiten Teilen eine staatliche Refinanzierung erhalten. Aber der durch Beauftragung bedingte Schulterschluss zwischen Sozialstaat und Sozialarbeit steht in Spannung zu einem menschenrechtsorientierten Sozialstaatsverständnis. Der Berufskodex, wie er von der „International Association of Schools of Social Work“ oder der „International Federations of Social Workers“ (2008) niedergelegt ist, hebt zum einen die Sozialanwaltschaft für den Klienten (→ Kap. 7, → Kap. 13.3) hervor; zum anderen will die Federation die Soziale Arbeit nicht als bloßen sozialstaatlichen Erfüllungsgehilfen verstehen.

Das Verhältnis von Sozialarbeit und Sozialstaat ist also in den unvermeidbaren Gemengelagen von Faktizität und Normativität nicht spannungsfrei. Aber auch hier gilt aus menschenrechtlichem Blickwinkel: Ein demokratischer Staat bejaht idealiter eine gesellschaftlich orientierte und fundierte Sozialarbeit als ein kritisches Gegenüber seiner selbst um seiner demokratischen und humanitären Substanz willen. Er fördert und befürwortet sie im Sinne eines kritischen Spiegels, denn er weiß um die Eigendynamik staatlicher Macht und Bürokratie. Non-Profit-Organisationen und ihr Wirken sind daher Teil eines demokratischen, zumeist zivilgesellschaftlich fundierten Prozesses, in dem um die Gestalt der Gesellschaft politisch gestritten wird. Kritische Sozialarbeit und sozialstaatliche Beauftragung müssen sich daher keineswegs konzeptionell widersprechen. Die kritische Seite dieses Verhältnisses bleibt allerdings durch eine implizite Bejahung der Staatsidee begrenzt. Wird diese Grenze im Diskurs im Sinne einer fundamentalen Staatskritik überschritten, gibt der Diskurs sein Potential einer ernsthaften Kritik des realen Staates preis, weil er seiner Analyse zumeist keinen klar erkennbaren, normativen Grund der Kritik einzustiften vermag.

3.3.1 Akteur, Beobachter, kritischer Berichterstatter – Soziale Arbeit als menschenrechtsbezogene Profession

Die demokratische Fundierung vermeidet eine Verkürzung Sozialer Arbeit auf eine bloße sozialstaatliche Funktion. Auch in dieser Hinsicht lässt sich Soziale Arbeit als **Menschenrechtsprofession** und als **Gerechtigkeitsprofession** bezeichnen (Staub-Bernasconi 2003, Schrödter 2007). Sie bewegt sich damit innerhalb einer weithin konsensuellen Rahmenvorstellung, auf die sich die deutsche Verfassung selbst – wenn auch in einem sehr vagen Sinne – bezieht (Zacher 1993). Überdies greift sie damit gleichzeitig ein rechtsstaatliches Motiv auf, da sie sich wie der Rechtsstaat selbst auf eine übergeordnete, transstaatliche Größe bezieht, deren Normativität sie anerkennt: die Menschenrechte als vorstaatliche Rechte, die allen Menschen qua Menschsein zukommen (→ Kap. 2.2). Mit Hilfe dieses Bezugspunkts werden politische Prozesse beobachtet und beurteilt. Dies dient der Orientierung in kritischer Absicht.

Die Bedeutung professionellen Helfens für eine humane Gesellschaft muss folglich stets in dem Koordinatensystem der drei normativ-politischen Verfassungsprinzipien verstanden werden: Soziale Arbeit ist 1. unter sozialstaatlichem Gesichtspunkt vor allem Inklusionsakteur, 2. unter demokratischen Gesichtspunkt kritisches Gegenüber des Staates und ggf. der staatlichen Sozialpolitik, 3. unter rechtsstaatlichem Gesichtspunkt rückgebunden an die vorstaatlichen Menschenrechte. Dieser Blickwinkel macht deutlich: Es wäre eine Verkürzung, sie als reines Ausführungsorgan des Sozialstaates zu begreifen. Akteursperspektive, kritische Berichterstattung sowie normative und fachliche Beobachtung gehören in der Sozialen Arbeit zusammen. Auch für die Entscheidung und die Kommunikation über das, was in einer Gesellschaft als gerecht gilt, besitzen diese Dimensionen eine weit reichende Bedeutung. Denn das, was gerecht ist, lässt sich nicht einfach aus Gerechtigkeitstheorien deduzieren (ausführlich → Kap. 4). Im Hinblick auf eine konkrete Gesellschaft bedarf es hierzu konkreter Informationen über die sozialen und materiellen Bedingungen, die durchschnittlich ein selbstständiges Leben ermöglichen oder verhindern.

Verfassungsprinzipien des politischen Systems/normativer Selbstanspruch	Folgen für das Verständnis von Sozialer Arbeit
Sozialstaatlichkeit	Soziale Arbeit als Inklusionsakteur
Demokratiestaatlichkeit	Soziale Arbeit als kritisches Gegenüber des Staates
Rechtsstaatlichkeit	Soziale Arbeit als Profession, die die selbstbestimmte Lebensführung anerkennt und fördert

Eine Gesellschaft, die sich Gerechtigkeit als normatives Ziel setzt, muss etwas über die Lebensbedingungen und das Elend erfahren wollen. Dabei liegen die Notsituationen häufiger gar nicht öffentlich auf der Hand. Besonders in modernen Gesellschaften verschwinden Elend, Not und Verfolgung oft in bürokratischen Prozessen oder hinter verschlossenen Türen. Komplexe Gesellschaften sind geradezu entscheidend darauf angewiesen, dass man dem Elend hinterhergeht, es aufsucht und es öffentlich kommuniziert. Denn das, was nicht öffentlich kommuniziert wird, gibt es in gewisser Weise gar nicht; wenn die Problemlagen gar nicht erst sichtbar werden, erübrigen sich auch kollektive Handlungsstrategien. Umso dringender bedarf es Sozialer Arbeit, die den sozialstaatlichen Handlungsbedarf in professioneller Weise identifiziert und kommunikativ, ggf. auch konfrontativ, an die Gesellschaft zurückkoppelt. Diese gerechtigkeitsorientierte und demokratische Funktion können sozialarbeiterische Organisationen der Wohlfahrt für die Gesellschaft erbringen. Sie bereichern in diesem Fall die demokratische Diskussion und die Verständigung über das, was in der Gesellschaft als gerecht gelten soll.

Aber nicht nur Informationen über den toten Winkel gesellschaftspolitischer Wahrnehmung sind in komplexen Systemen für eine gesellschaftspolitische Gerechtigkeitsdiskussion bedeutsam. Es bedarf gleichzeitig auch einer konsensuellen Verständigung, in welchem Ausmaß sich der Staat präventiv und als letzte Hilfe engagieren soll. Auch hier besitzen die Erfahrungen der Sozialen Arbeit Bedeutung. Sie können darüber belehren, welche präventiven Maßnahmen sinnvoll sind, auf welche Weise durch politische Klugheit letzte Hilfen gar nicht erst notwendig werden, wo die Integrationskraft des Sozialstaats nachlässt und welche Folgen dies für die Gesellschaft und die Bürger hat.

Wenn Soziale Arbeit die schwindende Integrationskraft und die im Zuge dessen auftretende Exklusionsdynamik aufzeigt, leistet sie – über konkrete letzte Hilfen hinaus – gleichfalls einen Dienst für den sozialen Frieden und die Sicherheit der Gesellschaft. Denn im Ergebnis müssen die Exkludierten wieder als Inklusionsobjekte in die Gesellschaft integriert werden, und sei es nur um der Stabilität des Systems willen. Die Vermeidung von Exklusionsprozessen ist folglich politisch klüger und vermutlich auf lange Sicht für die Gesamtgesellschaft auch billiger. Andernfalls wäre Soziale Arbeit nur noch bloße Elendsverwaltung. Die Folgen müssten gleichzeitig immer umfangreicher ordnungs- und sicherheitspolitisch bewältigt werden – eine für das Loyalitäts- und Sicherheitsgefühl der Bürger eher verunsichernde Entwicklung. Auch für den Normalbürger gibt es daher gute Gründe für die Unterstützung einer funktionierenden Sozialarbeit. Es ist auch im Sinne eines wohlverstandenen Eigeninteresses, eine menschenrechtsorientierte Soziale Arbeit zu bejahen und zu fördern.

Übungsfrage

Welche zentralen gesellschaftlichen Funktionen ergeben sich aus dem Menschenrechtsbezug für die Profession der Sozialen Arbeit?

Vertiefende Literatur

Vom Herrschaftsbegrenzungsvertrag zur Unveräußerlichkeit der Menschenrechte/ Das Konzept einer Sozialen Arbeit als Menschenrechtsprofession

Bielefeldt, H., Menschenrechte in der Einwanderungsgesellschaft. Plädoyer für einen aufgeklärten Multikulturalismus, Bielefeld 2007

Kühnhardt, L., Die Universalität der Menschenrechte, 2. Aufl., Bonn 1991, S. 48–83

Staub-Bernasconi, S., Soziale Arbeit als (eine) Menschenrechtsprofession, in: Soziale Arbeit zwischen Politik und Wissenschaft, hg. v. R. Sorg, Münster 2003, S. 17–54

Kapitel 4
Gerechtigkeit, Recht und Gesetz – Grundlagen

■ Soziale Arbeit zielt auf die Begrenzung und den Abbau von Benachteiligungen, die sich aus der ungleichen Verteilung von Lebenslagen ergeben. Da soziale Ungleichheit heutzutage nicht als naturgegeben und unbeeinflussbar gilt, lässt sie sich unter dem normativen Gesichtspunkt der Gerechtigkeit betrachten. Soziale Arbeit fragt zum einen nach zentralen Dimensionen, die für eine nachhaltig selbstständige Lebensführung erforderlich sind, zum anderen danach, was diesbezüglich in den Bereich gesamtgesellschaftlicher und sozialpolitischer Verantwortung fällt. Gerechtigkeitstheorien geben hier Orientierung, ohne konkrete Einzellösungen zu bieten. Als gesellschaftlicher Akteur trägt die Soziale Arbeit durch ihr berufliches Wissen und die Analyse ihrer Handlungsfelder zur sozialpolitischen Bestimmung der Gerechtigkeit bei.

Gerechtigkeit darf als ein Thema gelten, das in quasi allen historischen Epochen bedeutsam war. Auch heute besitzt es unbestrittene Aktualität. Im gegenwärtigen Transformationsprozess des Sozialstaates lässt jede sozialpolitische Entscheidung neue Themenaspekte und Konfliktlinien entstehen. Soziale Professionen sind erheblich von dieser Entwicklung betroffen. Ein beträchtlicher Teil sozialer Probleme wird durch Verbände und gemeinnützige Einrichtungen bewältigt, deren Rahmenbedingungen der Sozialstaat subsidiär (→ Kap. 11.4) steuert (zum Überblick Kaufmann 2003, 48f.). Da soziale Ungleichheit im Regelfall nicht als Ergebnis eines Prozesses verstanden wird, zielt Soziale Arbeit auf den Abbau und die Begrenzung von Benachteiligung. Somit wird das Thema Gerechtigkeit zu einer zentralen Dimension Sozialer Arbeit. Besonders die Berufsverbände weisen daher auf die Gerechtigkeitsdimension Sozialer Arbeit in ihrem Selbstverständnis hin (IFSW 2008; DBHS 2007).

Gerechtigkeit gilt in vielen Fällen als eine Chiffre für berufliche Motivationen Sozialer Arbeit. Gerechtigkeitsvorstellungen begleiten das menschliche Leben aber auch grundsätzlich. Ein diffuses Gerechtigkeitsgefühl gibt meist Anlass, diese Auffassungen zur Sprache zu bringen. Die darin geltend gemachte Differenz von Sein und Sollen (→ Kap. 1.1) wird von einem Gefühl der Unzufriedenheit über herrschende Regeln und über als ungerecht identifiziertes Verhalten begleitet. Gerechtigkeitsintuitionen stellen indes keine starre Größe dar. Sie sind einerseits kulturell verankert, andererseits beeinflussbar und veränderbar. Die damit verbundenen Anspruchs- und Erwartungshaltungen sind Gegenstand sozialpolitischer Debatten. Im Kontext der Sozialstaatstransformation vollzieht sich derzeit eine grundsätzliche Neukonfiguration und Neubestimmung der Idee sozialer Gerechtigkeit.

4.1 Definitionen

Gerechtigkeitstheorien bieten keine konkretistischen Lösungen für sozialpolitische Entscheidungen, sondern eine Orientierung in Gerechtigkeitsdiskursen. Im Mittelpunkt ihrer Betrachtung stehen vor allem prinzipielle Regeln, die das soziale Leben bestimmen. Subjektive Gesinnungen oder personale Tugenden sind primär nicht im Blick. **Regeln der Gerechtigkeit** betreffen vielmehr **wechselseitige Ansprüche,** verbindliche Rechte und Pflichten. Sie artikulieren das, was Menschen einander schulden. Was soziale Beziehungen als freiwillige Gabe bereichert, bleibt davon unterschieden. **Regeln der Barmherzigkeit** gelten als wünschenswert, ihre Einhaltung besitzt jedoch **freiwilligen Charakter.** Gerechtigkeit hingegen drängt auf rechtliche Verwirklichung. Bei unparteiischer Betrachtung sollen Regeln sozialer Ordnung und wechselseitige Ansprüche zu einem annehmbaren Ausgleich zwischen den Beteiligten führen. Der gerechtigkeitstheoretische Unparteilichkeitsaspekt grenzt sich auch gegen den Begriff des Interesses ab. Wenn das gleiche Interesse die Menschen zur gegenseitigen Hilfe motiviert, ist der Begriff der Solidarität üblich geworden (z. B. Solidarität unter Arbeitern). Solidarität und Gerechtigkeit sind daher zu unterscheiden, stehen sich allerdings näher als Gerechtigkeit und Barmherzigkeit (hierzu Kersting 2000, 381–383).

Heutigen Gerechtigkeitskonzepten liegt ein modernes Verständnis sozialer Ordnung zugrunde. Soziale Ordnungen gelten nicht als naturgegeben. Sie sind von Menschen gemacht und folglich durch sie veränderbar. Daher lassen sich gesellschaftliche Regeln einer Bewertung unterziehen. Naturgesetze können hingegen kein gerechtigkeitsrelevanter Gegenstand sein; das Wetter kann nicht moralisch dafür verantwortlich gemacht werden, dass es schlecht ist. Regeln lassen eine Struktur sozialer Ordnung entstehen, deren Folgewirkungen von den Betroffenen einer Bewertung ausgesetzt sind. Die soziale Ungleichheit (Hradil 2000) rückt in den Mittelpunkt der Aufmerksamkeit. Sie ist kein Zufallsprodukt, sondern lässt sich auf politisch konstituierte Regeln zurückführen, die im Ergebnis zur unterschiedlichen Verteilung von Lebenslagen führen. Einkommen, Bildung, Beschäftigung, Prestige und Macht beeinflussen die Verteilung von Lebenslagen in zentraler Weise. Die Faktizität sozialer Ungleichheit lässt sich in ihren vielschichtigen Dimensionen durch empirische Untersuchungen nachweisen.

4.2 Maßgebliche Unterscheidungen

Die vermutlich wichtigste gerechtigkeitstheoretische Unterscheidung stammt von **Aristoteles** (384–322 v. Chr.). Er hat sie im 5. Buch der Nikomachischen Ethik dargelegt. Dort führt er eine Differenzierung von weitreichender Bedeutung ein: die Unterscheidung von Verteilungsgerechtigkeit *(iustitia distributiva)* und Tauschgerechtigkeit *(iustitia commutativa)* (vgl. Aristoteles 1983).

Die Verteilungsgerechtigkeit nimmt in den Blick, dass eine Person aufgrund bestimmter Kriterien etwas von einer anderen Person erhält. Als gerecht galt die Zuteilung, wenn sie dem Kriterium der Würdigkeit, z.B. des gesellschaftlichen Standes und des Verdienstes entspricht. Diesbezügliche Vorstellungen variierten von Gesellschaft zu Gesellschaft. In der Zeit des Aristoteles wurde soziale Ungleichheit als selbstverständlich und naturgegeben angesehen. Seine Überlegungen besaßen daher nicht das Gleichheitspathos, wie es sich seit der Neuzeit durchgesetzt hat. Sie waren nur auf freie (männliche) Bürger bezogen. Alle anderen galten nicht als vollwertige Subjekte und Vollmitglieder der Gesellschaft. Die hierarchisch geschichtete Gesellschaft und ihre selbstverständlich angenommene Ungleichheit lässt sich noch in antiken sprichwörtlichen Redensarten erkennen wie: „Was dem Iuppiter erlaubt ist, ist dem Ochsen noch lange nicht erlaubt" oder auch „Gleiches ist gleich zu behandeln, Ungleiches ungleich zu behandeln".

Neuzeitliche Konzeptionen transformierten das aristotelische Verständnis der Verteilungsgerechtigkeit und verbanden es mit dem modernen Prinzip der Gleichheit. Dadurch kam es zu erheblichen Bedeutungsverschiebungen des Zuteilungsaspekts. In Verbindung mit dem neuzeitlichen Gleichheitsprinzip gilt es nun, im Gegensatz zur antiken Ständegesellschaft alle Mitglieder gleich zu behandeln, die Güter und Lasten unter ihnen fair zu verteilen. Zuvor beeinflussten **christliche Traditionen** diese Transformation des Gerechtigkeitsbegriffs erheblich (Huber 1999). Biblische Traditionen betonten, dass Gerechtigkeit maßgeblich in gelingender Wechselseitigkeit und Gemeinschaftstreue besteht und damit ein Beziehungsbegriff ist. Zum einen führte dies zu einem relationalen (beziehungsorientierten) Verständnis, das dem Begriff substantielle soziale Dimensionen einstiftete. Zum anderen brachte das jüdisch-christliche Ethos inhaltlich eine besondere Berücksichtigung der Schwachen (Witwen, Waisen) in die Auslegungstraditionen ein. Aus seiner Perspektive gilt es, Gerechtigkeit immer auch unter dem Blickwinkel vorrangiger Parteilichkeit (Bedford-Strohm 1993) für die Benachteiligten zu reflektieren. Die vielfältigen, auch durch das Gleichheitspostulat beflügelten Synthesen führten zu Transformationen, die die aristotelische Idee der Verteilungsgerechtigkeit zu einer basalen sozialpolitischen Umverteilungskategorie verwandelten. Derjenige, der durch seine günstige gesellschaftliche Startposition viele Güter besitzt, soll unter diesem Blickwinkel anderen Menschen mit weniger günstigen Startpositionen etwas abgeben. Somit wird die iustitia *distributiva* zum Kern moderner Umverteilungstheorien. Dem liegt die Vorstellung zugrunde, dass sich Mitglieder einer sozialen Ordnung als eine Kooperationsgemeinschaft verstehen. Ihre gemeinschaftlichen Leistungen führen zu gesellschaftlichen Wertschöpfungsprozessen, so dass am Ende die Ergebnisse an alle, die mitgewirkt haben, zurückzuverteilen sind (Re-Distribution).

Neben die Idee der Verteilungsgerechtigkeit, die Zuteilungen aufgrund bestimmter Kriterien rechtfertigt, stellt Aristoteles die Idee der Tauschgerechtigkeit. Hier steht die Begegnung von zwei Gleichen im Mittelpunkt, die etwas miteinander tauschen. Die getauschten Güter oder Leistungen müssen dabei äquivalent sein. Das Modell einer so beschaffenen zweiseitigen Relation entwickelte sich zum Ideal einer gerechten Beziehung. Auch diese Vorstellung hat eine nachhaltige Bedeutungsverschiebung erfahren. Die Tauschgerechtigkeit entwickelte sich zum Typus der bilateralen, marktförmigen Interaktion. Besonders die neuzeitliche Marktbeziehung gilt als Prototyp dieser Form von Gerechtigkeit. Das bei Aristoteles letztlich unklare Äquivalenzprinzip ist unter modernen Bedingungen zum Kriterium fairer Austauschbedingungen transformiert. Beide Gerechtigkeitstypen treten häufig in Spannung zueinander. Besonders die Frage, welcher Gerechtigkeitstyp in politischen Entscheidungen den Vorrang verdient, erfordert eine Analyse. Peter Koller (2001, 19–47) schlägt zur Klärung eine plausible – bei Aristoteles im Ansatz bereits angelegte – Erweiterung der Typologie und eine Bestimmung der Reichweiten vor, da dem jeweiligen Gerechtigkeitstypus jeweils eine eigenständige Grundform sozialen Handelns entspricht:

- Tauschgerechtigkeit bleibt auf marktförmige Prozesse bezogen.
- Politische Gerechtigkeit gilt als ein weiterer, eigener Typus der Gerechtigkeit. Sie bezieht sich auf Probleme politisch legitimer Herrschaft, das Verhältnis von Herrscher und Beherrschten (→ Kap. 6.2.3).
- Korrektive Gerechtigkeit nimmt vor allem Situationen in den Blick, in denen es um die Wiedergutmachung von Unrecht und ggf. die Androhung von Strafe geht.
- Verteilungsgerechtigkeit nach modernem Verständnis besitzt im Gegensatz zu den drei anderen Gerechtigkeitstypen einen grund-

sätzlicheren Charakter. Denn ohne eine vorausgehende Verteilungsgerechtigkeit kann es keine Tauschgerechtigkeit geben. In marktförmigen Tauschbeziehungen liegt dieser strukturelle Sachverhalt auf der Hand. Ohne eine annähernd gleiche oder ähnliche Ausgangsverteilung vermögen Personen nicht in den Tauschprozess einzutreten, da sie ggf. gar nichts zum Tauschen besitzen und ihre Austauschbedingungen nicht äquivalent sind. Folglich kann auch die in der Tauschgerechtigkeit angenommene gleichberechtigte bilaterale Beziehung gar nicht zustande kommen, Tauschgerechtigkeit demnach gar nicht erst entstehen. Ähnliches gilt für die politische Gerechtigkeit. Auch hier müssen Rechte und Pflichten zunächst verteilt sein, damit sich alle am Prozess der prozedualen politischen Gerechtigkeit beteiligen können. Im Ergebnis bleibt daher festzuhalten: Die Verteilungsgerechtigkeit ist eine notwendige, vorausgehende (transzendentale) Bedingung, die die anderen Gerechtigkeitstypen erst ermöglicht.

Die Verteilung darf jedoch nicht auf die Umverteilungsidee von ungleich verteilten ökonomischen Gütern eingeengt werden. Auch die Distribution von Chancen und Rechten besitzt eine wichtige Bedeutung für die Verwirklichung von Gerechtigkeit. Zugangschancen zu Bildungs- und Befähigungsprozessen (→ Kap. 4.4) ermöglichen eine nachhaltig selbstständige Lebensführung und den Erwerb basaler Kompetenzen, die gleichfalls in Tauschprozessen bedeutsam sind. Bourdieu (Bourdieu 1983) hat diese nahe liegende Differenzierung mit der Unterscheidung von ökonomischem, kulturellem und sozialem Kapital erweitert und bereichert. Neben ökonomischen und bildungsorientierten Gütern lenkt er die Aufmerksamkeit auch auf die sozialen Beziehungen als wichtige Determinante der Verteilung von Lebenslagen.

	Verteilungsgerechtigkeit	**Tauschgerechtigkeit**
Aristoteles	Gerechtigkeit durch Zuteilung von Gütern aufgrund von Würdigkeit und Verdienst	Gerechtigkeit durch freiwilligen Tausch äquivalenter Güter oder Leistungen
Transformation durch christliche Einflüsse	– vorrangige Orientierung an den Armen – Gemeinschaftstreue – gelingende Wechselseitigkeit	
neuzeitliche Transformation	Gerechtigkeit wird zur sozialpolitischen Umverteilungsidee durch die Synthese mit dem neuzeitlichen Gleichheitsgrundsatz	Gerechtigkeit durch allumfassende marktförmige Interaktion; Synthese mit dem individuellen Freiheitsideal

Im Rückblick erweist sich die aristotelische Grundunterscheidung als zentraler Bezugspunkt fruchtbarer Transformationen. Während sich die Verteilungsgerechtigkeit mit dem Gleichheitsgrundsatz verbindet, geht die Tauschgerechtigkeit eine Synthese mit einer individualistisch verstandenen Freiheitsidee ein. Das Spannungsverhältnis der beiden Gerechtigkeitstypen stellt sich folglich auch als Problem der Verhältnisbestimmung von Freiheit und Gleichheit dar. Einerseits werden individuelle Freiheitsrechte betont, andererseits die sozialen Gleichheitsrechte. Vor ca. 40 Jahren gewannen diese Gegenüberstellungen in unterschiedlichen Formen von Menschenrechtserklärungen der UN Gestalt. Bürgerliche Freiheitsrechte einerseits und soziale Gleichheitsrechte andererseits fanden 1966 bezeichnenderweise in zwei verschiedenen Menschenrechtspakten Eingang – eine Entwicklung, die vor allem dem einschlägigem Systemvergleich von kapitalistischen und kommunistischen Staaten geschuldet war (Heidelmeyer 1982, 298–315).

4.3 Die Gerechtigkeitstheorie von John Rawls

Die meisten Gerechtigkeitstheorien geben der Freiheit den Vorrang vor der Gleichheit. Das ist auch bei dem Amerikaner John Rawls (1921–2002) der Fall, der in den siebziger Jahren den wirkungsträchtigsten Entwurf vorlegte. Seine Grundidee geht von zwei zentralen Grundsätzen aus, die eine gerechte Gesellschaft prägen müssen: „1. Jede Person hat ein gleiches Recht auf ein völlig adäquates System gleicher Grundfreiheiten, das mit dem entsprechenden System von Freiheiten für alle vereinbar ist. 2. Gesellschaftliche und ökonomische Ungleichheiten müssen zwei Bedingungen genügen: Erstens müssen sie mit Ämtern und Positionen verbunden sein, die allen unter Bedingungen fairer Chancengleichheit offen stehen, und zweitens müssen sie den größten Vorteil für die am wenigsten begünstigten Mitglieder der Gesellschaft bringen." (Rawls 1992, 160)

Der erste Grundsatz spricht die Persönlichkeitsrechte an. Eine Gesellschaft gilt als gerecht, wenn sie die Integrität des Einzelnen durch Rechte schützt. Hier stehen individuelle Freiheitsrechte (→ Kap. 2.6) und die Rechtsstaatlichkeit im Mittelpunkt. Eine Gesellschaft, in der das Volk „alles" ist oder nur das „Glück der größtmöglichen Zahl" zählt, gilt demnach nicht als gerecht. Der zweite Grundsatz beinhaltet zwei Aspekte: Zum einen bedarf es gleicher Zugangschancen zu gesellschaftlichen Positionen. Demokratietheoretische Gesichtspunkte gewinnen Gestalt. Zum anderen gelten Ungleichheiten nur dann als gerechtfertigt, wenn sie für die am stärksten Benachteiligten den größtmöglichen Vorteil besitzen. Damit rückt eine Grenze in den Blick, ab der die Ungleichheit einer Gesellschaft keine Legitimität mehr beanspruchen darf. Aus dieser sog. **Maximin-Regel** lässt sich allerdings nicht deduktiv ableiten, wann dieser Fall in einer Gesellschaft konkret eingetreten ist. Um diese Grenze zu markieren, bedarf es einer umfänglichen, sowohl politiktheoretischen als auch empirisch fundierten Debatte. Gleichwohl setzt dieses Modell voraus, dass Ungleichheit nicht prinzipiell als ungerecht zu verurteilen ist. Ungleichheiten können nach Rawls systemnotwendige Anreizstrukturen schaffen, müssen aber andererseits begrenzt und eingehegt werden.

Insgesamt darf eine Gesellschaft nach Rawls als gerecht gelten, wenn sie

1) die Freiheit des Einzelnen und die sozialverträgliche Koordination der Freiheiten untereinander garantiert. Dies erfordert die Sicherstellung, dass jeder vor Bevormundungen in der Realisierung seiner Freiheit geschützt ist; die Person selbst entwickelt ihre je eigenen Vorstellungen des guten Lebens. Gerechtigkeit als rechtliche Koordination individueller Freiheiten ist demnach die Grundlage dafür, dass Individuen ihre Vorstellungen vom Leben entfalten und sozialverträglich verwirklichen dürfen. Derartige Gesellschaften schützen das individuelle Glücksstreben und seine autonome inhaltliche Ausgestaltung, schaffen aber gleichzeitig einen Koordinationsrahmen für das Zusammenleben. Gerechtigkeit gilt demzufolge als Grundlage für das gute Leben der Individuen.

2a) Zur gerechten Gesellschaft gehört zugleich, dass Menschen ihre Interessen artikulieren, in den politischen Prozess einbringen und demokratischen Regeln entsprechend durchsetzen dürfen. Auch dies lässt sich als Konsequenz der Freiheitsidee verstehen. Denn die Freiheit beinhaltet auf ihrer öffentlichen Außenseite die Freiheit zur politischen Partizipation.

2b) Aus der Idee der Gesellschaft als Kooperationsgemeinschaft und des Anspruchs der Freiheit aller folgt als Drittes, auch den Benachteiligten ein selbstbestimmtes Leben zu ermöglichen. Die Freiheitsverwirklichung der einen darf nicht auf Kosten der anderen geschehen. Hier kommt daher das sozialstaatliche Motiv zum Zuge, das sich allerdings nicht in der Korrektur von Benachteiligungen erschöpft (→ Kap. 2.6). Denn der Verlust selbstständiger Lebensführung berührt immer auch die politische Dimension der Freiheit und damit das Bürgersein der Menschen; Benachteiligte sind aus unterschiedlichen Gründen nicht in der Lage, ihre Partizipationsrechte wahrzunehmen. Ihre mangelnden Mitwirkungschancen ziehen immer auch das demokratische System insgesamt in Mitleidenschaft, weil es auf Beteiligung angewiesen ist.

Eine gerechte Gesellschaft im Sinne der Rawls'schen Prinzipien lässt sich insgesamt aus dem Prinzip der Freiheit und ihrer drei notwendigen Modi begründen und verstehen: aus der Freiheit des Individuums, seine Vorstellungen vom guten Leben sozialverträglich, aber letztlich selbstständig, ohne Einmischung und autonom zu realisieren; aus der politischen Freiheit, seine Vorstellungen und seine Interessen im Prozess politischer Willensbildung einzubringen; aus einer kommunikativen und sozialen Freiheit, die auf die realen Freiheitsbedingungen und effektive Chancengleichheit (Dworkin 1981) aller Menschen zielt.

Rawls entwickelt überzeugende Argumente für seine Gerechtigkeitstheorie. Er fragt: Warum sollten Menschen einsehen und motiviert sein, einem solchen Gerechtigkeitskonzept zuzustimmen? Er schlägt hierzu ein Gedankenexperiment vor: Jeder versetze sich in eine Situation, in der er nicht weiß, welche Position er später im gesellschaftlichen Gefüge einnimmt. Für welche Regeln einer Gesellschaft würde er unter einem derartigen ‚Schleier der Unwissenheit' votieren? Unter diesem Blickwinkel liegt die Maximin-Regel, d.h. die Bejahung des größtmöglichen Vorteils für die am stärktsten Benachteiligten, nahe. Denn keiner vermag zu wissen, ob er nicht – durch welche Zufälle auch immer – zu den Benachteiligten gehören wird. Die gegenwärtige Dynamik der Gesellschaft schließt keineswegs aus, dass es für manche den Weg „vom Millionär zum Tellerwäscher" geben wird. Für die Akzeptanz der Maximin-Regel spricht daher einiges. Sie lässt sich zudem durch ein soziales Klugheitsargument ergänzen. Denn die Eröffnung nachhaltig selbstständiger Lebensführung für Benachteiligte vermeidet eine zunehmende sozio-ökonomische Polarisierung der Gesellschaft. Letztere vermindert durch einen erhöhten Sicherheitsaufwand und durch Repressionen mit steigenden gesamtgesellschaftlichen Kosten im Ergebnis auch die Lebensqualität der besser Gestellten. Eine präventive soziale Kohäsionspolitik erscheint unter diesem Blickwinkel als ratsam.

Zentrale Grundsätze der Gerechtigkeitstheorie nach J. Rawls

1. Gleiche Grundfreiheiten für alle (Persönlichkeitsrechte)
2. Unter folgenden Bedingungen sind sozioökonomische Ungleichheiten zulässig:
   a. bei gleichem Zugang zu Ämtern und Positionen
   b. bei größtem Vorteil für die am wenigsten begünstigten Mitglieder der Gesellschaft (Maximin-Regel)

4.4 Verteilung und Befähigung

Rawls' Theorie lässt sich erweitern: Amartya Sen (Sen 2000) und Martha Nussbaum (1999) haben sein Gerechtigkeitskonzept um den Gesichtspunkt der Befähigung ergänzt und damit eine komplexere Perspektive mit teilweise anderen Begründungsansätzen entwickelt. Sie führt zu einer erweiterten Ausgangsfrage: Wie viel an Verteilung und welcher Befähigungsprozesse bedarf es, damit ein Mensch in einer konkreten Gesellschaft ein nachhaltig selbstständiges Leben führen kann? Die erweiterte Theorie lenkt damit die Aufmerksamkeit auf zwei maßgebliche Dimensionen der Gerechtigkeit: Der erste Gesichtspunkt hebt auf **die Grundausstattung an Grundgütern und Grundfreiheiten** ab, die für eine selbstständige Lebensführung notwendig sind; hier kommen vor allem ökonomische Verteilungsaspekte ins Spiel. Der zweite Gesichtspunkt thematisiert darüber hinaus die **Bedeutung von Befähigungen für ein autonomes Leben.** Selbstständigkeit bedarf komplexer Lernprozesse, sie entsteht nicht von selbst. Der Erwerb sozialer Kompetenzen als auch Bildungsprozesse besitzen hierfür zentrale Bedeutung. Formale Chancengleichheit liegt bereits vor, wenn unterschiedliche ökonomische Ausstattungen die Zugangschancen zu Bildungseinrichtungen nicht verzerren. Jeder kann im Prinzip ein Gymnasium besuchen; es gibt im Regelfall kein Schulgeld, das finanziell Benachteiligte unter diesem Blickwinkel in Nachteil bringt. Die Befähigung betrifft hingegen bereits die im Vorfeld zu fördernde und zu erlernende Kompetenz, formale Bildungschancen überhaupt nutzen zu können. Hier kommen Kindergarten und institutionelle Förderungsdimensionen in den Blick wie auch eine Förderungskultur für die Kinder von Seiten der Eltern. Die dort stattfindenden Prozesse stellen einen substantiellen Bestandteil effektiver Chancengleichheit (Dworkin 1981) dar, und entsprechende Defizite müssen aus dieser gerechtigkeitstheoretischen Perspektive als Teil gemeinsamer gesellschaftlicher Verantwortung gelten. Auf bloße formale Zugangschancen lassen sich Entwicklungschancen nicht reduzieren. Denn sie besitzen wesentlichen Einfluss auf die nachhaltig selbstständige Lebensführung.

Gelungene Befähigungsprozesse beeinflussen maßgeblich gesellschaftliche Inklusionsprozesse und damit die Verteilung der Lebenslagen. Daher gilt es, Befähigung als Teil der Verteilungsdebatte zu verhandeln. Sie kann allerdings die Verteilung nicht nachhaltig ersetzen. Gerade im Zusammenhang der Arbeitsmarkintegration zeigt sich deutlich, dass Befähigungen für Einzelne zwar zur Verbesserung in der Konkurrenz um den Arbeitsplatz führen, jedoch nicht die strukturellen Probleme (Überangebot von Arbeitskräften, internationale Konkurrenz etc.) und den damit induzierten Verdrängungswettbewerb lösen können.

Mit Hilfe der Befähigungsdimension lässt sich der Gerechtigkeitsbegriff nun weiter präzisieren: Ein anständiges Mindestmaß (decent minimum) für ein selbstständiges Leben erfordert ein durchschnittliches Ausmaß von Gütern sowie gesellschaftlich bereit gestellte und begleitete Befähigungsprozesse. Ihr angemessener Umfang deduziert sich nicht aus einer auf Begründung und Begriffsklärung ausgerichteten Theorie. Er lässt sich nur kontextuell in Bezug auf eine bestimmte Gesellschaft bestimmen. Hierzu bedarf es sowohl konkreter Informationen über die in einer Gesellschaft vorhandenen Gefährdungen sowie über die notwendigen Kompetenzbündel für die selbstständige Lebensführung. Sozialberichts- und Armutsberichtserstattung bieten einen wichtigen Einblick in diese Erfordernisse (z.B. Huster/Eissel 2000; Hanesch/Krause/Bäcker 2000). Weitreichende Informationen bieten auch die von der EU initiierten, nationalen Aktionspläne (NAPincl). Sie geben Auskunft über inklusionsorientierte Politikstrategien sowie empirische Daten zu den einschlägigen Exklusionsproblemen und versuchen mit einer entsprechenden Indikatorenbildung die Bestimmung eines anständigen Mindestmaßes (decent mimimum) zu operationalisieren (vgl. Huster/Benz/Boeckh 2003). Aber auch Soziale Arbeit und helfende Berufe insgesamt könnten hier wichtiges, wissenschaftlich basiertes Praxiswissen einbringen; sie leisten für die gesellschaftliche Bestimmung und Operationalisierung der Gerechtigkeit unterschiedliche Dienste (ausführlich → Kap. 12.3).

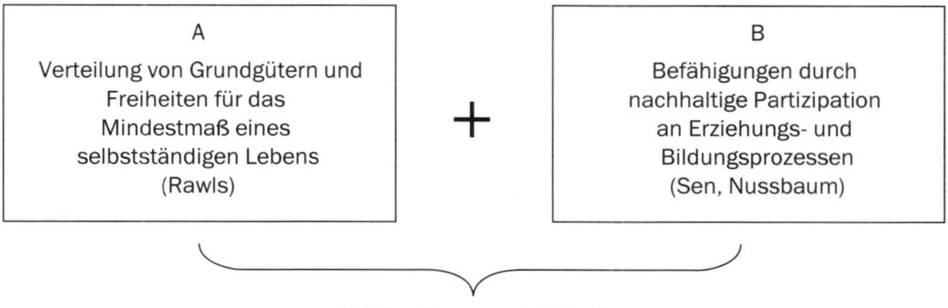

Abb. 8: Gerechtigkeit durch Verteilung und Befähigung

Insgesamt umreißt der auf Rawls basierende und erweiterte Gerechtigkeitsbegriff die zentralen Dimensionen, an denen keine politische Debatte vorbeigehen darf. Er erfüllt für das öffentliche Themensetting und gerechtigkeitsbedeutsame Aufmerksamkeitstypologien wichtige Funktionen. **Eine Gesellschaft kann als gerecht gelten, wenn sie die individuellen, politischen und sozial-partizipativen Dimensionen der Freiheit aller Menschen gewährleistet und hierauf ihre sozialpolitische Steuerung in Verteilungs- und Befähigungsprozessen angemessen abstellt.** Die konkrete Gestalt sozialer Gerechtigkeit und ihr gesellschaftliches Verständnis bleibt im Wesentlichen ein komplexes Ergebnis aus gesellschaftlichen Interessens- und Aushandlungsprozessen sowie kulturellen Hilfetraditionen, die auf dem Wege der Sozialpolitik Eingang in sozialrechtliche Regelungen und entsprechende Organisationsformen finden. Für diesen Verständigungsprozess bieten Gerechtigkeitstheorien unverzichtbare Unterscheidungen.

4.5 Gleichheit oder Gerechtigkeit?

Rawls Theorie gibt dem Grundgedanken sozialer Gleichheit in ihrem zweiten Teil, besonders in der Maximin-Regel, ihre besondere Prägung. Da soziale Ungleichheit nicht als naturwüchsiges Faktum verstanden wird, müssen Gründe und Kriterien angegeben werden, in welchem Ausmaß Ungleichheit überhaupt Legitimität beanspruchen darf. Diese prinzipielle Vorentscheidung lässt sich grosso modo als Egalitarismus (franz.: *égalité*, lat.: *aequalitas* = Gleichheit) bezeichnen, da sich aus dem Blickwinkel der Gleichheit der Rechtfertigungsbedarf ergibt und Ungleichheit damit stets als rechtfertigungsbedürftig erscheint. Im Gegenzug erachtet der Non-Egalitarismus die soziale Gleichheit für die Bestimmung der Gerechtigkeit als irrelevant. Es ist daher sachlich naheliegend, **zwei Theorietypen** zu unterscheiden: Der erste verschränkt Freiheit und Gleichheit und macht dies für das Gerechtigkeitsverständnis fruchtbar (**1. liberal-sozialer und sozial-liberaler Ansatz**). Der zweite verzichtet auf den normativen Rückgriff auf die Gleichheit in der Entfaltung der Gerechtigkeit (**2. Non-Egalitarismus**).

Zu 1) Die **liberal-soziale** Variante des ersten Theorietypus betont die ökonomischen, kulturellen und sozialen Voraussetzungen eines selbstständigen Lebens (Pauer-Studer 2000). Die Verteilung wird strikt in ihrer Dienstfunktion für die Autonomie begriffen, da ein nachhaltig selbstständiges Leben nur unter Rückgriff auf entsprechende materielle, soziale und kulturelle Ressourcen möglich ist. Dies lässt sich als eine Art realitätsgemäßer Liberalismus verstehen. In eine ähnliche Richtung zielt der Entwurf, Gleichheit als normative Dimension der Freiheit zu entwickeln (Gosepath 2004). Er teilt die Konsequenzen des ersten Entwurfs, insistiert aber darauf, dass die soziale Gleichheit nicht nur eine praktische Anwendungskonsequenz der Freiheit aller ist, sondern eine eigene auf die Freiheit bezogene normative Dimension besitzt.

Einen anderen Zugang zur Verschränkung wählt der **sozial-liberale Ansatz.** Er hebt die Voraussetzungen für eine allgemeine gesellschaftliche Beteiligung als Dimension politischer Freiheit hervor und argumentiert vor allem demokratietheoretisch: Die politischen Beteiligungsmöglichkeiten können nur wahrgenommen werden, wenn alle Menschen sowohl über ausreichende ökomomische Ressourcen als auch über effektive Chancen verfügen (Hengsbach 2001, 93–98). Daher beschädigt ungleiche Verteilung ab einem gewissen Punkt die Substanz der Demokratie, d.h. die Beteiligung aller, d.h. auch derjenigen Bürger, die ihre Interessen aufgrund ihrer Benachteiligung nicht öffentlich und gesellschaftspolitisch vertreten können. Der zugrunde liegende Gedanke der Kooperationsgemeinschaft rückt zudem den gemeinsam erarbeiteten Reichtum und eine angemessene (Rück-) Verteilung des Erarbeiteten an seine Produzenten in den Mittelpunkt. Hierdurch gewinnt das Motiv des sozialen Ausgleichs und vergleichbarer Lebenslagen Bedeutung. Die Frage nach der politisch gesteuerten Verteilung des gesellschaftlichen Reichtums, des gemeinsam erwirtschafteten Volkseinkommens und des vorhandenen Vermögens werden zum Gerechtigkeitsthema (Hengsbach/Möhring-Hesse 1999). Dieser Ansatz geht davon aus, dass die Gesellschaft als Kooperationsgemeinschaft gemeinsame, allen Menschen dienende Wertschöpfungen produziert, so dass die Redistributionen des Sozialstaates geradezu ein Gebot der Leistungsgerechtigkeit gegenüber ihren leistungsproduzierenden Mitgliedern sind. Infolgedessen tritt die ökonomische Verteilungsdimension besonders hervor, und dies nicht nur als Ressource für individuelle Freiheit, sondern vor allem in ihrer Funktion für den gesellschaftlichen Einfluss, also als Mitbestimmung und Partizipation determinierende Ressource in einer durch Machtverzerrungen gekennzeichneten Gesellschaft. Dieses unter der Präsumtion von Gleichheit stehende Teilhabekonzept zielt auf relative Gleichheit und setzt wie die anderen Konzepte des ersten Theorietypus die Rechtfertigungsbedürftigkeit von Ungleichheit voraus. Damit lässt sie die Eigentumsfrage, die sich vielfach im toten Winkel der Reflexion befindet, nicht zur Ruhe kommen; sie bringt die soziale und politische Legitimationsbedürftigkeit der Eigentumsordnung immer wieder in den Diskurs ein.

Insgesamt zielen die Entwürfe des ersten Theorietypus zumeist nicht auf sozialpolitische Grundsicherungsmodelle ab. Dem Staat kommt die Aufgabe zu, sowohl – aristotelisch gesprochen – das Überleben, als auch das Gutleben der Bürger im Sinne einer Grundgüter bereitstellenden und Befähigung fördernden Weise zu ermöglichen (vgl. Nussbaum 1999, 90–100). Gleichheit gilt als ein substantieller Aspekt des intrinsischen Werts der Freiheit. Prinzipiell ist an der eingeführten Zweistufigkeit der sozialen Sicherung von Normalitätserhaltung und letzten Hilfen festzuhalten. Sozialpolitik begreift sich hier als allgemeine Gesellschaftspolitik. Ihre Aufgabe besteht in der fortlaufenden präventiven Begrenzung der Ungleichheitsdynamik sowie in letzten Hilfen.

Zu 2) Der zweite Theorietypus wird in der deutschen Gerechtigkeitsdebatte seit etwa einem Jahrzehnt unter dem Stichwort „Egalitarismuskritik“ oder **„Non-Egalitarismus“** zusammengefasst. Dabei wurde zunehmend die amerikanische Debatten bestimmende Unterscheidung von Gleichheit und/oder Gerechtigkeit eingearbeitet (vgl. Krebs 2000, vor allem aber 2002, 95–194). In dieser neuen Argumentationsmatrix bezieht sich Gleichheit auf Standards, die den Menschen im Vergleich mit anderen Menschen zukommen sollen. Gleichheit gilt deshalb als relationale Größe. Gerechtigkeit hingegen wird als absoluter (losgelöster) Standard betrachtet und will deshalb festhalten, was der Person als Person (unabhängig und nicht im Blick auf andere Personen) zusteht. Diese Unterscheidung lässt sich zunächst auch als Reflexion eines anständigen Mindestmaßes verstehen, die danach fragt, wessen die Person als Person bedarf, um über ein ausreichendes Maß von Erfahrbarkeitsbedingungen der Würde zu verfügen. Was braucht jeder Mensch als Mensch, um zu leben (satt zu werden u. Ä.)? Hier ist ein striktes, nicht-komparatives, d.h. nicht am Vergleich orientiertes Minimum im Blick. Für dessen Bestimmung ist der Vergleich mit anderen Menschen – „Was besitzen die anderen?“ – aus der normativen Perspektive der Gerechtigkeit irrelevant. Sie zielt vor allem in der deutschen Diskussion darauf, die umfassende Verteilungsperspektive einschließlich der gesellschaftlichen Reichtumsverteilung, die vor allem Egalitaristen sozial-liberaler Prägung vertreten, gerechtigkeitstheoretisch für irrelevant zu erklären.

Die Frage nach dem anständigen Mindestmaß scheint bei den meisten Non-Egalitaristen bereits im Sinne eines Grundsicherungsmodells beantwortet zu sein (vgl. Kersting 2002, 23–95). Eine Statussicherung wird hingegen nicht als Schutz vor sozialem Abstieg durch angemessene Teilhabe am gesellschaftlichen Reichtum verstanden, sondern teilweise als Totalversorgung verteufelt. In ihrer Zuspitzung schließen derartige Non-Egalitaristen eine präventive Sozialpolitik aus, wie sie die vorgelagerten Sicherungssysteme in vielfältiger Form intendieren. Eine grundsicherungsorientierte Schutzpolitik soll die Sozialpolitik als allgemeine Gesellschaftspolitik ablösen. Gerechtigkeitsansprüche, die sich aus der Verteilungsperspektive historisch zu sozialen Rechten positiviert haben und die über die Grundsicherung hinausgehen, sind deshalb abzubauen. Für im Krisenfall eintretende Gefährdungen selbstständiger Lebensführung bleiben nur letzte Hilfen. Sie zielen darauf ab, in ihrem Kontext durch okkasionelles Handeln die Grundversorgung zu sichern (Suffizienzprinzip statt Egalitätsprinzip). Da vornehmlich die Mitglieder der eigenen Gesellschaft im Blick sind, wird hierfür der Begriff der Solidarität in Anspruch genommen.

Das Konzept blendet die permanente Ungleichheitsdynamik aus, die die Marktwirtschaft der Gesellschaft einstiftet, und hält sich die teils kontingenten, teils systembedingten sozialen Abwärtstrends nicht gegenwärtig. Gesellschaftliche Lebenslagen der Individuen gewinnen hierdurch etwas Zufälliges, Unableitbares. Erfolgreiche Menschen müssen sich daher nicht für ihre Begabung und ihren Erfolg entschuldigen. Den Egalitaristen wird hingegen unterstellt, dass sie den erfolgreichen Individuen eine Verantwortlichkeit für die Schwachen und untergründig ein schlechtes Gewissen unterschieben. Egalitaristische Vorstellungen trügen dazu bei, dass sich die Benachteiligten – über die Grundsicherung hinaus – ungerechtfertigte, d.h. gerechtigkeitstheoretisch unbegründbare Vorteile verschaffen, da sie sich zu Opfern erklären (sog. „Autoviktimisierungsstrategie", Kersting 2000a, 34). Die wahren Opfer, so muss man aus diesem Argumentationsduktus schließen, seien hingegen die ‚zufällig' begabten Individuen, die von den Benachteiligten in ihrer Begabungsentfaltung und ihrer erfolgreichen Entwicklung ungerechterweise gehemmt werden.

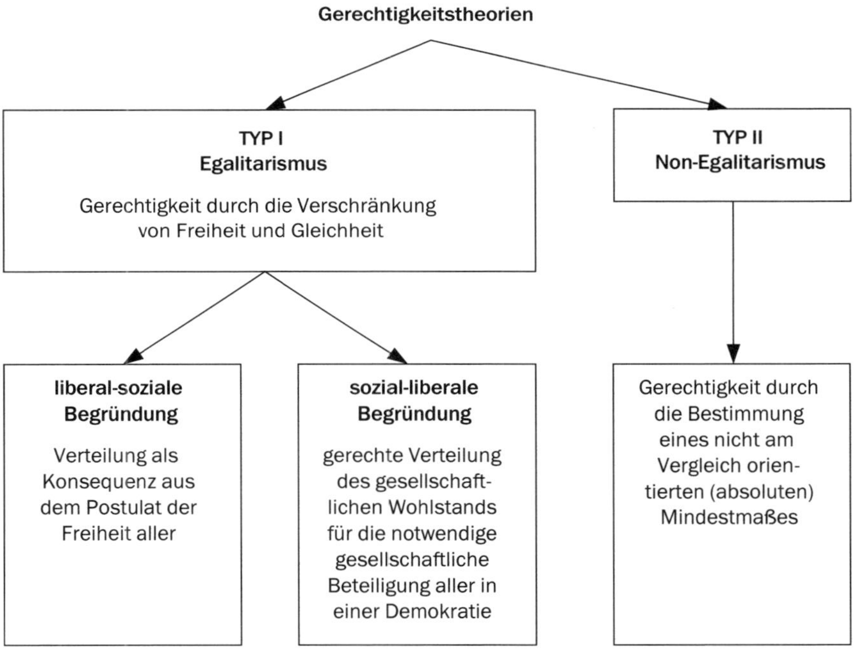

Abb. 9: Gerechtigkeitstheorien

Übungsfragen und -aufgaben

1. Stellen sie den Unterschied zwischen Verteilungs- und Tauschgerechtigkeit dar!
2. Erläutern sie die Gerechtigkeitstheorie von John Rawls!
3. Welche Bedeutung besitzt die Befähigung für die gesellschaftliche Integration der Menschen?

Vertiefende Literatur

Kriterien der Gerechtigkeit für Menschen mit Behinderung/Egalitarismus vs. Non-Egalitarismus/Normative Ziele Sozialer Arbeit

Eurich, J., Gerechtigkeit für Menschen mit Behinderung. Ethische Reflexionen und sozialpolitische Perspektiven, Frankfurt/M. 2008, S. 131–169

Gosepath, S., Art. Gerechtigkeit, in: Handbuch der politischen Philosophie und Sozialphilosophie, Bd. 1, hg. v. dems., W. Hinsch u. B. Rössler, Berlin 2008, 394–401

Koller, P., Art. Gleichheit, in: Handbuch der politischen Philosophie und Sozialphilosophie, Bd. 1, hg. v. S. Gosepath, W. Hinsch u. B. Rössler, Berlin 2008, 438–445

Krebs, A. (Hg.), Gleichheit oder Gerechtigkeit. Texte der neuen Egalitarismuskritik, Frankfurt/M. 2000

Otto, H.-U./Ziegler, H. (Hg.), Das Normativitätsproblem der Sozialen Arbeit. Zur Begründung des eigenen und gesellschaftlichen Handelns, Lahnstein 2012

Kapitel 5
Gerechtigkeit, Recht und Gesetz – Vertiefung

■ Das Menschenbild des Liberalismus beruht auf der Idee, dass der Mensch durch Vereinbarungen und Verträge seine Interessen verfolgt und mit anderen Menschen abgleicht. Im Konzept des unternehmerischen Selbsts entwickelt sich diese Vorstellung zum kulturellen Ideal. Dieses Leitbild der Autonomie verkürzt zumeist die komplexen menschlichen Bedürfnisse des Lebensvollzugs auf ein eindimensionales Interesse. Zudem werden reale Bedingungen selbstständiger Lebensführung und eine soziale gerechte Verteilung von Lebenslagen nicht in Betracht gezogen. Als gesellschaftlicher Akteur erweitert die Soziale Arbeit durch ihr berufliches Wissen und die Analyse ihrer Handlungsfelder das hierfür notwendige Wissen und trägt somit zur sozialpolitischen Bestimmung der Gerechtigkeit bei.

5.1 Das liberal-ökonomische Menschenbild

Das skizzierte Gerechtigkeitskonzept der Non-Egalitaristen korrespondiert häufig mit einer Anthropologie, die vor allem ein Selbstständigkeitsideal favorisiert, wie es exemplarisch in Markttheorien zum Zuge kommt. In den gegenwärtigen gesellschaftlichen Reformdynamiken hat dieses Konzept weit reichende Bedeutung gewonnen, da der Mensch in seinen vielseitigen Beziehungen immer häufiger als Kunde begriffen wird. Auch die Soziale Arbeit und ihre Organisationen orientieren sich immer stärker hieran: Der Klient wird zum Kunden, die Sozialanwaltschaft zur sozialen Dienstleistung (→ Kap. 13.2). Aus diesem Grund empfiehlt sich eine grundsätzlichere Analyse dieses Menschenbildes.

5.1.1 Homo oeconomicus und unternehmerisches Selbst

Philosophiegeschichtlich hat sich das aristotelische Modell der Tauschgerechtigkeit teilweise verselbstständigt und entwickelte sich in Verbindung mit anderen Elementen zu einer Idealvorstellung einer bilateralen Beziehung zweier gleichberechtigter Personen. Die liberale Vorstellung darf zunächst als plausibles Modell gelten. Menschen treten miteinander in Kontakt und besitzen legitimerweise eigene Interessen. Sie begegnen einander zumeist nicht als Altruisten, die sich nur am Mitmenschen orientieren. Werden sie als potentielle Akteure des Marktes wahrgenommen, so werden sie als rational handelnde Subjekte beschrieben, deren Absicht allein auf die Verfolgung ihrer Eigeninteressen zielt. Der Mensch erscheint als ein rationaler Egoist, der seine partikularen, ökonomisch bedingten Anreizen geschuldeten Zielsetzungen managt. Seit etwa 20 Jahren erfährt diese Anschauung eine geradezu allgegenwärtige, von einer vielfältigen Souveränitätsmetaphorik begleitete Ausweitung. Ihre positive Botschaft lautet: Du darfst eigene Interessen besitzen und sie auf gleicher Augenhöhe gegenüber anderen Menschen vertreten. Für moralisch sozialisierte Menschen, die selten auf ihre eigenen Bedürfnisse achten, kann dies eine menschlich nachvollziehbare Befreiungsbotschaft sein. Sie können sich aus ihren gewissensgepeinigten Milieus und entsprechend moralistischen Atmosphären befreien. Jenseits von psycho-religiösen Tabuisierungen und milieubedingten Korrektheiten dürfen sie wieder ihre Interessen thematisieren.

Die Leitvorstellung vom Markt als emanzipativem Ort gleichberechtigter Begegnung verleiht den marktförmigen Globalisierungsprozessen gleichzeitig Sinn und Hoffnung – unter der zerbrechlichen Prämisse, dass sich am Ende auch in den Interessenskämpfen der Globalisierung so etwas wie ein Allgemeinwohl herausarbeitet. Besonders diese utopischen Implikationen der Marktidee dürfen im Zusammenspiel mit der *homo-oeconomicus*-Vorstellung nicht unterschätzt werden. Sie haben kulturell die utopischen, gesellschaftlichen Gegenentwürfe der 1960er und 1970er Jahre abgelöst und erfüllen eine Art geschichtsphilosophisch-metaphysische Funktion, indem sie den Prozess der Globalisierung entproblematisieren helfen.

Der Hintergrund dieser normativen Leitvorstellung beruht auf der plausiblen, nicht zu bestreitenden Annahme, dass jeder Mensch legitime Eigeninteressen sowohl besitzen als auch vertreten darf. Gleichzeitig lebt der Legitimationshorizont dieser Vorstellungswelt wesentlich davon, dass die Verfolgung der jeweiligen Eigeninteressen nicht ins gesellschaftliche Chaos und in einen Krieg der Interessen führt. Es handelt sich vielmehr um einen produktiven, weil allen nützenden Egoismus; wegweisende Theorieidee hierfür ist die Bienenfabel (1723) von Mandeville (2006). Auch Adam Smith sah die unterschiedlichen Interessen auf geradezu geheimnisvolle Weise wie von einer unsichtbaren Hand (vgl. Smith 1988, 371) durch den Markt koordiniert und sich in wirtschaftlicher Hinsicht zu einem die Allgemeinheit bereichernden Gemeinwohl zusammenfügen. Der Markt übernimmt die Funktion, die in der traditionellen Religionsphilosophie und Theologie die Vorsehung Gottes ausübte (vgl. Smith 1977, 316f.). Sie stand für eine prästabilisierte, von Gott garantierte und im geschichtlichen Prozess geheimnisvoll gesteuerte Interessenharmonie. Nun soll der Markt die unterschiedlichen, gegensätzlichen und konfliktuösen Interessen langfristig und am Ende zu etwas Lebensförderlichem zusammenführen. Angesichts der Säkularisierung des ursprünglich theologischen Grundgedankens ist es kaum übertrieben, heute geradezu von einer Art ‚Glauben' an den Markt zu sprechen, da er sich zu einer quasi metaphysischen, hoffnungsstiftenden Ersatzgröße entwickelt hat. Eine moralische Hochstilisierung kaufmännischen Handelns als Prototyp eines am Gemeinwohl orientierten Agierens wollte ihr theoretischer Begründer Adam Smith allerdings auf jeden Fall vermeiden: „Alle, die jemals vorgaben, ihre Geschäfte dienten dem Wohl der Allgemeinheit, haben meines Wissens niemals etwas Gutes getan." (Smith 1988, 371)

Die liberale Kernvorstellung vom sich selbst steuernden Markt erfuhr in den letzten 20 Jahren weitere Variationen. Angesichts abnehmender Leistungstiefe des Sozialstaates wurde der Unternehmer zum Ideal der Flexibilität (Sennett 1998) und Eigenleistung. Er entwickelte sich zum kulturellen Vorbild im Reformprozess. Sein Erfindungsreichtum und seine Spannkraft wurde zum Ideal gesellschaftlicher Vergemeinschaftung, in der sich der Bürger vor allem selbst hilft. Da seine Selbsthilfe vor allem im Anbieten und Verwerten seiner Arbeitskraft besteht, wird er Arbeitskraftunternehmer. Damit ist er für die Herstellung der organisatorischen Voraussetzungen für die Verwertung seiner Arbeitskraft selbst verantwortlich. Er muss sich selbst folglich als Ware „Arbeitskraft" begreifen und eine neue Form der individuellen Selbstökonomisierung einüben (vgl. Voß/Pongratz 1998, 140–143; Voß/Pongratz 2003).

Dieser analytische Befund etabliert sich jedoch gleichzeitig als normativer Standard und ‚Subjektivierungsregime' (Bröckling 2007, 14, 46–75), d.h. als empfohlenes und vor allem als zukunftsträchtiges anthropologisches Selbstverständnis, das sich der Mensch idealerweise freiwillig zueigen machen soll. Auf diese Weise entwickelt sich das geltend gemachte Modernisierungserfordernis zu einem erstrebenswerten Ideal und wird im Zusammenspiel von Empirie und Normativität zum Reformbild. So erklärte 1997 der Bericht der Kommission für Zukunftsfragen der Freistaaten Bayern und Sachsen: „Das Leitbild der Zukunft ist der Mensch als Unternehmer seiner Arbeitskraft". Menschen sollen Arbeitskraftunternehmer werden und sich am kulturellen Vorbild des Unternehmers orientieren; das Leitbild entwickelt sich zum normativen Paradigma moderner Subjektwerdung und -realisierung, das die Integration in die Gesellschaft qua Arbeitskraft und ein nachhaltig selbstständiges, nicht auf fremde Hilfe angewiesenes Leben verspricht. Was die Soziologie noch vorsichtig als analytische Erweiterung eingeführter Arbeitsformen und als ein Modernisierungserfordernis identifizierte, gerät nun zum anthropologischen Grundkonzept mit verantwortungstheoretischem Sinn.

Auch wenn das moderne Ideal des unternehmerischen Selbst als Legitimationsvorstellung in der Sozialpolitik eine immer ausgreifendere Relevanz gewinnt, beinhaltet es auch die anthropologischen Verkürzungen der *Homo-oeconomicus*-Idee. Die Konzeption wird den Verwicklungen des Menschen in unterschiedlichste Präferenzen/Wünsche nicht gerecht. Menschen sind häufig zwischen Eigeninteressen und Verpflichtungen gegenüber anderen hin- und hergerissen; sie sind zumeist keine reinen Egoisten oder reine Altruisten und funktionieren viel komplexer, als es diese Vorstellung nahe legt. Deshalb gilt es keineswegs von vornherein als ausgemacht, in welche Richtung sie sich entscheiden. Denn sie folgen nicht einfach einem empirisch vorliegenden subjektiven Bedürfnis. Unterschiedliche Bedürfnisse, Wünsche und Ziele konkurrieren vielmehr miteinander. Welches sind langfristige Ziele und Wünsche, was kurzfristige? Wie gehen Personen damit um, wenn beides miteinander in Konflikt gerät? Das jedem Suchtberater vor Augen stehende Hin- und Hergerissensein von Drogensüchtigen (unmittelbares Suchtbedürfnis nach Heroin im Konflikt mit dem Bedürfnis, ein normales Leben zu führen) ist mehrfach in philosophischer Hinsicht analysiert worden. Der Zusammenhang von kurzfristigem, subjektivem Bedürfnis und dessen Bewertung durch dasselbe Subjekt im Hinblick auf eine längerfristige Vorstellung von sich selbst tritt hier besonders deutlich hervor (vgl. hierzu Frankfurt 1971, 5–20; Sen 1999, 96; Taylor 1988, 9–51). In diesem Konflikt gibt es immer eine Präferenzordnung, die Prioritäten mit Hilfe von längerfristigen Richtungsvorgaben hervorbringt und beinhaltet. Vor ihrem Hintergrund werden längerfristige Ziele und Wünsche gegenüber kurzfristigen abgewogen. Diese komplexen Vorgänge erfahren in der *homo-oeconomicus*-Konzeption und ihrer einseitigen Festlegung auf ein eindimensionales Eigeninteresse keine angemessene Berücksichtigung. Im Ergebnis stellt dieser Präferenzmonismus, d. h. die Festlegung auf die Priorität nur eines Wunsches, eine stark verkürzte Vorstellung menschlicher Handlungsmotivationen dar.

5.1.2 Gegenseitigkeit und Vertrag

Die Vorstellung einer gleichberechtigten Begegnung, die normativ der Vorstellung des *homo oeconomicus* zugrunde liegt, wird durch den Begriff der Gegenseitigkeit und des Vertrages präzisiert. In der Idee des Vertrages übertragen sich Menschen wechselseitig Rechte und Pflichten. Ein derartiger Vertrag formuliert die Einschränkung von Freiheiten gleichberechtigter Personen (hierzu Höffe 2001, 63–66). Zudem gehen die Menschen den Vertrag freiwillig ein. Dadurch werden die wechselseitigen Einschränkungen der Freiheit der Beteiligten legitimiert. Die Idee des Vertrages entfaltet so eine Legitimation und Begründung für wechselseitige Vereinbarungen. Sie wird zum normativen Ideal des Miteinanders – ein realer Vertrag wird selbstverständlich nie unterschrieben – und wehrt die Einmischung von Seiten des Staates in diese Beziehungen ab. Die Vertragsidee bietet somit Kriterien für eine kritische Betrachtung gesellschaftlicher Interaktionen.

Im Vergleich zur dargestellten kritisch-emanzipativen Bedeutung neuzeitlicher Vertragsideen stellen die gegenwärtigen sozialpolitischen Diskurse eher die pragmatisch-empirischen Dimensionen eines Vertrages heraus. Sie verführen dazu, das normative Ideal vertraglicher Gegenseitigkeit im Prinzip bereits für verwirklicht zu halten und nehmen ihm so die kritische Kraft. Die pragmatische Verwendung knüpft an Alltagserfahrungen als auch an eingeführte moralische Intuitionen – „man kann nicht nur nehmen, sondern muss auch geben" u. Ä. – sowie an Regeln unseres Ethos an. In dieser Verwendung gewinnt die Verpflichtungsdimension der Vertragsidee an Attraktivität und Relevanz. Während die frühere, philosophisch-politische Bedeutung darauf abzielte, **kontrafaktisch** Gleichberechtigung einzuklagen, setzt der aktuelle sozialpolitische Vertragsdiskurs mehr oder minder voraus, dass unter den Bedingungen eines demokratischen und sozialen Rechtsstaates eine prinzipielle Symmetrie zwischen dem einzelnen Bürger und dem Staat bzw. der Gesellschaft bereits realisiert ist. Die Gleichberechtigung der Menschen erscheint als verwirklicht; allenfalls einige kleinere Nachbesserungen seien noch notwendig. Unter dieser strittigen Voraussetzung darf dann berechtigterweise im Gegenzug nach dem Beitrag des Bürgers gefragt werden. Die vormals staats- und institutionskritische Vertragsidee verwandelt sich auf diese Weise in eine gegenleistungsorientierte Pflichterwartung an das Individuum.

Die Wendung von einem kritischen zu einem pragmatisch-politischen Vertragsverständnis beinhaltet eine hoch ‚idealisierte' und optimistische Sicht neuzeitlicher Politikentwicklung (→ Kap. 8.5). Sie geht davon aus, dass der Rechtsstaat, die Demokratie und der Sozialstaat die individuelle Freiheit bereits verwirklicht haben. Die Aufmerksamkeit verschiebt sich dementsprechend von der prinzipiellen Machtlosigkeit des Einzelnen gegenüber Staat und Gesellschaft zugunsten einer quasi-empirisch angenommenen, gleichberechtigten Beziehung, die allerdings auch mit Pflichten behaftet ist. Besonders die in den Vordergrund gerückten Demokratiechancen sprechen anscheinend für die Verbreitung immer ausgreifenderer, gleichberechtigter Beziehungen. Daher gewinnen zunehmend die Zivilgesellschaft in ihrer Steuerungsfunktion an Bedeutung und ihre moralischen Potentiale an Aufmerksamkeit (→ Kap. 11.6). Die Vertragsidee und das Gegenseitigkeitsideal werden infolgedessen seltener mit den realen Möglichkeiten von Gegenseitigkeit und substantiellen Chancen abgeglichen. So weicht der kritische Charakter der Vertragsvorstellung einer wenig realistischen Beschreibung gesellschaftlicher Handlungsbedingungen. Die gesamte Entwicklung besitzt auch für die prinzipielle Verhältnisbestimmung von Rechten und Pflichten (→ Kap. 2.4) Folgen: Die Grundfigur einer vorgängigen Anerkennung der Würde des Menschen wird kulturell zunehmend von Gemeinschaftserwartungen überlagert. Sozialpolitische Erwartungshaltungen verbinden sich in griffigen Formeln wie „Fördern und Fordern" als normativer Anspruch an das Individuum. Funktionale Erfordernisse und repressiv-moralische Integrationszumutungen verdrängen Befähigungsgesichtspunkte und demokratiemotiviertes Empowerment.

Insgesamt kommt der Idee des *homo oeconomicus* nur ein begrenzter analytischer Wert zu. Sie beschreibt nicht die Wirklichkeit von Marktverhältnissen. Vielmehr dient sie als methodisches Gedankenexperiment der Annäherung an die Komplexität menschlicher Handlungsmotivationen. Da die eindimensionale Festlegung auf ökonomische Interessen die Bandbreite menschlicher Anreizmechanismen nicht angemessen erfasst, bedarf die Theorie der Erweiterung (Suchanek/Kerscher 2007). Verhielten sich Menschen wirklich diesem Modell entsprechend, so wären sie selbst in der Logik eines wohlverstandenen Eigeninteresses „rationale Trottel" (Sen 1999, 93), da sie sich selbst mittel- bis langfristig schaden. Ohne eine angemessene Einbeziehung der anderen lassen sich auch ökonomische Eigeninteressen nicht nachhaltig verwirklichen. Der Nobelpreisträger Amartya Sen schreibt: „Der rein ökonomische Mensch wäre tatsächlich so etwas wie ein sozialer Idiot" (ebd.). In den sozialpolitischen Diskursen ist die Idee des homo oeconomicus deshalb eher als ein Kürzel für ein mit Souveränitätsmetaphern angereichertes Versprechen zu begreifen, dass die Globalisierungs- und Modernisierungsprozesse ein Mehr an Autonomie mit sich bringen.

5.2 Capability-Approach und Soziale Arbeit

Die durch die Idee der Befähigung erweiterte Gerechtigkeitstheorie, wie sie Martha Nussbaum und Amartya Sen (→ Kap. 4.4) entwickelten, haben auch das Interesse der Professionstheoretiker der Sozialen Arbeit auf sich gezogen (Otto/Zieger 2008). Sie nutzen dieses Theoriedesign für eine präzisere Erfassung sozialarbeiterischer Praxisprozesse, ihrer Rahmenbedingungen, ihrer Interventionsmöglichkeiten und -grenzen.

Soziale Arbeit hat wie kaum ein anderer Beruf den Sachverhalt vor Augen, dass Fähigkeiten keine angeborenen Eigenschaften sind. Sie müssen durch Erziehung und Bereitstellung von Ressourcen entwickelt werden. Da sich die Frage, was in einer Gesellschaft gerecht ist, nicht deduktiv aus einem abstrakten Begriff der Gerechtigkeit beantworten lässt, bieten die im Kontext der Befähigungstheorie präzisierenden Begriffe von capability und functioning eine Möglichkeit, die Gerechtigkeitsbestimmung in einem erheblichen Grad auch empirisch zu operationalisieren. Wer Verwirklichungschancen (capabilities) untersucht, fragt nach den zur Verfügung stehenden Möglichkeiten der Individuen und Gruppen, ihre Vorstellung vom Leben zu realisieren. Wie groß sind die Bandbreite und der Spielraum, innerhalb dessen bestimmte Optionen wählbar sind? Ein Abiturient besitzt beispielsweise größere Verwirklichungschancen als ein Hauptschüler, denn er kann realistischerweise wählen, ob er Schreiner, Lehrer, Arzt oder auch gar keinen Beruf ergreifen will. Menschen mit geringen Bildungsvoraussetzungen besitzen hingegen nur eingeschränkte oder gar keine Wahlmöglichkeiten. **Functioning** bezeichnet zentrale Dimensionen der Lebensqualität, die Menschen anstreben und die sich plausibel begründen lassen. Hierzu gehören neben Gesundheit bzw. Gesundheitsversorgung, Ernährung, Bildung, soziale Beziehungen, interessenorientierte Berufswahl und Einkommen etc. Die Kombination dieser Lebensqualitätsdimensionen geschieht individuell. Beide zentrale Aspekte gingen bereits in den zweiten und dritten Reichtumsbericht der Bundesregierung ein. Mit ihrer Hilfe gewinnt man einen reichhaltigeren, vielfältigeren Einblick in das Bedingungsgefüge von ökonomischem, kulturellem und sozialem Kapital. Es lässt sich empirisch nachweisbar aufzeigen, in welchem Ausmaß Menschen die von ihnen erstrebten Lebensvorstellungen realisieren können. Unterschiedliche Spielräume zeigen dabei die Gerechtigkeitslücke auf, da sie die Ungleichverteilung effektiver Chancengleichheit (Dworkin 1981) nachweisen und damit das Postulat der Freiheit aller konterkarieren.

Für die Soziale Arbeit hilft der Capability-Approach, die wissenschaftliche Analyse ihrer Handlungsfelder fachlich genauer und in einer normativen Perspektive zu analysieren. Die Profession vermag so mit Hilfe ihrer wissenschaftlichen Institutionen einen Beitrag zur Bestimmung gesellschaftlicher Gerechtigkeit zu erbringen. Aber auch im Blick auf die Evaluation sozialarbeiterischer Institutionen ist dieser Zugang bedeutsam. Seine Operationalisierungen versprechen die Entwicklung von Qualitätskriterien, die evaluieren, inwieweit Verwirklichungs- und Befähigungschancen durch Soziale Arbeit entwickelt und vorangebracht werden.

5.3 Recht und Moralität

Die Ausführungen zu den Menschenrechten (→ Kap. 2.3, → Kap. 6.2.5) dokumentieren, dass Gerechtigkeit und Gesetz nicht dasselbe sind. Gerechtigkeit unterscheidet sich vielmehr vom geschriebenen, gesatzten, d.h. positiven Recht. Auch dem Alltagsverstand gilt es als evident, dass nicht jedes geltende, auf korrektem Verfahrensweg zustande gekommene Gesetz automatisch das Prädikat ‚gerecht' verdient. „Recht kann Unrecht sein, aber es ist Recht nur, wenn es den Sinn hat, gerecht zu sein." (Radbruch, zit. nach Pfordten 1996, 232). Daher müssen Gesetz und Moral einerseits unterschieden und andererseits aufeinander bezogen bleiben. Gerechtigkeit besitzt folglich für die jeweiligen Staatsverfassungen eine kritische Funktion wie alle Menschenrechte. Ihre Konkretisierungen finden sich zum einen dort, wo Rechtsgleichheit und gleiche politische Einflussmöglichkeiten durchgesetzt sind oder der Durchsetzung bedürfen, zum anderen da, wo die soziale Ungleichheitsdynamik realitätsbezogen begrenzt wird.

Die ethische Reflexion der Gerechtigkeit darf sich jedoch nicht nur auf die das geltende Gesetz transzendierende Gerechtigkeitsidee beschränken. Gerechtigkeit ist in den sozialen Kontexten wesentlich reichhaltiger, als es die begrifflichen Präzisionen verdeutlichen. Sie stellt zu weiten Teilen ein Kürzel für die kulturellen und rechtlichen Ausgleichs- und Hilfeerwartungen der Menschen an das jeweilige sozialpolitische System dar. Was in einer Gesellschaft als gerecht gilt, unterliegt einem enormen Auslegungsspielraum. Dass Gerechtigkeitsbestimmungen eine emotionale Stellungnahme des Wertens enthalten, kann als unbestritten gelten. Die Bandbreite des Wertens ist allerdings groß und letztlich kulturell interpretierbar, auch wenn es wahrscheinlich einen sehr kleinen kulturübergreifenden Kern von Gerechtigkeitsdimensionen gibt (Willkürverbot, Ansätze der Gegenseitigkeit, *ius talionis* u. Ä., vgl. Höffe 2001). Daher sind ihre Konkretisierungen und ihr gesellschaftliches Verständnis im Wesentlichen immer ein komplexes Ergebnis aus gesellschaftlichen Interessens- und Aushandlungsprozessen sowie kulturellen Hilfetraditionen. Sie finden durch Sozialpolitik Eingang in sozialrechtliche Regelungen und entsprechende Organisationsformen; kulturelle und institutionelle Hilfeerwartungen werden wiederum durch sie befriedigt. In diesen durch Gerechtigkeitskonzepte stimulierten Politikprozessen entsteht ein vorläufiger Umriss dessen, was eine Gesellschaft in sozialer Hinsicht gemeinsam verantwortet und im Ergebnis an sozialen Leistungen und die selbstständige Lebensführung unterstützenden Befähigungsprozessen zur Verfügung stellt. Was eine Gesellschaft und ihre Bürger als gerecht empfinden und politisch und sozialpolitisch umsetzen wollen, legen die Bürger in ihren Kontextualisierungen und Konkretisierungen zu weiten Teilen selbst fest. Fundamentale Grundbestimmungen der Gerechtigkeit bieten ihnen eine analytische und normative Orientierung.

Übungsaufgabe

Diskutieren Sie die Vor- und Nachteile des neo-liberalen Menschenbildes!

Vertiefende Literatur

Befähigungsgerechtigkeit und Erziehung/Konkurrenz und Kooperation/Menschenbild

Andresen, S./Otto, H.-U./Ziegler, H., Bildung as Human Development: An educational view on the Capabilities Approach, in: Capabilities – Handlungsbefähigung und Verwirklichungschancen in der Erziehungswissenschaft, hg. v. H.-U. Otto u. H. Ziegler, Wiesbaden 2008, S. 165–197

Hengsbach SJ, F. W., Marktkonkurrenz auf der Grundlage gesellschaftlicher Kooperation, in: Homo oeconomicus: Der Mensch der Zukunft? hg. v. B. Priddat u. a., Stuttgart 1998, S. 47–76

Manzeschke, A./Brink, A., Sei ökonomisch! Prägende Menschenbilder zwischen Modellbildung und Wirkungsmächtigkeit, Berlin 2010

Kapitel 6
Macht und Herrschaft

■ Menschenrechtlich begründete Soziale Arbeit versteht sich als machtkritische Arbeit, denn die Förderung eines der Würde entsprechenden Lebens widerspricht seiner Behandlung als Sache. Ausgewählte Konzepte der Einhegung von Macht dokumentieren zentrale Dimensionen des Problemfeldes und die Begrenzung der Verdinglichung des Menschen durch andere. Unveräußerliche Rechte stiften Unterscheidungen, mit deren Hilfe sich Macht und legitime Herrschaft unterscheiden lassen.

Das Thema ‚Macht' spielt in den Alltagsorientierungen der Menschen eine erhebliche Rolle. Ihre moralischen Sichtweisen und Beurteilungen sozialer Wirklichkeit kommen hier besonders deutlich zum Ausdruck: „Die Mächtigen da oben machen ja doch, was sie wollen" – „Hier müsste einer einmal ein Machtwort sprechen" – „Wir müssen politisch die Machtfrage stellen" – „Wir sind angesichts der gesellschaftlichen Verhältnisse machtlos" – „Macht verführt und korrumpiert" – „Die Mächtigen bleiben immer die Sieger". In solchen Äußerungen treten sehr unterschiedliche Bedeutungsaspekte des Machtbegriffs hervor. Zum einen spiegeln sie ein Gefühl der Ohnmacht, nichts bewirken zu können. Im Einzelfall steht vielleicht eine Grundstimmung dahinter, dass eine Person sich nicht mehr als Subjekt ihrer eigenen Lebensgeschichte erfährt. Zum anderen artikulieren sich vielfach der Wunsch und das Verlangen nach anderen, humaneren Lebensumständen. Mitleid mit den Opfern von Kriegen, die Unzufriedenheit mit den politischen Funktionseliten und die Kritik an den ökonomischen Verteilungslagen veranlassen zu machtkritischen Bemerkungen.

Der Umgang mit Macht ist ein eminent moralisches Thema. Die o. g. Alltagsauffassungen wollen keine bloße Beschreibung sein. Sie beinhalten auch eine Wertung und häufig einen indirekten Appell zur Veränderung. Einerseits lassen sich machtkritische Bedeutungen entdecken. Andererseits tritt die Kritik gelegentlich vollständig in den Hintergrund, wenn Ohnmachtserfahrungen in den Wunsch nach einem starken Mann/Führer münden, von dem eine gerechte Ordnung erwartet wird. Zumeist überwiegt jedoch der kritische Unterton: So, wie die Dinge wahrgenommen werden, erscheinen sie nicht als gerecht. Das, was ist, ist nicht so, wie es sein sollte.

Selbst in apathischen Einschätzungen – „wir können ja doch nichts ändern" – lässt sich die grundlegende **Spannung zwischen Sein und Sollen** ausmachen (→ Kap. 1.1). Das alltägliche Machtverständnis beinhaltet sowohl unklare Intuitionen als auch diffuse moralische Gesichtspunkte. Es besteht aus einem unklaren moralischen Bedeutungsspektrum. Die Unübersichtlichkeit liegt gewissermaßen an der Struktur des Alltags selbst und der mit ihm gegebenen Überfülle der Machtphänomene, die die Bedeutungsaspekte vervielfältigen. Erfahrungen mit Macht oder Ohnmacht besitzen oft eine solche Übernähe, dass ein klarer begrifflicher Überblick schwer fällt. Die Vielfalt des alltagssprachlichen Gebrauchs dokumentiert zudem auch ein vortheoretisches Verständnis der sozialen Wirklichkeit, das sich im Wort ‚Macht' brennpunktartig zusammenzieht.

Da die bloße Addition der uneinheitlichen Bedeutungsaspekte einem präzisen Verständnis nicht genügt, verlangt die enorme Bandbreite die Problematisierung des inneren Zusammenhangs und des Spannungsgefüges der disparaten Bedeutungen. Dies erfordert eine Analyse, eine Vereinheitlichung des Verständnisses und damit die Ausbildung eines Begriffs, um das Phänomen zu begreifen. Ein solches Vorgehen birgt allerdings Vor- und Nachteile: Eine Definition von Macht abstrahiert von vielen wichtigen Einzelerfahrungen. Hierdurch erscheint der Sachverhalt übersichtlicher. Die Distanzierung vom inhomogenen Vorverständnis zielt auf einen präzisen Begriff und grenzt das Phänomen von ähnlichen Sachverhalten – wie z.B. Herrschaft oder Gewalt – ab. Dies führt im Zuge der begrifflichen Arbeit zu einem Wahrnehmungsgewinn. Machtstrukturen werden beispielsweise an Stellen erkennbar, denen zuvor keine Beachtung geschenkt wurde. Jedoch birgt die begriffliche Präzisierung auch den Nachteil einer der Vielfalt der Machtphänomene nicht angemessenen Pointierung. Für professionell Helfende gilt es, ein elementares Verständnis zu entwickeln und die begriffsklärenden Konzepte der Fachphilosophen für das berufliche Orientierungswissen zu nutzen. Traditionelles Ethikwissen verfremdet, bearbeitet und systematisiert auf diesem Weg das Alltagsverständnis. Die orientierende Reichweite bedarf stets der Überprüfung durch das Wechselspiel mit der reflexiv durchdrungenen Erfahrung.

6.1 Definitionen

Eine der gebräuchlichsten Definitionen der Macht stammt von **Max Weber** (Weber 1980, 71): Macht ist die „Chance, innerhalb einer sozialen Beziehung den eigenen Willen auch gegen Widerstreben durchzusetzen, gleichviel worauf diese Chance beruht". Die Begriffsbestimmung hebt anschaulich auf die Dominanz „innerhalb einer sozialen Beziehung" und damit auf den personalen Aspekt ab. Eine Person setzt sich gegenüber einer anderen durch und zwingt ihr ihren Willen und ihr Verfahren auf.

Die begriffliche Bedeutung von Macht beinhaltet zudem Bedeutungsaspekte des Gewaltbegriffs. Eine Differenzierung im Gewaltbegriff verdeutlicht dies: Gewalt bedeutet zunächst ein neutrales Über-etwas-Verfügen. Personen verfügen über Dinge und besitzen Gewalt über sie. Normalerweise findet niemand daran etwas Verwerfliches, wenn Menschen die Dinge nach ihrem Willen gestalten und als Instrumente gebrauchen, die ihr Leben erleichtern. Gewaltausübung über Menschen ist hiervon grundsätzlich zu unterscheiden. Wer seinen Willen einem anderen aufzwingt, handelt gewalttätig. Da der andere sich nicht freiwillig unterwirft, nimmt der Gewalttätige Zwangsmittel zu Hilfe, die den anderen zur Unterwerfung zwingen. Wenn ein Wille sich einem anderen Willen aufzwingt, wird der andere zum Ding. Menschen lehnen dies in der Regel intuitiv-moralisch ab und halten es für verwerflich, dass ein Mensch nicht den gleichberechtigten Willen des anderen anerkennt. Sie halten es für moralisch problematisch und ungerecht, wenn Menschen andere Personen wie Dinge oder Instrumente behandeln (ausführlich → Kap. 2.5).

Die problemorientierte Durchdringung des Machtbegriffs verweist auf ein moralisches Kernproblem: Die Legitimation von Macht hängt davon ab, ob sie der gegenseitigen Anerkennung der Subjekte dient und sie schützt. Macht erscheint als illegitim, wenn sie Menschen verdinglicht. Als grundlegende Beurteilungskriterien erweisen sich die Menschenrechte mit ihrem Ethos (→ Kap. 2); das neuzeitliche Verständnis von sich selbst begrenzender Macht erwartet als Mindestkriterium die gegenseitige Anerkennung der Menschen.

Jede Machtkritik impliziert fast immer eine Vorstellung von guter Ordnung menschlichen Zusammenlebens. Nur in seltenen Fällen zielt die Machtkritik auf die prinzipielle Verneinung jeglicher Ordnung und erwartet, dass sich das menschliche Zusammenleben ohne eingreifende Ordnungsmuster gewissermaßen auf natürliche Weise friedlich austariert. Die meisten hingegen erachten Ordnungen für das humane Zusammenleben als unabdingbar. Sie berufen sich auf die Erfahrungstatsache, dass die gegenseitige Anerkennung in der Geschichte zumeist wenig Akzeptanz fand und wenig Erfolg hatte. Nur wenige Menschen verzichteten offenbar freiwillig darauf, anderen ihren Willen aufzunötigen. Zahlreiche Menschen handelten und handeln aus ganz unterschiedlichen Gründen anders. Diese Erfahrungstatsache brachte Weber in die griffige Formulierung, dass man mit „den durchschnittlichen Defekten der Menschen rechnen“ müsse (Weber 1988, 552).

Dieser geltend gemachte Mangel, den wir gerne auf äußere Faktoren zurückführen, liegt immer auch im Menschen selbst und ist ggf. auch voraussetzungslos, da die Verwirklichung der individuellen Freiheit stets Ambivalenzen in sich birgt. Aber ebenso vermag der in der Freiheit mitgesetzte offene Handlungshorizont und das Nichtfestgelegtsein zu einem vernunftbegründeten Machtverzicht führen. Eine derartige Einstellung der Macht gegenüber besitzt im Kern freiwilligen Charakter. Ohne einen nachhaltigen freiwilligen Verzicht müsste eine allgegenwärtige Zwangsordnung herrschen, die die Menschen zu jedem Zeitpunkt zu ihrer gegenseitigen Anerkennung zwingt.

Der Hinweis auf „die durchschnittlichen Defekte des Menschen" will kein prinzipieller anthropologischer Pessimismus sein. Er schärft vielmehr den Realitätssinn für die Verwicklungen menschlicher Gefühle, Leidenschaften und Abgründe, die einen Machtmissbrauch veranlassen. Häufiger verband sich diese Warnung mit der Einschätzung, dass die kulturellen Eliten vor irrigen Verführungen besser gefeit seien als andere. Diese Hoffnung wurde jedoch eindrücklich und ernüchternd durch die Geschichte des Nationalsozialismus widerlegt, in der sich auch Akademiker wie Ärzte und Juristen (Frei 2001; Müller 1987) als wenig resistent erwiesen. Auch die Soziale Arbeit war im übrigen kein kritischer Berufsstand (Kuhlmann 2002). Die Hoffnung auf kulturelle Eliten begleitete lange Zeit die Konzeptionen von Macht und Herrschaft in der abendländischen Tradition. Sie ging davon aus, dass es nur eines guten und gerechten Herrschers bedürfe, der aufgrund seines Standes und seiner moralischen Verfassung nachhaltig auf Machtmissbrauch verzichtet. Die gegenwärtige Alltagsbewunderung der kulturellen Oberschicht und ihrer Familiennetzwerke zeugt noch heute von dieser tief verwurzelten Einstellung.

6.2 Systematische Dimensionen des Machtbegriffs

Im Folgenden kommen typische und wegweisende Konzepte zur Sprache, die das Problem der Macht konzeptionell zu bewältigen beanspruchen. Sie entfalteten eine enorme Wirkungsgeschichte und beinhalten zentrale systematische Dimensionen der Macht, die der Klärung unseres aktuellen Verständnisses dienen (zum gouvernementalen Machtbegriff und seinen Konsequenzen für die Soziale Arbeit → Kap. 8.5; 8.5.1). Dabei tritt eine Vielzahl von auch heute bedeutsamen Aspekten in den Mittelpunkt der Aufmerksamkeit.

6.2.1 Einschränkung der Macht durch moralische Kompetenz

Der antike Philosoph Platon (428–348) machte die Erfahrung, dass sein Lehrer Sokrates ungerechterweise zum Tode verurteilt wurde. Auch deshalb entwarf er eine kritisch reflektierte Ordnungs- und Machtkonzeption. Seine zentrale Empfehlung lautete: Philosophen müssen Könige werden und Könige Philosophen: „Wenn nicht ... entweder die Philosophen Könige werden in den Staaten oder die jetzt sogenannten Könige und Gewalthaber wahrhaft und gründlich philosophieren, und also beides zusammenfällt, ... eher gibt es keine Erholung von dem Übel für die Staaten ... und ich denke auch nicht für das ganze Menschengeschlecht“ (Platon 1990, 473 d). Von einem vernunftgeleiteten Philosophenkönig erwartete Platon die gerechte und menschliche Ordnung. Er entwarf hierfür ein ideales Ordnungsmodell, das hierarchisch gegliedert war: Sein Entwurf des Staates sieht drei Stände vor (Platon 1990, 369 b ff.): Den untersten Stand repräsentieren die Bauern und Handwerker (Demiurgen); der mittlere Stand besteht aus sog. Wächtern *(phylakes);* an oberster Stelle stehen die Herrschenden *(archontes).* Alle drei Stände besitzen jeweils besondere Fähigkeiten: Die Bauern und Handwerker zeichnen sich durch die Tugend des Maßhaltens *(sophrosyne)* aus, die Wächter durch Tapferkeit *(andreia)* und die Herrscher durch Weisheit *(sophia).* Die dafür notwendigen Fähigkeiten bringen die in diesen Ständen lebenden Menschen nicht von Natur aus mit. Deshalb beinhaltet das Konzept ein umfängliches Erziehungsprogramm. Besonders die Herrschenden bedürfen einer philosophischen Erziehung. Aber auch musische Bildung, Kenntnisse der Literatur, Ausbildung der Tapferkeit und Wachsamkeit gehören zu ihrem Anforderungsprofil (Platon 1990, 502 c ff.), da sie hohen Idealen genügen müssen. Jeder Privatbesitz gilt – im Gegensatz zu den anderen Ständen – als verboten. Der Staat steuert und optimiert sogar die Fortpflanzung seiner Bürger (Platon 1990, Bd. 8, 783 e).

Platon versuchte mit seiner Konzeption, die er in der mittleren Phase seines Wirkens entwickelte, den Machtmissbrauch durch eine ständische Gliederung und durch die vernünftig-moralische Kompetenz der Personen zu bewältigen. In diesem, aus heutiger Sicht eher befremdlich wirkenden, idealen Gemeinwesen herrscht keine Willkür. Jeder nimmt einen berechenbaren Platz ein und erfüllt die ihm zugewiesenen Funktionen. Das Modell einer gegenseitigen, gleichberechtigten Anerkennung aller Menschen, wie es dem modernen Verständnis eingestiftet ist (→ Kap. 2.5), stand Platon nicht vor Augen.

6.2.2 Einschränkung der Macht durch das Gesetz

Platon revidierte später ansatzweise sein Konzept des Philosophenkönigs. Vermutlich wurde er durch seine Konfrontation mit der Gewaltherrschaft (Tyrannis) in Syrakus (Sizilien) ernüchtert. Er verlor bzw. relativierte die prinzipielle Hoffnung in die Einsichts- und moralische Lernfähigkeit von Herrschern. Daher modifizierte er seine Auffassung entscheidend: In einem seiner Spätwerke, den Gesetzen (*nomoi;* Platon 1917), bezweifelt er, dass es je einen sterblichen Menschen mit einer nachhaltig moralisch-vernünftigen Seelenverfassung geben könne. Resignierend kommt er zu dem Schluss: Keiner, „der die mächtigste Stellung unter den Menschen einnehmen könnte", ist davor geschützt, „bis in sein tiefstes Inneres von der schlimmsten Krankheit, dem Unverstande, ergriffen zu werden" (Platon 1917, 97).

Der antike Philosoph zieht daraus die Konsequenz, dass die personalen Träger der Macht einer übergeordneten Größe bedürfen. Sie soll die individuelle Willkür und den Machtmissbrauch der Personen verhindern, eingrenzen und bezwingen. Das Gesetz soll diese Funktion prinzipiell übernehmen, denn in „dem Staate, in dem das Gesetz abhängig ist von der Macht des Herrschers und nicht selbst Herr ist, dem sage ich kühn sein Ende voraus; demjenigen aber, in dem das Gesetz Herr ist über die Herrscher, und die Obrigkeiten den Gesetzen untertänig sind, dem sehe ich im Geist Heil beschieden und alles Gute, was die Götter für Staaten bereit halten" (Platon 1917, 131).

Dieser Grundgedanke erlangte ebenso wie Platons Ideal eines Philosophenkönigs in der abendländischen Tradition eine enorme Bedeutung. Während letzteres seine Wirkung in der Idee der aufgeklärten Königsherrschaft entfaltete, schlug sich der Gedanke des den Herrscher beherrschenden Gesetzes im Konzept des neuzeitlichen Rechtsstaates nieder. Besonders die Idee des Gesetzes modifizierte die Vorstellung, die ihre Hoffnungen im Umgang mit der Macht vorbehaltlos auf eine ständisch-hierarchisch gegliederte Ordnung und die personale Kompetenz von Menschen setzte.

Platons Erkenntnisgewinn verdient auch heute noch Beachtung: Machtbewältigung betrifft nicht bloß die moralische Qualität von Personen, die Macht besitzen. Sie zeigt sich vor allem im Geflecht von Regeln, die in das Gesetz Eingang fanden. Das Gesetz soll die Willkür aller Personen begrenzen. Dem Zwang des Gesetzes sind Herrscher und Beherrschte gleichermaßen unterworfen. Wer das Gesetz bricht, hat Sanktionen zu erwarten. Der Zwang wird in der Realität im Kontakt mit Personen erfahren, die als Vertreter einer übergeordneten Größe, nämlich des Gesetzes, auftreten.

In der ethischen Beurteilung der Macht beantwortet dies allerdings nicht die Frage nach dem Kriterium der Anerkennung und Legitimation des Gesetzes. Denn das Gesetz entwickelt sich zur entscheidenden übergeordneten

Macht. Die Einsicht in dessen Zwangscharakter verschärft die Frage nach dem Kriterium der Anerkennung und der Akzeptanz der Macht. Zum einen bindet das Gesetz alle gleichermaßen; dadurch schafft es in formalem Sinne Gleichheit. Da sich humane Ordnung jedoch nicht in einer formalen Gleichheit erschöpft, zieht dies notwendigerweise die Entwicklung weiterer Kriterien für die Beurteilung des Gesetzes nach sich. Bereits intuitiv differenziert das Alltagsverständnis zwischen Gesetz und Gerechtigkeit. Wenn Menschen nach Recht und Gesetz fragen, nehmen sie stets beides in den Blick. Nicht jedes Gesetz, das auf Menschen Zwang ausübt, gilt als gerecht. Nicht nur Personen bedürfen einer Größe, die ihre Willkür eingrenzt; auch das Gesetz selbst bedarf seinerseits einer Gerechtigkeitsnorm (→ Kap. 5.3).

Platons Konzeption lenkt bis heute die Aufmerksamkeit auf einen wichtigen Systematisierungsschritt des Machtproblems: Seine persönliche Erfahrung mit der Tyrannis und ihrer intellektuellen Durchdringung verschob seine Blickrichtung. Es wurde deutlich: Die Reduktion des Machtproblems auf personale und anschauliche Ich-Du-Verhältnisse stellt eine Verkürzung dar. Denn ein rein personaler Machtbegriff erfasst lediglich kleine Ausschnitte des Problems. Nur in überschaubaren Nahbeziehungen entsteht idealerweise ein berechtigtes Vertrauen, das dazu führt, dass Menschen auf Missbrauch und Willkür verzichten. Eltern-Kind-Beziehungen können dies dokumentieren. In komplexeren sozialen Beziehungen erscheint es hingegen nicht ratsam, sie als vertrauensvolle Ich-Du-Beziehungen zu konzipieren und zu betrachten. In systemischen Kontexten verstellt ein personalistischer Machtbegriff geradezu den Blick auf entscheidende Dimensionen. Platon empfiehlt daher eine erweiterte Sichtweise: Das Machtproblem bedarf stets der Reflexion in seiner Verbindung mit dem die Willkür eingrenzenden Gesetz. Letzteres muss wiederum im Lichte von übergeordneten Gerechtigkeitskriterien beurteilt werden.

Platons Grundgedanke inspirierte kontinuierlich die nachfolgenden Traditionen zu Debatten und Reflexionen über gerechte Maßstäbe des Gesetzes. Doch erst in der Neuzeit zerbrach das Prinzip der ständischen Ordnung. Die Idee der Gleichberechtigung aller Menschen begann sich durchzusetzen und wurde von da an bestimmend. Infolgedessen rückten Verfahren in den Mittelpunkt, die die Distanz von Herrscher und Beherrschten vermindern. Macht wurde durch die Idee der Volkssouveränität grundsätzlich an die Beherrschten zurückgebunden und auf lange Sicht in das Modell der Demokratie transformiert.

6.2.3 Herrschaft und Anerkennung

Die **gerechtigkeitstheoretische Spannung von Recht und Gesetz** legt eine Differenzierung des Herrschaftsbegriffs nahe. Gesetz und Gerechtigkeit sind nicht zwangläufig identisch. Nur unter bestimmten Bedingungen erfahren Gesetze allgemein bindende Zustimmung und Akzeptanz. Einige Gesetze entsprechen nicht dem menschlichen Rechtsgefühl; daher reicht der Verweis auf die bloße gesetzliche Geltung nicht aus. Einerseits besteht die berechtigte Erwartung, dass die Gesetze auf formal korrektem und nicht willkürlichem Wege zustande kommen (Legalitätsprinzip), andererseits, dass sie Kriterien der Gerechtigkeit genügen. Ein Herrschaftssystem bedarf nicht nur der **Legalität,** sondern auch der **Legitimität,** d.h. einer breiten mehrheitlichen Zustimmung der Betroffenen, die zwischen Gerechtigkeit und Gesetz eine Entsprechung empfinden. Nur so findet eine durch Gesetze normierte Macht nachhaltige Anerkennung und Zustimmung. Der Legitimitätsaspekt besitzt für den Begriff der Herrschaft zentrale Bedeutung. Herrschaft sucht formal immer nach der Zustimmung und Anerkennung der Beherrschten.

Max Weber (vgl. Weber 1980, 71) bietet folgende hilfreiche Differenzierung von Macht und Herrschaft an. Er unterscheidet **drei Idealtypen der Herrschaft:**

a. **traditionale** Herrschaft erfährt Zustimmung, weil sie sich auf geheiligte Traditionen beruft,
b. **charismatische** Herrschaft gründet in der Hingabe an die außerordentlichen Fähigkeiten des Herrschers;
c. **legale** Herrschaft findet Anerkennung, weil sie sich an eine gesatzte Ordnung, d.h. an ein Gesetz hält,

Alle drei Aspekte erhellen das heutige Verständnis von Macht. Allerdings ist der **traditionale Herrschaftsbegriff** fast ganz verschwunden. Kaum eine Herrschaftsform findet heute deshalb Anerkennung, weil sie auf geheiligten Ordnungen ruht. Die Institution des sakral begründeten Königtums („von Gottes Gnaden“) hat als anerkannte Herrschaftsform heute ausgedient. Dennoch erfüllt das Amt des Königs bzw. der Königin in manchen Ländern noch eine repräsentative und in gewisser Weise symbolische Funktion. Mit seiner Hilfe lässt sich zudem das projektive Bedürfnis von Menschen nach sakraler Ordnung befriedigen. Die Funktionsträger bieten sich als Identifikationsfiguren mit persönlichen Beziehungs-, Familienkrisen und Schicksalsschlägen an, die Medien inszenieren ihre symbolische Funktion und halten sie lebendig.

Der Kernpunkt **charismatischer Herrschaft** bleibt im Wunsch nach einem starken Führer oder einem moralisch-kompetenten Herrscher lebendig. Er ist noch häufiger anzutreffen. Hier kann bereits Platons negative Erfahrung mit der Tyrannis eine eindringliche Warnung sein. Ohne Gesetze besteht eine gesteigerte Gefahr des Machtmissbrauchs.

Der modernen Auffassung steht die **legale Herrschaft** am nächsten. Sie erfährt durchschnittlich die größte Zustimmung, beinhaltet jedoch die Spannung zwischen Recht und Gesetz (→ Kap. 5.3). Aus der Perspektive der Menschenrechte muss das Gesetz mindestens die persönliche Freiheitssphäre vor staatlicher und gesellschaftlicher Willkür schützen. Es soll eine gegenseitige Anerkennung aller Menschen garantieren. Die Anerkennung von gleichberechtigten Willen darf nicht von der gesellschaftlichen Stellung abhängen. Es bedurfte gravierender historischer Umbrüche, um diese scheinbar selbstverständlichen normativen Vorstellungen ins allgemeine Bewusstsein zu heben und ihre Durchsetzung auf den Weg zu bringen. Im Grundgedanken, dass der Mensch als Mensch unveräußerliche Rechte besitzt, Menschenrechte, die ihm keine Institution nehmen darf (→ Kap. 2.1), findet dies seinen kleinsten gemeinsamen Nenner. Die von keiner Macht zu überschreitende Grenze erhielt erst auf der Schwelle zur Neuzeit ein durchdachtes Konzept und zerbrach im Ergebnis auch die ständisch-hierarchischen Ordnungen vorheriger Epochen. Diese auf den Weg gebrachte Entwicklung ist bis heute unvollendet.

Die drei von Max Weber vorgeschlagenen Typen der Herrschaft verdeutlichen darüber hinaus: In modernen pluralistischen Gesellschaften entspricht ein Konzept der traditionalen oder charismatischen Herrschaft nicht mehr der hochkomplexen sozialen Wirklichkeit. Eine traditionale Begründung der Herrschaft muss als realitätsfern gelten, da ihr kein allgemeiner, von allen akzeptierter religiöser Legitimationsgrund mehr entspricht. Die Säkularisierung der Gesellschaft entheiligte die ehemals auch religiös begründeten Ordnungsinstitutionen wie das Königtum. Ähnlich weltfremd erscheint die Legitimation der Herrschaft aufgrund von Begabung (Charisma). Abgesehen vom Problem des Machtmissbrauchs vermag ein Einzelner nie die komplexe Wirklichkeit allein zu überblicken und zu steuern. Daher gibt es keine Alternative zum Konzept der legalen Herrschaft, einer Herrschaft, die auf gesetzlichen Regelungen beruht und damit ein Minimum von Regeln zur Steuerung und Gestaltung der sozialen Wirklichkeit fixiert. Unter den Bedingungen der Demokratie existieren zudem Verfahren und Spielräume der Einflussnahme auf das Gesetz und der Mitgestaltung an Gesetzen. Die Unzufriedenheit mit bestimmten gesetzlichen Regelungen sollte daher nicht dazu verführen, den Sinn gesetzlicher Regelungen überhaupt in Abrede zu stellen.

Als Zwischenergebnis lässt sich festhalten:

1. **Machtmissbrauch** lässt sich nur wirksam **durch ein Gesetz minimieren,** dem sowohl Herrscher als auch Beherrschte gleichermaßen unterworfen sind. Es scheint offensichtlich unrealistisch und analytisch verkürzt, von der moralischen Kompetenz einzelner Menschen die Bewältigung des Machtproblems zu erwarten. Das Gesetz vermindert hingegen die Willkür von Personen.
2. Das Konzept Platons entspricht nicht dem gegenwärtigen Standard gegenseitiger und gleichberechtigter Anerkennung, da es eine ständisch-hierarchische Ordnung voraussetzt. Erst dann, wenn **jeder Mensch als ein Träger von unveräußerlichen Rechten** gilt, vollzieht sich der entscheidende Schritt, den Machtmissbrauch durch gegenseitige Anerkennung aller und entsprechende Verfahren zu reduzieren.
3. Das Gesetz als allen Personen übergeordnete Macht bedarf seinerseits wiederum einer **Bindung** an höhere Maßstäbe, **an Kriterien der Gerechtigkeit** und an Grundrechte, die dem Rechtsgefühl entsprechen. Nur dann entsteht eine legale und legitime Herrschaft, die alle im Prinzip freiwillig anerkennen und bejahen können.

Dieser politikgeschichtliche Umbruch brachte in Verbindung mit der sog. Vertragstheorie das heutige Menschenrechtsethos auf den Weg (→ Kap. 3.1, → Kap. 6.2.5).

6.2.4 Machtverzicht und Machtkonzentration aus Selbstinteresse

Auch **Thomas Hobbes** (1588–1679) arbeitete einen zentralen Aspekt des Herrschafts- und Machtproblems heraus, der für heutige Problemkonstellationen Bedeutung besitzt. Sein Konzept entspringt der Erfahrung des Bürgerkrieges. Unterschiedliche gesellschaftliche Gruppen kämpfen mit gewalttätigen Mitteln um die Herrschaft und setzen sich rücksichtslos und mit Willkür gegen andere durch. Alle werden in die Brutalitäten und Unberechenbarkeiten hineingezogen und leiden mehr oder minder darunter. Der englische Philosoph bearbeitet diese bedrückende Erfahrung intellektuell und sucht nach möglichen Lösungen. Er stellt zwei einfache Ausgangsfragen: Gibt es einen **vernünftigen** Grund für den Verzicht auf die rücksichtslose Durchsetzung der eigenen Interessen? Wie muss die Macht in einem Gemeinwesen organisiert sein, damit es nicht zum Bürgerkrieg kommt?

Hobbes entwickelt zunächst einen plausiblen anthropologischen Grundgedanken: Der Mensch ist von Natur aus auf das Leben in sozialen Beziehungen angewiesen. Vor dem Hintergrund der Bürgerkriegserfahrung stellt sich allerdings verschärft die Frage, ob ein humanes, zumindest gewaltreduziertes Zusammenleben in sozialen Beziehungen überhaupt möglich ist. Die Verwerfungen des Bürgerkriegs scheinen eher eine pessimistische Einschätzung zu rechtfertigen. Einige Hobbesrezipienten entwickelten hieraus später einen anthropologischen Pessimismus. Hobbes selbst hingegen vertrat eine abwägendere Position. Seiner Auffassung nach kann der Mensch für den Mitmenschen sowohl Hilfe als auch Bedrohung sein. Der Mensch besitzt demzufolge eine Konfliktnatur (vgl. Höffe 1986, 307–323). Der Grund dieser Konfliktnatur liegt im **Selbstinteresse des Menschen,** das sich im **Streben nach Selbsterhaltung** und im **Verlangen nach Glück** manifestiert.

Die Ambivalenz der menschlichen Natur erfasst die grundsätzliche Bandbreite und Vielgestaltigkeit menschlicher Erfahrung. Menschen helfen einander, ebenso stoßen aber ihre unterschiedlichen Selbstinteressen auch aufeinander. Sie geraten des öfteren in Spannung und führen zu Konflikten. Dies wirft gravierende Fragen auf: Was geschieht im Konfliktfall? Warum und in welchem Maße sollen Gruppen oder Individuen auf die Macht verzichten, ihren Willen und ihre Verfahren anderen Menschen mit Gewalt aufzuzwingen?

Hobbes schlägt nun einen rationalen Grund für den Verzicht auf eine gewaltsame Durchsetzung des Selbstinteresses gegenüber anderen vor. Er entwickelt ihn durch ein Gedankenexperiment: Was geschähe ohne eine regulierende Instanz, die den jeweiligen Selbstinteressen Grenzen setzt? Diese fiktive Situation bezeichnet er als **Naturzustand.** Er fragt nach der Gestalt des zwischenmenschlichen Zusammenlebens unter diesen Bedingungen. In diesem Zustand erfährt der um sein Überleben kämpfende Mensch keine Grenze durch ein Gesetz. Er ist zunächst nicht gezwungen, sein Interesse gegenüber anderen mit Gewalt durchzusetzen, sofern es für alle genug gibt. Allerdings nimmt Hobbes in seinem Gedankenexperiment einen Naturzustand des Mangels an; hypothetische Vorstellungen von einem Schlaraffenland liegen ihm fern. Da demzufolge die Güter stets knapp sind, sind Konflikte prinzipiell unvermeidbar. Der Konflikt tritt immer dann auf, wenn unterschiedliche Selbstinteressen sich angesichts knapper, überlebenswichtiger Güter auf ein und denselben Gegenstand richten. So streben alle Menschen nach Selbsterhaltung, aber angesichts knapper Güter lassen sich die Elementarbedürfnisse nicht für alle angemessen befriedigen. Dies bringt sich verschärfende Konflikte hervor, die am Ende zu einem **‚Krieg aller gegen alle‘** (*bellum omnium contra omnes,* Hobbes 1984, 115) führen können. In solchen Fällen erscheint der Mensch dem Mitmenschen als Wolf (*homo homini lupus,* Hobbes 1959, 59). Einen Grund für den Verzicht auf Selbstinteresse und -durchsetzung gibt es in diesem fiktiven Naturzustand nicht, da hier kein Rechtssystem vorhanden ist, das die unterschiedlichen Interessen gegeneinander abgrenzt. Jeder besitzt ein Naturrecht auf alles.

Aber nicht nur der angenommene Naturzustand, sondern auch die realen Verhältnisse sind durch einen Mangel an Gütern charakterisiert. Das Zusammenspiel der ambivalenten Natur des Menschen mit einer Wirklichkeit, die durch Mangel an Gütern bestimmt ist, mündet im Ergebnis in ein permanentes Konfliktgefälle. Das so beschriebene Szenario erscheint als eine äußerst labile und unberechenbare Situation, in der sich aus sporadischen Konflikten rasch ein Krieg aller gegen alle entwickeln kann. In ihr muss jeder Mensch ständig damit rechnen, dass ein anderer seine Interessen mit Gewalt und ggf. mit Todesfolge durchsetzt.

Dem Selbstinteresse entspringt zum einen ein Überlebenswille und das Interesse an lebensnotwendigen, knappen Gütern. Zum anderen ist dem Selbsterhaltungstrieb aber auch die Furcht vor einem gewaltsamen Tod eigen. „Die Leidenschaften, die die Menschen friedfertig machen, sind Todesfurcht, das Verlangen nach Dingen, die zu einem angenehmen Leben notwendig sind und die Hoffnung, sie durch Fleiß erlangen zu können. Und die Vernunft legt die geeigneten Grundsätze des Friedens nahe, auf Grund derer die Menschen zur Übereinstimmung gebracht werden können." (Hobbes 1984, 98) Es liegt daher gleichzeitig auf der Linie des Selbstinteresses, diesen labilen Zustand mit all seinen möglichen gewalttätigen Unwägbarkeiten zu verhindern. Es entspricht dem **Selbstinteresse aller Menschen,** dass alle auf ihre schrankenlose Durchsetzung verzichten. Hobbes sieht hierin einen vernünftigen Ausgangspunkt für den Verzicht auf die radikale Durchsetzung des eigenen Selbstinteresses: Niemand soll Opfer des schrankenlosen Selbstinteresses anderer werden. Dies ist aber nur sinnvoll, wenn auch alle dazu bereit sind, dies zu tun. „Jedermann soll freiwillig, wenn andere ebenfalls dazu bereit sind, auf sein Recht auf alles verzichten, soweit er dies um des Friedens und der Selbstverteidigung willen für notwendig hält, und er soll sich mit soviel Freiheit gegen andere zufriedengeben, wie er anderen gegenüber sich selbst einräumen würde." (Hobbes 1984, 100)

Hobbes entwickelt die Vorstellung eines vor unberechenbarer Gewalt und Willkür geschützten Zusammenlebens, auf das sich die Menschen quasi wie in einem Vertrag verständigt haben: Alle verzichten gegenseitig auf schrankenlose Selbstdurchsetzung und übertragen sich so wechselseitig Rechte. Sie kommen zu einem Einverständnis. Dieser angenommene vertragliche Akt wurde natürlich nie im wörtlichen Sinne abgeschlossen, sondern stellt eine Art **impliziten Konsens eines friedlichen Zusammenlebens** dar. Er steht vernünftigerweise im Interesse der Selbsterhaltung, er baut die Todesfurcht in labilen Zuständen des Zusammenlebens ab und stellt die Abwesenheit von Gewalt auf Dauer sicher.

Hobbes will alle davon überzeugen, diesen ‚Vertrag' innerlich zu akzeptieren, und entfaltet plausible Vernunftgründe, warum die freiwillige Einschränkung im Dienste des eigenen Interesses steht. Im Modell besitzen alle Menschen die Bereitschaft, sich in einem Quasi-Vertrag auf den gegenseitigen Gewaltverzicht einzulassen. In der Wirklichkeit ist dies hingegen nicht so. Es bedarf daher einer Instanz, die über so viel Macht verfügt, dass sie die Nichtkooperationswilligen zwingen kann, auf ihre radikale Selbstdurchsetzung zu verzichten. Als Instanz schlägt er einen Souverän vor, der umfängliche Macht über die Bürger besitzt. Alle Menschen, die im fiktiven Naturzustand im Prinzip ein Recht auf alles haben, sollen als Bürger einen gravierenden Teil ihrer sog. natürlichen Rechte an diese Instanz – Hobbes nennt sie ‚Leviathan' – abgeben. Dadurch vermeiden sie einen potentiellen Konflikt aller gegen alle. Sowohl emotionale als auch vernünftige Gründe sprechen dafür, einen entscheidenden Teil der natürlichen Rechte an einen universell übergeordneten Souverän abzugeben. Im Ergebnis **erfordert** das eine mächtige und **übergeordnete Autorität.** Nur sie besitzt die Stärke, den Bürgerkrieg zu verhindern und die Freiheitssphären der Einzelnen gegeneinander abzugrenzen.

Hobbes schlägt daher die **Konzentration der Macht auf den Staat** vor, ein Schritt, der angesichts der Erfahrung staatlicher Macht im 20. Jahrhundert heute wenig einleuchtet, obwohl die Motive (Verhinderung des Bürgerkrieges, Sicherung des Friedens und einer persönlichen Freiheitssphäre) nachvollziehbar bleiben. Das Volk ermächtigt den Staat zu einer allumfassenden und abschreckenden Ordnungsfunktion, indem die Bürger ihre Rechte auf ihn übertragen. Durch diese, nun nicht auf Gegenseitigkeit beruhende Übertragung der vielen individuellen Willen auf den allgemeinen Staatswillen gewinnt der Staat den Status eines absoluten Souveräns mit absoluter Gewalt. Im Ergebnis entwirft Hobbes eine autoritäre und monarchistische Staatskonzeption. In diesem Modell besitzt die Macht den Vorrang vor dem Gesetz. „Die Autorität, nicht die Wahrheit macht das Gesetz" (*auctoritas, non veritas facit legem,* Hobbes 1984, 130). In Platons ‚Nomoi' war es umgekehrt: Die Macht soll durch das Gesetz normiert werden. Hobbes hingegen gibt dem Machtstaat den Vorrang vor dem Rechtsstaat.

Trotz dieser überraschend wirkenden Wende zum autoritären Ordnungsstaat dürfen die wegweisenden Kernpunkte der sog. Vertragstheorie nicht vergessen werden: Das Hobbes'sche Konzept thematisiert die jedem Menschen zukommenden Rechte, auch wenn diese Rechte des Naturzustandes im gesellschaftlichen Zustand, d.h. unter realen sozialen Verhältnissen, fast alle als an den Staat abgegeben gelten. Es führt Gründe für die wechselseitige und gegenseitige Übertragung von Rechten zwischen den Menschen an und thematisiert die Übertragung von Rechten zwischen Volk und Staat. Obwohl seine Konzeption den Staat als autoritären Machtstaat begreift, bringen die Motive kritische Präzisierungen hervor, die kurze Zeit nach Hobbes die Idee der Menschenrechtskonzeption indirekt entstehen ließen und voranbrachten. Denn die weitere intellektuelle Verständigung über die Machtfrage fokussiert sich auf zwei zentrale, sich ergänzende Fragen: Ist ein Teil der Rechte, die jeder Mensch im Naturzustand hat, nicht unveräußerlich und damit nicht an den Staat übertragbar? Wie muss die Macht in einem Ordnung gewährenden Staat organisiert sein, damit sie unveräußerlichen Rechten in der sozialen und politischen Wirklichkeit Wirkung verschafft?

6.2.5 Einschränkung der Macht durch unveräußerliche Rechte

Die maßgebliche und für die Entstehung der Menschenrechte entscheidende Korrektur an Hobbes' Denken nahm John Locke (1632–1704) vor. Er geht von einem **Minimum unübertragbarer** und **unveräußerlicher Rechte** (Leben, Freiheit und äußere Habe) aus. Durch diese prinzipielle Annahme korrigiert er die asymmetrisch gedachte Beziehung von Volk und Staat. Diese Ausgangsposition initiierte die neuzeitlichen Menschenrechtskataloge und Erklärungen, die fortan unterschiedliche Rechte als unveräußerlich geltend machten. In der ersten Phase ihrer historischen Entwicklung zielten sie auf die Begrenzung institutioneller Staatsmacht. Seit dieser Zeit gelten **Menschenrechte als Abwehrrechte** gegenüber staatlicher Willkür mit dem Anspruch auf Normierung geltender Gesetze (→ Kap. 3.1) und forcieren den Streit um ihre sozialpolitische Wirksamkeit und Umsetzung.

Zudem rückt die Frage nach der gesellschaftlichen Machtverteilung in den Mittelpunkt der Aufmerksamkeit. Im Konzept der Gewaltenteilung entwickelt Locke einen Korrekturmechanismus gegen den staatlichen Machtmissbrauch. Die Macht muss sich auf die sich gegenseitig kontrollierenden, voneinander unabhängigen Instanzen der Gesetzgebung (Legislative), der Rechtsprechung (Judikative) und der Regierung verteilen. Diese Aufteilung ging auch in die Verfassung Deutschlands ein (Art. 1 (3)). Sie lässt sich als ein notwendiges Element zur Vermeidung des staatlichen Missbrauchs (vgl. hierzu Kühnhardt 1991, 62–66) verstehen. In diesem Zusammenhang gewinnt zunehmend die Demokratieidee an Raum. Ihr gilt Macht nur dann als legitim, wenn das Volk als der eigentliche Souverän die Grundlage im Sinne einer legitimer Herrschaft ist und bleibt. Infolgedessen zielen Menschenrechte als politische Teilhaberechte (freie Wahlen, öffentliche Diskussion etc.) auf eine größtmögliche Mitwirkung aller ab (→ Kap. 2.6).

Neben den Motiven der Machtabwehr, Machtkontrolle und der Teilhabe an der Macht rückten ab dem 19. Jahrhundert die sozialen Lebenslagen selbst und die unterschiedlichen Verteilungslagen in den Blick. Besonders im Zeitalter der Industrialisierung verschärfte sich das ökonomisch bedingte Machtungleichgewicht zwischen den Eigentümern der Produktionsmittel und den Menschen, die ihre Arbeitskraft verkaufen müssen. Infolgedessen wurde zunehmend die Erwartung an korrigierende staatliche Einflüsse laut. Soziale Rechte gewinnen im Kanon der Menschenrechte zunehmend an Bedeutung. Zu den staatlichen Aufgaben gehört infolgedessen die Korrektur gesellschaftlicher Machtverhältnisse. Die geforderten Interventionen betreffen elementare Bereiche wie den Arbeitsschutz, die Gesundheitsversorgung, die Altersversorgung etc.

Insgesamt zielen die neuzeitlichen und modernen Auseinandersetzungen auf Abwehr, Kontrolle, Teilhabe und Korrektur der Macht. Die erste historische Phase arbeitet die Subjektstellung jedes Menschen, unabhängig von seinem Stand, prinzipiell heraus und begreift ihn als Träger unveräußerlicher Rechte, der des Schutzes vor willkürlichen Machteingriffen bedarf. **Rechtsstaatliche Konzepte** heben diesen Zentralaspekt besonders hervor. Die Ermächtigung der legitimen Herrschaft erfordert in einer zweiten Phase die Rückbindung an die Subjektstellung aller Menschen (Prinzip der Volkssouveränität). Demokratische Verfahren bringen Teilhabemöglichkeiten für potentiell alle auf den Weg. **Demokratiestaatliche Konzepte** artikulieren diesen Gesichtspunkt. Sowohl rechtsstaatliche als auch demokratische Gesichtspunkte bedürfen der Ergänzung, da unterschiedliche ökonomische und soziale Verteilungslagen sowohl eine nachhaltig selbstständige Lebensführung als auch Partizipationsmöglichkeiten gefährden oder verhindern (→ Kap. 4.4). Der Abbau sozialer Ungleichheiten wird in einem weiteren Schritt zur Aufgabe des Staates. Dieser grundlegende Gesichtspunkt kommt vor allem in **sozialstaatlichen Konzepten** zum Ausdruck.

Insgesamt wurden diese heute weithin konsensuell geteilten Rahmenbedingungen in einer langen Entwicklung durch zentrale Motive und Konzepte auf den Weg gebracht: Die Erweiterung eines personalistischen Machtverständnisses zu einer Vorstellung eines sowohl Herrscher als auch Beherrschte normierenden Gesetzes vollzieht den Übergang zu einem strukturellen Verständnis der Macht (→ Kap. 6.2.2). Menschenrechte als unveräußerliche Rechte (→ Kap. 2.2) artikulieren Abwehrrechte gegen staatliche Macht. Motive wie die Volkssouveränität und die Demokratieidee korrigieren ein hierarchisch-ständisches Verständnis der Gesellschaft und entwickeln eine Vorstellung von legitimer Herrschaft (→ Kap. 6.2.3).

Übungsaufgabe

1. Erläutern Sie den Unterschied zwischen Macht und Herrschaft!
2. Welche Vor- und Nachteile birgt die Normierung der Macht durch das Gesetz?
3. Welche Funktionen muss eine staatliche Macht erfüllen, damit sie dem basalen Selbstinteresse der Menschen dient?
4. Skizzieren Sie die basalen Verfassungsprinzipien und ihr Ziel, Macht zu begrenzen und legitime Herrschaft zu stiften!

Vertiefende Literatur

Machtkontrolle und Herrschaft des demokratischen Systems/Gewalt und Widerstandsrecht

Böckenförde, E.-W., Die Bedeutung der Unterscheidung von Staat und Gesellschaft im demokratischen Sozialstaat der Gegenwart, in: Ders., Staat – Gesellschaft – Freiheit. Studien zur Staatstheorie und zum Verfassungsrecht, Frankfurt/M. 1976, S. 185–220

Forschner, M., Mensch und Gesellschaft. Grundbegriffe der Sozialphilosophie, Darmstadt 1989, S. 140–168

Kapitel 7
Der Auftrag der Sozialen Arbeit – vom doppelten Mandat zum Tripelmandat

■ Soziale Arbeit steht in ihren Handlungsfeldern zwischen sozialstaatlicher und nutzerorientierter Beauftragung. Als Profession bezieht sie gegenüber beiden Auftraggebern eine normative und fachlich selbstständige Position. Dies beinhaltet auch eine reflexive Klärung der normativen Grundlagen ihres professionellen Deutens. Auch moralische Grundhaltungen des professionell Helfenden besitzen für die professionelle Interaktion im Hilfeprozess eine zentrale Bedeutung. Ein reflexiver Umgang mit authentischer Zuwendung und personbedingten Ressourcen vermeidet deren vorschnellen Verschleiß in den Praxiskontakten mit ihren Ambivalenzen und Frustrationen.

Soziale Arbeit zielt auf die Begrenzung und den Abbau von Benachteiligungen, die sich aus der ungleichen Verteilung von Lebenslagen ergeben. Eine unbegrenzte Ungleichheitsdynamik führt im Ergebnis stets zu einer Verdinglichung der Menschen. Sie werden dann für überflüssig befunden oder zu bloßen Funktionen degradiert. Rechts-, demokratie- und sozialstaatliche Konzepte bezwecken die Begrenzung dieser Verdinglichungsdynamik. Soziale Arbeit versteht ihre Praxis aus diesem Blickwinkel als machtkritische Arbeit.

Die Entstehungsgeschichte Sozialer Arbeit und ihre Anfänge im 19. Jahrhundert erscheinen vor dem Hintergrund dieses heutigen moralischen Selbstverständnisses als sehr zwiespältig. In der industriellen Revolution war die Armenfürsorge der Städte in überwiegendem Maße Elendsverwaltung und -kontrolle, die die Menschen mit rabiaten Maßnahmen in Arbeit zwang (Tennstedt/Sachße 1998). Das Elberfelder System (1850) und seine wegweisende Bedeutung für die kommunale Armenfürsorge darf über diesen Sachverhalt nicht hinwegtäuschen. Die Ergänzung dieser öffentlichen Armenpflege durch die geschlossene Armenpflege mit ihren Armen- und Arbeitshäusern gibt einen ernüchternden Einblick in das Verständnis von Elend und Armut. Diese galten durchgehend, von wenigen Ausnahmen abgesehen, als selbstverschuldet. Arbeitszwang war demzufolge ein volkspädagogisches Mittel zur Zivilisierung und der Integration der Menschen, teilweise auch ein Mittel des Strafvollzugs. Obwohl die Kirchen im 19. Jahrhundert diese allgemeine Auffassung nicht prinzipiell ablehnten, griffen sie durch ihre religiös motivierte Barmherzigkeitspraxis die Probleme in anderer Weise an (Jähnichen 2000). Pfarrer oder Theologen wie Johann Hinrich Wichern (1808–1881) oder Theodor Fliedner (1800–1864) sahen vor allem das Elend der von Armut infolge der Industrialisierung betroffenen Kinder, deren Lebenssituation offensichtlich nicht von ihnen selbst, sondern von ihren Eltern verschuldet sein musste. Daher gründeten sie und andere Mitstreiter Heime, so genannte ‚Rettungshäuser', und begannen schon bald die Mitarbeiter in diesen Projekten zu schulen. So entstanden erste Formen von helfenden Berufen. Helfen begann sich zu verberuflichen. Die Gründungsväter der modernen Diakonie nahmen zudem den Einzelnen in seiner prinzipiellen Veränderungsfähigkeit wahr, da sie das durch ihr soziales Engagement verbreitete Bekehrungsangebot als Möglichkeit eines anderen Lebens betrachteten. Das Verständnis einer religiösen Lebenswende (‚Wiedergeburt') beinhaltete, dass sich die verbreiteten gesellschaftlichen Stigmata aus diesem Blickwinkel relativierten; kein Mensch wird als Trinker oder Verbrecher geboren. Mit einer an Gott orientierten, tief in die Identität eingreifenden Lebenswende kann es demnach jeder schaffen, sein Leben selbst in die Hand zu nehmen. Diese Form der Bearbeitung menschlichen Elends war weithin ein Bestandteil eines monarchistischen, konservativistischen Politikverständnisses und gleichzeitig ein Beitrag, die Gesellschaft insgesamt zu missionieren. Aus kirchlicher Sicht galt es, den Säkularisierungsprozess aufzuhalten.

Sowohl der kommunale als auch der kirchliche Ansatz der Professionalisierung des Helfens verstanden ihren Beitrag als Beitrag zur Stabilisierung der Gesellschaft. Eine Kritik der sozialen Umstände lag ihnen fern, denn sie besaßen keine leistungsfähige Theorien, um den Einfluss von Strukturmechanismen auf die Verteilung von Lebenslagen zu analysieren. Da, wo Erklärungsansätze durch die linke Bewegung vor allem in der zweiten Hälfte des 19. Jahrhunderts entstanden, betrachtete die Kirchen sie vor allem als Weltanschauungskonkurrenz.

Den Hilfeansätzen des 19. Jahrhunderts gegenüber hat das heutige Verständnis gravierende Veränderungen erfahren. Sozialarbeit versteht sich nicht als bloßes Ausführungsorgan des Staates, gewissermaßen als ‚sanfte Polizei' und Zustimmungsfunktionär. Der professionell Helfende arbeitet in der Regel in einer durch öffentliche Mittel finanzierten Institution. Diese erwartet von ihrem Mitarbeiter die Verwirklichung ihrer Zielvorstellungen, die teils ihrem Selbstverständnis, teils der öffentlichen, sozialpolitisch determinierten Beauftragung entsprechen. Gleichzeitig stehen professionell Helfende mit unverwechselbaren Menschen in Kontakt. Je nach Tätigkeitsfeld informieren, beraten, intervenieren, interagieren und erziehen sie. Der Nutzer erwartet, dass der Sozialarbeiter ihm hilft und ihn unterstützt, sein Leben zu führen. Die bipolare Spannung zwischen sozialstaatlicher Beauftragung und hilfebedürftigem Individuum lässt sich zunächst als **doppeltes Mandat** beschreiben. Der Helfende steht **zwischen öffentlichem Auftrag und Klient.**

Idealtypische Konsens- und Konfliktfälle illustrieren in diesem Verhältnis potentielle Spannungen und Widersprüche. Ein Konsens besitzt in etwa folgende Struktur: Eine Hilfeinstitution verfolgt mit Hilfe des Sozialarbeiters festgelegte Ziele in Bezug auf den Klienten, und der Hilfe suchende Klient bejaht diese Ziele als seine eigenen. Der Sozialarbeiter steht demzufolge in keinem Interessenkonflikt zwischen zwei unterschiedlichen Parteien. Ein Beispiel aus der Medizin illustriert Ähnliches: Ein Arzt als Vertreter des Krankenhaus verfolgt die Wiederherstellung der Gesundheit eines Patienten. Der betroffene Patient bejaht dieses Ziel, willigt in die Behandlungsmethode ein und nimmt überdies die Beratungen zur weiteren Krankheitsvermeidung ernst.

Ein Konfliktfall besitzt hingegen folgende Umrisse: Die Einrichtung verfolgt festgelegte Ziele und Methoden, der Klient bejaht diese jedoch nicht. Er will sich vielleicht den Zielen, jedoch nicht den Methoden fügen. Offensichtlich stimmen die Interessen nicht immer überein. Der involvierte Sozialarbeiter teilt ggf. die Auffassung des Klienten, darf aber trotzdem im Kontext seines Berufsfeldes die Grundlinien seiner institutionellen Beauftragung nicht prinzipiell in seinen Praktiken hintergehen. Beispielsweise soll ein Sozialarbeiter ihm zugeteilte Klienten in Arbeit vermitteln. Er selbst hält repressive Maßnahmen in Form von Leistungskürzungen für unangebracht. Gleichzeitig erscheint ihm das Ziel für den Klienten als eine Überforderung. Der Klient verweigert ggf. seine Mitarbeit. In der Medizin könnte dieser Konflikt folgende Gestalt besitzen: Der Arzt muss aus betriebswirtschaftlichen Gründen einen Patienten vorzeitig aus dem Krankenhaus entlassen, obwohl er aus fachlichen Gründen einen längeren Aufenthalt für die Genesung – ebenso wie der Patient – für angemessen hält.

In einem anderen Konfliktfall kann ein Einverständnis des Sozialarbeiters mit den institutionellen Zielen vorliegen, aber der Klient verweigert sich beiden gegenüber; ein Drogensüchtiger nimmt das Angebot der Therapie, das die Organisation mit Hilfe des Sozialarbeiters an ihn heranträgt, nicht an.

Die Parallelbeispiele aus der Medizin dokumentieren vor allem einen weiteren Gesichtspunkt, der sowohl im Konsens- als auch Konfliktfall in der Sozialen Arbeit selten hervortritt: In vollkommen selbstverständlicher Weise geht die Fallbeurteilung von einem sachlichen, d.h. medizinisch angemessenen Urteil des Arztes aus. Sie verleiht damit der beteiligten **Profession** in den Handlungsoptionen entscheidendes Gewicht. Im Falle der Mediziner wird dieses Professionsverständnis (Hippokratischer Eid) häufig öffentlich wirkungsvoll geltend gemacht. Dies macht deutlich, dass im Hilfeprozess eine dritte, **selbstständige Größe zwischen Organisation und Individuum** zentrale Bedeutung besitzt. Die Profession beansprucht zum einen ein eigenständiges, ggf. kritisches Sachurteil gegenüber der institutionellen Beauftragung; z. B.: Medizinisch angemessene Leistungen können angesichts der engen Handlungsformate, wie sie durch diagnosebezogene Fallgruppen vorgegeben werden, teilweise nicht mehr erbracht werden. Gleichzeitig macht sie einen sachbezogenen Geltungsanspruch gegenüber dem Nutzer geltend, wenn sie ihn in der Beratung mit den durchschnittlichen Folgen seiner Entscheidungen in Kontakt bringt. Dieser professionsorientierte Gesichtspunkt muss auch in der Mandatierung der Sozialen Arbeit zum Zuge kommen. Während der Einfluss der Profession in der Medizin als gewichtiges empirisches Faktum angesehen wird, stellt der Einfluss der Profession in der Sozialen Arbeit bis dato einen weithin normativen und damit erst zu entwickelnden Anspruch dar.

Empirisch gesehen gibt es daher drei Beauftragungen, die in der sozialarbeiterischen Praxis miteinander abzugleichen sind. Neben Sozialstaat und Nutzer muss auch die Profession als dritter Auftraggeber ihren Status und ihr Selbstverständnis zwischen den beiden anderen Bezugsgrößen selbstständig bestimmen (Staub-Bernasconi 2006, 36 ff.). Dies erfordert die Entwicklung und Bestimmung der Sozialen Arbeit aus einem Tripelmandat (öffentliche, nutzerorientierte und professionelle Beauftragung).

7.1 Normative Rekonstruktion des Tripelmandats

Die Tripolarität darf nicht bloß in ihren empirischen Konsensen oder Widersprüchlichkeiten aufgezeigt werden. Eine ethische Analyse muss zwar das Tripelmandat zunächst in seinen Spannungen und Widersprüchen untersuchen, es jedoch in einem weiteren Schritt einer **normativen Reflexion** unterziehen.

a) Im normativen Blick auf die **Nutzerseite** ist das **Selbstbestimmungsrecht des Klienten** hervorzuheben. Der Klient verfügt über eine prinzipielle Entscheidungsfreiheit, über die sich Soziale Arbeit nicht hinwegsetzen darf. Was auch immer sich aus professioneller Sicht als angemessen erweisen mag – die Entscheidung zwischen Handlungsoptionen kann nur der Betroffene selbst treffen. Es gehört im Übrigen zu den Erfahrungswerten, dass Hilfeprozesse größere Aussichten auf Erfolg besitzen, wenn die Klienten sich frei entscheiden können. Die Interaktion zwischen professionell Helfendem und Klient erfordert ein Menschenbild, das sich an der Normativität eines nachhaltig selbstständigen Lebens orientiert. Diese Vorstellung vom Menschen ist sowohl Zielperspektive als auch stets Grundlage des sozialarbeiterischen Handelns.

Besonders in Kriseninterventionen, in denen die selbstständige Lebensführung gefährdet oder nicht möglich ist (Psychosen u. a.), muss dieses Ideal der Autonomie gegenwärtig gehalten werden. Es besitzt dann kontrafaktischen Charakter und erfordert ein stellvertretendes Handeln durch den Sozialarbeiter, das im Dienste der Wiederherstellung der Handlungsfähigkeit stehen muss (Brumlik 2004). Aber auch in weniger dramatischen Fällen geschieht Beratung im Lichte dieser annäherungsweise zu erstrebenden Norm. Es wäre demzufolge unprofessionell, jeglichen Erwartungen und Wünschen des Klienten nachzugeben. Ziel soll stets die Unterstützung und Wiederherstellung selbstständiger Lebensführung sein. Dies umfasst sowohl die Initiierung und Begleitung von Befähigungsprozessen (→ Kap. 4.4) als auch die Hilfestellung, rechtliche Ansprüche gegenüber dem Staat geltend zu machen. In diesen Dimensionen macht die Soziale Arbeit die Einschränkung der Macht mit Hilfe des Rechts gegenüber dem Staat geltend (→ Kap. 2.5). Durch Aufzeigen und Begleiten von Zugängen zu ökonomischen, sozialen und kulturellen Ressourcen arbeitet sie gegen die machtinduzierten Verdinglichungen der Menschen an. In diesem normativen Sinne ist **der Sozialarbeiter der Sozialanwalt** des Klienten. Sein oberstes Ziel ist die Erhaltung, die Wiederherstellung und der Schutz der Subjekthaftigkeit des Klienten. Solange dieser seinerseits nicht die Freiheit der anderen tangiert oder beschädigt, sind Interventionen und Einmischungen in die inhaltliche Ausgestaltung seiner Freiheit ausgeschlossen. Andererseits kann ein auf die gesellschaftliche Realität bezogenes sozialarbeiterisches Wirken nicht darauf verzichten, auf zentrale inhaltliche, das Sozialverhalten einschließende Dimensionen hinzuwirken, die einer sozialverträglichen Erhaltung der Selbstständigkeit dienen.

b) Im normativen Blick auf die **sozialstaatliche Beauftragung** und entsprechende institutionelle Zielfestlegungen bedarf es gleichfalls einer Analyse. Das heutige Sozialstaatsverständnis verfolgt das Ziel der **Inklusion der Menschen** und orientiert sich dabei am Subsidiaritätsprinzip. Das Subsidiaritätsprinzip (→ Kap. 3.3.1, → Kap. 11.4) hebt die Mitgestaltungsfunktion sowie die kritische Beobachterfunktion der Sozialen Arbeit für die Gesellschaft hervor. Im Ergebnis soll der subsidiär organisierte Sozialstaat soziale Strukturen schaffen, die ein nachhaltig selbstständiges und zur Partizipation befähigtes Leben fördern. Es ist Aufgabe der Profession, der Organisation und der sozialstaatlichen Beauftragung gegenüber sowohl fachliche als auch normative Gründe für die selbstbestimmte und -ständige Lebensführung des Klienten geltend zu machen. Denn hierin liegt der zentrale normative Kernpunkt. Auch soziale Inklusion gewinnt erst von daher ihren letzten Maßstab.

Blickt man von Seiten der Profession auf die sozialstaatliche Mandatierung, so legt sich stets eine kritische Distanz nahe, die sich ein eigenes normatives Urteil im Spannungsgefüge vorbehält. Die Profession setzt sich auch mit Hilfe des moralischen Selbstanspruchs des Sozialstaates in kritische Distanz zu ihrem Auftraggeber. Sie nimmt ihn gewissermaßen beim Wort und versucht aus professioneller Perspektive einen eigenen und selbstständigen Beitrag einzubringen. Unabhängig von der Legalität urteilt sie über die Legitimität des Mandats (→ Kap. 6.2.3). Fördern die sozialpolitischen Entscheidungen die Verdinglichung des Menschen oder das professionell verfolgte Ziel selbstständiger Lebensführung? Fördern sie die aus professioneller Sicht notwendige Vertrauensbeziehung zum Klienten, damit Hilfeprozesse gelingen können? Oder zwingen sie die Profession, ihre fachlich-normativen Standards zugunsten einer aufgenötigten Effizienz zu verändern? Wird von ihnen mehr Repression des Klienten verlangt, als sie es fachlich für verantwortbar halten? Wird dem Klienten ein bestimmtes Verhalten aufgezwungen? In diesen Fällen gilt Ähnliches wie im Falle von unzumutbaren, professionell nicht unterstützenswerten Erwartungen von Seiten des Klienten. Das staatliche Wirken bleibt normativen Vorgaben unterworfen, wie sie auch in menschenrechtlich begründeten Ansprüchen geltend gemacht werden. Die Organisationen des Sozialstaats sind infolgedessen keine reinen Ausführungsorgane.

Aus der normativen Analyse der beiden Auftraggeber der Sozialen Arbeit entwickelt sich ein unabhängiger, kritischer Standpunkt als Beurteilungsinstanz. Als **dritte Beurteilungsinstanz** bedarf die **Profession** der wissenschaftlichen Expertise in fachlicher und normativer Hinsicht und einer wirkungsvollen Organisation des Berufsstandes. Die Profession muss kritisch-reflexiv mit Hilfe ihres Professionswissens auf die an sie herangetragene Erwartung reagieren.

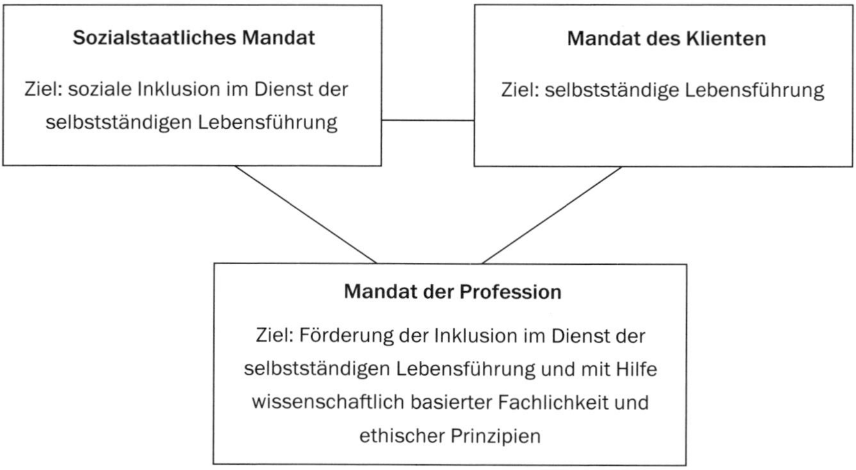

Abb. 10: Normative Struktur des Tripelmandats

Das normative Selbstverständnis des Tripelmandats schließt auch die kritische Selbstreflexion der Profession ein. Dienen ihr fachliches Wissen und ihre Institution einer Befähigung fördernden, sozialen Praxis? Mit Hilfe des Capability-Approach (→ Kap. 5.2) versucht die Profession, operationale Schritte der Selbstevaluation einzuleiten. Ein elementares ethisches Grundwissen als Teil professioneller Selbstständigkeit ist hierbei unverzichtbar.

Die normative Rekonstruktion des Tripelmandats sieht um der klareren Orientierung willen von den Gemengelagen von Sein und Sollen, von Wirklichkeit und Anspruch, von Realität und Ideal ab. Die Realität ist in den meisten Fällen eine diffuse Mischung. Zwischen dem moralischen Selbstanspruch eines politischen Systems und seinen konkreten Maßnahmen besteht naturgemäß eine Spannung. Denn ob ein moralischer Selbstanspruch zu Recht geltend gemacht wird und den konkreten Herausforderungen in der Praxis genügt, lässt sich weder aus seinem Anspruch noch aus der Praxiserfahrung allein herleiten. Vielmehr eröffnet erst die Sein-Sollens-Spannung zwischen beiden die kritische Diskussion um die Verwirklichung und bringt sie damit auf die politische Agenda. Das, was eine Gesellschaft als gerechten Standard durch politische Verfahren, Konflikte und vorläufige Konsense verwirklicht, lässt erst die konkrete Gestalt des Sozialstaats hervortreten.

7.2 Professionswissen und Deuten

Professionelle Soziale Arbeit handelt in einem Feld, das durch institutionelle Festlegungen auf durch Macht und Herrschaft festgelegte Rahmenbedingungen trifft. Das normative Selbstverständnis führt nicht allein zu einem kritisch-reflexiven Selbstverständnis ihrer faktischen Mandatierungen. Es schließt auch ihre Profession und ihre konkreten Handlungsprozesse und -orientierungen ein. Die organisatorischen Bedingungen regulieren zwar die Möglichkeiten der Interaktionen, bestimmen aber keineswegs umfassend deren Gestaltung (Bommes/Scherr 2001, 201 ff.). Soziale Arbeit steht hierbei an der Schnittstelle zwischen System und Lebenswelt. Einerseits spielt sie eine bestimmte Rolle im Gefüge des Sozialstaats, andererseits steht sie in Interaktion mit einem unverwechselbaren, in einen Alltag eingebetteten Individuum. Auf der einen Seite verfügt sie durch ihre professionelle Ausbildung über ein spezifisches Deutungswissen, auf der andern Seite trifft sie auf multiple Problemlagen des Nutzers. Obwohl die meisten Klienten freiwillig Unterstützung suchen, handelt es sich nicht um eine gleichberechtigte Beziehung. Durch die Rolle des Helfers als Vertreter einer Organisation mit bestimmten Zielen entsteht bereits ein Machtgefälle zum Klienten. Aber auch professionelle Deutungsmuster und Informationsvorsprünge verstärken das Ungleichgewicht. Soziale Arbeit muss sich diesen Sachverhalt stets gegenwärtig halten. Ihrem prinzipiellen Selbstverständnis entsprechend erfordert der Klientenkontakt ein möglichst geringes Ungleichgewicht. Dies verlangt neben der steten Berücksichtigung des Machtgefälles durch das sozialstaatliche Mandat auch einen kritisch-reflexiven Umgang mit dem eigenen Professionswissen und seiner Anwendung.

Professionelles Wissen ist naturgemäß theoretisches Wissen. Allerdings gibt es innerhalb dieses Wissenstypus Unterschiede, die sich aus dem jeweiligen Gegenstandsbezug ergeben. Bezieht sich theoretisches Wissen auf die praktischen Vollzüge menschlichen Lebens, so müssen die Eigentümlichkeit und die Besonderheiten dieses Bereichs in Rechnung gestellt werden. Bereits Aristoteles wusste und reflektierte, dass ein auf die menschliche Lebenspraxis bezogenes Wissen nicht den gleichen Genauigkeitsstatus besitzt (Aristoteles 1983, 1094b) wie rein theoretisches Wissen oder das naturphilosophische Wissen über den Verlauf der Sterne. Denn menschliches Verhalten folgt einer Regelhaftigkeit, die nicht denselben Charakter hat wie Naturgesetze. Während Gesetze den Prozess eindeutig voraussehen können, belehrt die Reflexion der Erfahrung genau genommen nur über durchschnittliche Verhaltensweisen. Es kann demnach nie ausgeschlossen werden, dass Faktoren und Zufälligkeiten die Handlungsprozesse unerwartet beeinflussen, da es nie einen vollständigen Überblick über alle Determinanten des menschlichen Verhaltens geben kann. Ein **reflektiertes Praxiswis-**

sen – die „Ungleichmäßigkeit der Menschen und ihres Handelns, die ewige Ruhelosigkeit alles Menschlichen gestattet nicht, dass irgendeine autoritative Instanz etwas Einfach-Schlichtes für alle Einzelfälle und für die gesamte Dauer der Zeit festsetzt" (Platon 1990, 294 b) – ist sich dieser Grenze immer bewusst. Es beruht auf **Wahrscheinlichkeitserwägungen ohne letzte Gewissheit.** Antike Philosophen wie Aristoteles bezeichneten dies in Abgrenzung zum theoretischen Wissen im strikten Sinne *(episteme)* als eine Art soziales Klugheitswissen *(phronesis).*

Der Status eines reflektierten Praxiswissens *(phronesis)* zeichnet sich durch die Berücksichtigung der Situativität aus, um die für den vorliegenden Fall handlungsrelevanten Gesichtspunkte zu identifizieren und zu erkennen. Im Gegensatz zum rein theoretischen Wissen legt sich daher auch ein anderes Anwendungsverständnis nahe. Eine bloße deduzierende Anwendung auf die Praxis ist dem Gegenstand, d.h. dem menschlichen Lebensvollzug, unangemessen. Denn die menschliche Praxis und die hierin verwickelten Menschen sind keine Gegenstände im eigentlichen Sinne, auf die man – analog zu naturwissenschaftlichen Vorgängen – expertokratisches Wissen anwenden könnte. Der Mensch ‚funktioniert' nicht wie ein den Naturgesetzen unterworfener Gegenstand. Diese sachliche Einsicht deckt sich mit dem normativen Argument, dass eine Behandlung des Menschen als sozialtechnokratisch zu steuerndes Ding abzulehnen ist. Menschliche Freiheit impliziert eine nicht vollständig überschaubare Bandbreite von Entscheidungen und Handlungsoptionen; die Einbettung des Individuums in soziale Kontakte übt erheblichen Einfluss aus und erzeugt ggf. überraschende Dynamiken und Wendungen; strukturelle Rahmenbedingungen entfalten auf unterschiedliche Individuen unerwartete, nicht vorhersehbare Wirkungen. Eine diesem Gegenstandsbereich, d.h. der menschlichen Lebenspraxis, angemessene analytische Durchdringung führt zu einem reflexiven Praxiswissen, das sich stets seines vorläufigen Status bewusst ist.

Ein dem menschlichen Wesen entsprechendes Praxisverständnis besitzt überdies weitreichende Folgen für den Umgang mit Wissen in Beratungs- und Unterstützungsprozessen. Die jeweilige Situativität erfordert die Bereitstellung von Deutungswissen, das die Selbstständigkeit des Klienten voranbringt. Die Einsicht in den Status des Praxiswissens *(phronesis)* schließt bereits wissenschaftstheoretisch ein expertokratisches Verständnis der Praxis aus. Sie sensibilisiert für die **Gefahr eines sozialtechnokratisch anwendbaren Professionswissens** und der damit ausübbaren, personalen Macht (→ Kap. 6.1), „die den Adressaten professioneller Intervention seiner eigenen Handlungs- und Entscheidungskompetenz beraubt und ihn zum Objekt, nicht aber zur Legitimationsinstanz des professionellen Handelns macht" (Dewe/Otto 1987, 776). Eine reflexive Handhabung hält sich die Gefahr der Entmündigung durch Expertenwissen stets vor Augen (Illich 1988).

Eine angemessene Deutung der Hilfe bringt analytische Gesichtspunkte ins Spiel, um Handlungsoptionen zu klären, Chancen aufzuzeigen und Teilhabeprozesse und Zugänge fallbezogen zu verdeutlichen. Die generellen, im Fall implizierten Gesichtspunkte müssen in einem kommunikativen Prozess identifiziert und mit den relevanten Aspekten des Professionswissens verknüpft werden. Dies erfordert eine sorgfältige Erkundung, ob der Nutzer sich diese mit ihm zusammen entwickelte Deutung zueigen machen kann. Eine vorsichtige, am Klienten orientierte Transformation von Professionswissen in fallbezogenes Orientierungswissen versteht sich als „stellvertretende Deutung“ (Dewe/Ferchoff 2001), die der Subjektorientierung im Hilfeprozess Rechnung trägt. Die jeweils kontextuellen, an der Individualität orientierten Verknüpfungen sind das Konstruktionsprinzip reflexiver Professionalität (vgl. Dewe/Otto 2001, 1420). Sie ziehen im methodischen Umgang in zentraler Weise die Selbstständigkeit und das Recht auf Selbstbestimmung des Klienten in Betracht. Hieraus ergibt sich, dass der Hilfeprozess immer aus einem freiwilligen Zusammenwirken bestehen sollte, da das **Ergebnis** nur **durch Ko-Produktion** erreicht wird. Der Nutzer ist daher immer auch Ko-Produzent. Im Idealfall verfügen die Sozialarbeiter über „die jeweils situativ aufzubringende Fähigkeit und Bereitschaft, einen lebenspraktischen Problemfall kommunikativ auszulegen, indem soziale Verursachungen rekonstruiert werden, um dem Klienten aufgeklärte Begründungen für selbst zu verantwortende lebenspraktische Entscheidungen anzubieten und subjektive Handlungsmöglichkeiten zu steigern“ (Dewe/Otto, 2001, 1413).

Der reflexive Umgang mit typisierendem Orientierungswissen und seine normative Grundierung beinhalten auch eine ‚ganzheitliche‘ **Wahrnehmung des Nutzers als Person und Individuum,** die seine Reduktion auf einen bloßen Problemfall vermeidet. Der Klient ist nicht einfach der konkrete Fall eines allgemeinen gesellschaftlichen oder menschlichen Problems. Er ist vielmehr ein individuelles, unverwechselbares Wesen. Einerseits zeigen sich an ihm allgemeine, Problemlagen determinierende Gesichtspunkte, andererseits sensibilisiert das Menschenbild der Sozialen Arbeit ebenso für die Wahrnehmung des Individuellen. Auch wenn bestimmte Problemkonstellationen in ähnlicher Weise bei anderen Individuen auftreten und den Nutzer in dieser Hinsicht vergleichbar machen, ist er stets mehr als ein bloßer Fall. Das, was der Professionelle wahrnimmt – ja selbst das, was der Hilfesuchende von sich selber wahrnimmt –, stellt immer nur einen Ausschnitt dar. Ein methodisch bewusstes Wahrnehmen achtet stets auch auf das über das Typische hinausgehende Unverwechselbare des Gegenübers, das gleichfalls einer besonderen Wertschätzung und Anerkennung bedarf (→ Kap. 7.4).

Der Hilfeprozess impliziert folglich eine komplizierte Mischung von typischen und unverwechselbaren, individuellen Dimensionen. Die Zusammenführung beider Dimensionen in einem Fallverstehen und die fallbezogene Entwicklung einer Rahmenvorstellung, die der Unterstützung des Einzelnen dient, stellen anspruchsvolle Aufgaben dar. Sie führen im Ideal zu einer kontextuellen, auf den Fall und seine Individualität zutreffenden angemessenen Deutung des Klienten. Erst **die Verknüpfung von typisierendem Orientierungswissen und individuellem Fallverstehen** macht die Angemessenheit sozialarbeiterischen Handelns aus.

7.3 Umgang mit Fremdheit und Grenzen des Verstehens

Die Einordnung einer individuellen Problemlage und die gleichzeitige Anerkennung der begrenzten Reichweite dieser Deutung weist auf den jedem Einzelfall eingestifteten ‚Mehrwert' hin. Es handelt sich um Individuen, deren Problemlage und individuelle Empfindungen des Verstehens bedürfen. Dies verlangt **empathisches Einfühlungsvermögen** und entsprechend geschultes methodisches Vorgehen der Professionellen. Gewöhnlich gelten diese Bemühungen als entscheidende Substanz humaner Interaktionen. Aber auch dieses Vorgehen birgt **Ambivalenzen** in sich. Verstehensprozesse garantieren nicht zwangsläufig, dass sie im Dienste des Nutzers und seiner von ihm zu verantwortenden Lebensführung stehen. Aus normativer Perspektive muss daher auf die Gefahr der Eigendynamik psychologischer Deutungen hingewiesen werden. Je nach Verwendungsweise führen die Methoden auch zu subtilen Nötigungen, die im Extremfall in einer Art Geständnis des Nutzers ihr eigentliches Ziel sehen (Foucault 1997, 77). Formen der psychologischen Exploration und ihre institutionelle Steuerung (→ Kap. 8.5) entwickeln sich dann zu einer Form von Macht, die häufig eine Synthese mit einem ethisch nicht gerechtfertigten Moralismus eingehen. Auch ein solcher moralistischer Psychozentrismus (Bröckling/Krassmann/Lemke 2000, 29f.) bedarf einer reflexiven Kritik. Professionsethik macht auf diesen unprofessionellen Umgang mit Moral aufmerksam. Eine angemessene Verwendung der Methoden steht **stets im Dienste der Erhaltung und Wiedergewinnung der Selbstständigkeit**, nicht der Normierung des Nutzers.

Die Einsicht in die Ambivalenz des Verstehens und der Empathie stellt nicht in Frage, dass beide unverzichtbare Bausteine helfender Interaktion darstellen. Allerdings nimmt sie auch deren Vorläufigkeit und Grenze in den Blick. Wenn Professionelle und Nutzer miteinander interagieren, stoßen sie auch auf Unterschiede. Besonders in den für den Hilfeprozess wichtigen Dimensionen des ‚ganzheitlichen' Verstehens und der Anerkennung lernt der Professionelle, den Anderen in seiner Ähnlichkeit mit ihm selbst zu entdecken, andererseits stößt er auf Dimensionen, die ihm selbst als Person fremd sind. Naturgemäß initiiert die beabsichtigte, vorbehaltlose Anerkennung des Klienten als Person einen empathischen Verstehensprozess, der von einem hohen Ideal gegenseitiger Verständigung ausgeht. Ein übersteigerter Verstehensidealismus vermag sich allerdings auch kontraproduktiv in der Begegnung auszuwirken. Denn dem gut gemeinten Verstehen des Anderen sind strukturelle Grenzen gesetzt. Auch professionelle Empathie stößt auf meist überraschende Verstehensgrenzen. Sie trifft auf Fremdes, das sie nicht einordnen kann und das ggf. beunruhigt. In gewissen Bandbreiten lässt sich die Beunruhigung mit psychologischem und anderem Deutungswissen klein halten und bearbeiten. Aber es treten auch Kommunikationssituationen auf, in denen unklar und undurchsichtig bleibt, warum der Klient so empfindet, wie er empfindet, warum er so handelt, wie er handelt, warum er so ist, wie er ist. In diesen Situationen erfahren Professionelle, dass das Gegenüber anders ist als sie selbst. Sie machen eine **Differenz- und Fremdheitserfahrung** und stoßen an die Grenze des Verstehens, die sie als Person und als professionell Handelnde gleichermaßen herausfordert. Derartige Erfahrungen lassen sich nicht als bloße Missverständnisse abtun oder dem Starrsinn des Anderen zurechnen. Die Professionsethik muss daher auch klären, ob sie diese fundamentale Differenz als etwas zum menschlichen Leben Dazugehöriges begreift. Ist der Professionelle als Person in der Lage, die fundamentale Differenz anzuerkennen? Darf der Andere dem vollständigen Verstehen entzogen bleiben? Erkennt der Helfende das Recht des Klienten auf Anerkennung trotz der Differenz und Fremdheit an (Waldenfels 1994, 318–321)?

Die sachliche Einsicht in diese Ambivalenz und die Grenzen des Verstehens gehören zur Professionaliät. Die Entwicklung einer Differenz- und Fremdheitssensibilität in den Beratungsprozessen vermeidet einen übersteigerten Verstehensidealismus. Sie bringt den Helfer mit seinen realen Möglichkeiten in Kontakt und motiviert zur tabulosen Wahrnehmung der eigenen und fremden Gefühlslagen. Dies fördert insgesamt die Pflege einer selbstreflexiven Professionalität.

7.4 Anerkennen und Wertschätzen

Die menschliche Würde (→ Kap. 2.5) als Grundlage menschlicher Ansprüche hält fest, dass jeder Mensch Mitglied der menschlichen Gattung und damit Träger von unveräußerlichen Rechten ist. Er ist kein Gegenstand und beansprucht daher eine der Menschenwürde entsprechende Behandlung. Dies umfasst sowohl die Anerkennung seiner Subjekthaftigkeit und der Entscheidungskompetenz über seine Lebensführung als auch sein Verlangen nach Anerkennung seiner Individualität mit ihren konkreten Bedürfnissen, Wünschen und Ängsten. In professionell helfenden Begegnungen müssen auch die letzteren Dimensionen entscheidend Beachtung finden. Denn im konkreten Fall zeigen sich stets zwei Seiten: einerseits die objektive Lebenslage eines Menschen; die sozialwissenschaftliche Analyse und Durchdringung der Determinanten lässt den Einzelnen als Fall von typischen Problemlagen erscheinen. Andererseits begegnet der Helfende einem Individuum mit einer unverwechselbaren Lebensgeschichte, mit seinen spezifischen Erfahrungen, seinen Gefühlen, Einschätzungen, Bedürfnissen und Wünschen. Der Professionelle trifft hier gleichzeitig auf die individuelle, subjektive Seite einer Problemlage. Eine der Würde entsprechende authentische Zuwendung beinhaltet daher nicht nur seine **Anerkennung als Entscheidungsletztinstanz** seiner Lebensführung, sondern ebenso **die Wertschätzung seiner Individualität** mit ihrer besonderen Lebensgeschichte und -führung.

Viele soziale Problemlagen konkretisieren sich auf Seiten der Menschen als subjektive Erfahrungen von Verdinglichungen, d. h. sie erleben sich als zu einem Ding herabgesetzt. Der Begriff der Verdinglichung hebt auf einen fortlaufenden, machtbedingten Prozess der Herabsetzung und Missachtung im Lebensvollzug ab. Im Gegenzug bedarf die Entwicklung und Erhaltung selbstständiger Lebensführung fundamentaler Zugehörigkeitserfahrung durch andere. Gelungene Inklusion beinhaltet Anerkennungserfahrungen in gestaffelten gesellschaftlichen Bereichen (Honneth/Fraser 2003, 162–189): Rechtswirksame Mitgliedschaften statten den Einzelnen mit Rechten aus, auf die er sich wirksam berufen kann; seine Leistungen sind gefragt und werden in Gesellschaft und Arbeitswelt angemessen anerkannt und entlohnt; er erfährt in Nahbeziehungen emotionale Zuwendung und Annahme. In allen drei Bereichen macht er bereichsspezifische Erfahrung der Zugehörigkeit.

Menschen mit Problemlagen erleben demgegenüber sehr häufig das Gegenteil: Sie erfahren sich als rechtlos, da das Recht nicht effektiv ihre Problemlage behebt und die Beteiligten teilweise selbst als Verursacher identifiziert werden; als arm, weil sie sich vom Zugang zu ökonomischen Gütern als ausgeschlossen erleben; als überflüssig, weil ihr Beitrag und ihre Leistung nicht gefragt sind und als einsam, da sie im personalen Nahbereich keine Wertschätzung ihrer Person erleben.

Im praktischen Hilfeprozess besitzt die Soziale Arbeit wenig Einfluss auf die rechtlichen, ökonomischen und gesellschaftlichen Rahmenbedingungen. Hilfe vollzieht sich jedoch immer auch als personale Begegnung. Daher kann in diesem Kontext nicht auf besondere **Grundhaltungen der Helfenden** verzichtet werden. Die Haltung besitzt unterschiedliche Aspekte und wird variationsreich mit Begriffen wie Wertschätzen, Achten, Anerkennen, Fürsorgen oder Ähnlichem beschrieben. Mit diesen Zuwendungsdimensionen kommuniziert das Helfen in Unterstützungsprozessen die **prinzipielle Inklusionswürdigkeit des Klienten.** Die Helfer geben ihm zu verstehen: Er hat auch aus der Sicht des Professionellen etwas Besseres verdient als ein von Problemlagen niedergedrücktes und exkludiertes Leben. Diese Zuwendung ist wie in anderen Interaktionen auch ein Stimulans der Selbstständigkeitsmotivation. Das Gegenüber wird nicht nur als Träger von Rechten und prinzipiell als Mensch wahrgenommen, sondern auch in seiner Individualität und Besonderheit wertgeschätzt. Erst die menschliche Erfahrung von Zugehörigkeit, Inklusionswürdigkeit und Wertschätzung seiner Individualität lässt die Achtung seiner Person für ihn konkret werden. So nimmt der Nutzer sich selbst aus einem Blickwinkel wahr, der Entwicklungsprozesse für ihn als möglich und realistisch erscheinen lässt.

Die Wahrnehmung des prinzipiell inklusionswürdigen Klienten speist sich stets aus einem normativen Impuls, der im Gegenüber mehr sieht als das, was er von ihm durch Erfahrung wahrnimmt. Es gilt, seine Potentiale zu eruieren und zu entdecken. Aufzeigbare Zugänge zu kulturellem, sozialem und ökonomischem Kapital müssen mit identifizierbaren, individuumsbezogenen und entwicklungsfähigen Ansatzpunkten in der Individualität und Lebenswelt verbunden werden.

Derartige Interaktionen besitzen kontinuierlich eine kontrafaktische Dimension, d.h. sie sehen im Klienten mehr als das, wie er aktuell erscheint. Professionelles Helfen ist daher von einem realitätsgemäßen ‚Berufsoptimismus' bestimmt. Dieser prinzipielle Charakter des Zutrauens stellt keinen realitätsfernen Idealismus dar. Das Zutrauen zu einer Entwicklung des Klienten muss sich mit einer realistischen und professionellen Einschätzung verbinden und die Professionalität im produktiven Sinne beunruhigen, indem es stets die avisierte Selbstständigkeit gegenwärtig hält. Andernfalls verschleißt sich diese Grundhaltung vorschnell in den Praxiskontakten mit ihren Ambivalenzen und Frustrationen. Vor allem **der reflexive Umgang mit authentischer Zuwendung,** personbedingten Motivationen und eigenen Ressourcen kann die Abnutzung und den Verbrauch menschenfreundlicher Zuwendung vermeiden. Auf diese Weise lassen sich Grundhaltungen langfristig erhalten, pflegen und in die professionelle Unterstützung einbringen. Andernfalls zerfallen die Helfermotivationen für den Beruf im Kontakt mit der Praxis nach kurzer Zeit. Denn ein nicht reflexiv geklärter beruflicher Idealismus führt vorschnell zum Burnout.

Diese Form von Berufsoptimismus verlangt nicht notwendigerweise eine optimistische Politikeinschätzung oder eine weltanschauliche Hoffnungsperspektive, obwohl beides vermutlich als eine Art ‚Prinzip Hoffnung' die Kultivierung der positiven Grundhaltung begünstigt. Umgekehrt führt eine pessimistische Politikeinschätzung, die strukturelle Veränderungen insgesamt für aussichtslos hält, wahrscheinlich nicht zwangsläufig zu einem Zynismus gegenüber den konkreten Klienten. Unabhängig von derartigen Gesamteinschätzungen muss sich jeder Professionelle vor Augen halten: **Berufliche Interaktionen bleiben** in ihrer professionellen Zuwendung zeitlich begrenzt, im Blick auf Maximalziele häufig wenig erfolgreich und insgesamt **fragmentarisch.** Auch zu diesem Faktum gilt es als professionell handelnde Person einen Zugang zu finden. Zuwendungsprozesse besitzen immer auch einen Wert in sich; ähnlich einem zeitlich begrenzten, medizinischen Hilfeprozess, der am Ende doch nicht das avisierte Ziel prinzipieller Genesung erreicht, bleibt auch die Zuwendung in der Sozialen Arbeit unabhängig vom Ergebnis in sich sinnvoll.

Grundhaltungen der Wertschätzung bringen personale Dimensionen ins Spiel. Sie setzen voraus, dass sich Professionelle von der individuellen Lebensgeschichte des Klienten berühren lassen. Dieser Vorgang wurde traditionellerweise unter dem **Begriff des Mitleids** entfaltet. Der Wortgebrauch und -sinn wird heute zumeist als problematisch befunden, da er nach gängigem Verständnis oftmals etwas Herablassendes beinhaltet und damit den Subjektstatus des Klienten nicht Ernst nimmt. Manche plädieren daher für die Begriffe ‚compassion' und ‚sympathy', um den Unterschied zu einem irrationalen und unprofessionellen Altruismus zu markieren. Daraus spricht eine mehr oder weniger berechtigte, teils krampfhafte Abgrenzung gegenüber christlichen Barmherzigkeitstraditionen, die unter dem Verdacht stehen, durch maximale Opferbereitschaft der Helfenden die Entwicklung der Professionalität zu behindern. Philosophisch wird das Mitleid selten als etwas Positives angesehen. Den gefühlsmäßigen und emotional-wertenden Dimensionen der Interaktionen schenkte man wenig Beachtung.

Trotz dieser kritischen Aspekte verdient das Mitleid besondere Aufmerksamkeit (Thiersch 1995, 46ff.). Es stellt eine Erfahrung der Offenheit und Bereitschaft dem Anderen gegenüber dar. Mitleid legt eine Sympathie und eine Identifikation mit dem Anderen nahe. Dies relativiert die eigene Perspektive. In gewissen Situationen kann das auch als „Einbruch in meine Sphäre" (Schulz 1989, 358) erlebt werden. Die Offenheit muss nicht immer die Dramatik eines existenziellen Affiziertseins durch andere Lebensschicksale besitzen. Der des Altruismus vollkommen unverdächtige Adam Smith empfahl eher pragmatisch, sich in die Situation der Elenden einzufühlen und sich selbst in dieser Lage vorzustellen. In einer Art Phänomenologie der Gefühle legte er die Wechselbeziehung von Empathie und eigener Identität frei. Die Not des Anderen findet nur dann Resonanz im menschlichen Gegenüber, wenn dieser die Situation des Anderen als seine eigene, quasi durch Gefühle rhetorisch erzeugte Situation erlebt (vgl. Smith 1977, 7) und die Handlungskonsequenzen im Lichte eines unparteiischen Betrachters (impartial spectator) abwägt. Auch Wertschätzung kann ohne Öffnung für den Anderen und Einfühlung in sein Leid nicht gelingen.

Übungsfragen und -aufgaben

1. Stellen Sie die Grundstruktur des Tripelmandats sowie seine normativen und empirischen Dimensionen dar!
2. Erörtern Sie die Vor- und Nachteile expertokratischen Wissens in Hilfeprozessen!
3. Warum ist ein technokratisches Verständnis der menschlichen Lebenspraxis weder fachlich noch normativ angemessen?
4. Unter welchen Bedingungen dürfen professionell Helfende in das Leben Hilfebedürftiger eingreifen?

Vertiefende Literatur

Moral und Beruf/Bedeutung der Lebenswelt/Professionalisierung

Lesch, W., Ethische Reflexion als Hermeneutik der Lebenswelt, in: Ethik Sozialer Arbeit. Ein Handbuch, hg. v. A. Lob-Hüdepohl/W. Lesch, Paderborn 2007, S. 88–99

Lob-Hüdepohl, A., „People first". Die Mandatsfrage sozialer Professionen aus moralphilosophischer Sicht, in: Ethikjournal 1, 2013, 18 S.

Maaser, W., Sozialarbeiterische Profession im Spannungsfeld von normativem Selbstverständnis und sozialstaatlicher Beauftragung, in. Ethikjournal 1, 2013, 18 S.

Müller, B., Professionalisierung, in: Grundriss Soziale Arbeit. Ein einführendes Handbuch, hg. v. W. Thole, Opladen 2002, S. 725–744

Müller, W., Von der tätigen Nächstenliebe zum Helfen als Beruf, in: Ethik Sozialer Arbeit. Ein Handbuch, hg. v. A. Lob-Hüdepohl/W. Lesch, Paderborn 2007, S. 13–19

Kapitel 8
Institution und Individuum

■ Soziale Arbeit vollzieht sich zwischen institutionellen Vorgaben und praktischen Handlungsspielräumen. Einerseits kann professionelles Helfen ohne Institutionen in modernen Gesellschaften nicht wirkungsvoll stattfinden, andererseits normieren sie den Hilfeprozess und den Klienten. Obwohl das menschliche Leben auf Institutionen angewiesen ist, unterliegen diese der Gefahr, das Ziel der Hilfeprozesse aus dem Auge zu verlieren: Aus Hilfe wird Kontrolle. Auch in Hilfeeinrichtungen lässt sich diese Ambivalenz wahrnehmen. Daher verlässt sich ein professioneller Umgang mit Moral nicht auf den neuzeitlichen Institutionenfortschritt, sondern bewahrt sich stets eine skeptische Distanz gegenüber den moralisch-institutionellen Selbstzuschreibungen und Humanitätsversprechen.

Die Konzeption der Menschenrechte (→ Kap. 2), die Begriffe der Gerechtigkeit (→ Kap. 4), der Macht (→ Kap. 6) und der Verantwortung (→ Kap. 9) führen in unterschiedlicher Weise an das Verhältnis von Institution und Individuum heran. Menschenrechtstraditionen stellen die Abwehrrechte gegenüber der Institution des Staates in den Mittelpunkt; Zug um Zug artikulieren sie rechtsstaatliche Gestaltungsregeln, demokratische Zugangswege und sozialstaatliche Verantwortlichkeiten dieser zentralen Institution. Die Unterscheidung von Macht und Herrschaft präzisiert die Analyse der Institutionen unter dem Gesichtspunkt der Legitimität und Einhegung der Macht. Gerechtigkeitskonzeptionen explizieren zentrale Beurteilungskriterien institutionell gesteuerter Verteilungsmechanismen. Verantwortung in modernen Gesellschaften bezieht sich in weiten Teilen auf institutionelle, anonyme Kontexte und Verflechtungen.

Menschen erfahren Institutionen wie Staat, Familie, Schule o. Ä. in vielgestaltiger Weise. Sie machen hierbei die Erfahrung, dass sie als Individuum nur geringen Einfluss auf diese besitzen. Angesichts des Regelungsdrucks empfinden viele ein Gefühl der Hilflosigkeit, weil die individuelle Spontaneität machtlos bleibt. Des öfteren vermittelt ein Behördenbesuch bereits atmosphärisch derartige Ohnmachtsgefühle. Nicht die individuelle Situation ist relevant, die festgelegten Vorschriften zählen. Die Regeln besitzen einen Status, der dem individuellen Zugriff entzogen ist.

Auch Sozialarbeiter agieren in einem institutionellen Regelgeflecht. Obwohl sie die Folgen für den Hilfeprozess ggf. für bedenklich erachten, vermögen sie die Sozialgesetzgebung nicht individuell zu beeinflussen. Zudem stehen dem professionell Helfenden die von Trägern der Wohlfahrtspflege festgelegten Ziele und Berufserwartungen nicht individuell zur Disposition. Er vollzieht seine Tätigkeit im Spannungsfeld von institutionellen Festlegungen und individuellen Handlungsspielräumen. Professionelles Hilfewissen erfordert daher eine angemessene ethische Urteilsfähigkeit der soziologisch analysierbaren Institutionen. Dies ermöglicht und verlangt einen reflexiven Umgang mit Distanz und Identifikation in der Berufsrolle. Einerseits können hierdurch berufliche Frustrationen minimiert, andererseits individuelle Handlungsspielräume entdeckt werden.

8.1 Definitionen

Eine **Institution** ist ein „objektiv festgelegtes System sozialer Handlungen“ (Schelsky 1970, 10); eine Institution „nennen wir die jeweils kulturell geltende, einen Sinnzusammenhang bildende, durch Sitte und Recht öffentlich garantierte Ordnungsgestalt, in der sich das Zusammenleben der Menschen darbietet“ (Mühlmann 1973, 371). Diese oder andere nuancenreiche Definitionen betonen gemeinsam den objektiven Charakter geregelter Kooperation. Bereits in der Familie machen Menschen eine spezifische Institutionserfahrung. Sie werden in eine Ordnungsgestalt hineingeboren, die eine gewisse Bandbreite von Handlungen zulässt, andere wiederum ausschließt. Mit zunehmendem Alter gewinnt der Einzelne durchschnittlich an Einflussmöglichkeiten, ohne die Institution allein und individuell steuern zu können. Überdies besitzen die meisten Beteiligten ein diffuses, gemeinsames Grundverständnis von Familie, in dem sich ihre Erfahrungen, Erwartungen und Wünsche bündeln. Sie erwarten keine planlose, zufällige oder sich gar widersprechende Aneinanderreihung von Handlungen, sondern eine berechenbare Orientierung an einer Leitidee (vgl. Hauriou 1965). Die Rahmenvorstellung beinhaltet für sie entsprechende Konkretisierungen wie z. B. die der gegenseitigen Solidarität, der Unterstützung, Anerkennung und der Fürsorge für die Kinder. Daher stellt die Institution auch einen Sinnzusammenhang für die Beteiligten dar, der durch die Orientierung an sozialen Normen eine **gegenseitige Erwartungssicherheit** stiftet. Kollektive, kulturell verbreitete und durch Sozialisation weitergegebene Vorstellungen sind ein wesentlicher Bestandteil der Institution ‚Familie‘, denn sie bestimmen in hohem Grad Wahrnehmung, Deutungen und Handlungsmuster der Akteure. Das Spektrum umfasst besondere Handlungserwartungen an die Rolle der Mutter, der Frau, des Vaters, des Mannes, der Eltern und der Kinder bis hin zu Anstands- und Sauberkeitsregeln sowie Kleiderordnungen.

Der Bestand einer Institution hängt ebenso von ihrer ökonomischen Basis ab, die Zugang zu entscheidenden Ressourcen der Selbsterhaltung ermöglicht. In unserer Gesellschaft besitzt der Zugang zur Erwerbsarbeit für die Ordnungsgestalt der Familie erhebliche Bedeutung. Mobilitäts- und Flexibilitätserwartungen an erwerbstätige Familienmitglieder sowie mangelnde materielle Ressourcen greifen tief in die Orientierung und das Verhalten der Beteiligten ein. Rechtliche Sanktionen stabilisieren, erhärten und stützen zudem die kulturellen Vorstellungen von Familie. Der Staat stellt sie unter besonderen staatlichen Schutz (GG Art. 6 (1)). Gleichzeitig „wacht" er auch darüber, dass die Eltern der ihnen „obliegenden Pflicht" der „Pflege und Erziehung der Kinder" nachkommen (GG 6 (2)).

Ökonomische, kulturelle und rechtliche Dimensionen verleihen jeder Institution nachhaltige, vom Einzelnen unabhängige Objektivität. Gegenüber spontanen Einschätzungen muss daher die relative Selbstständigkeit und Dauer der institutionellen Regeln geltend gemacht werden. Auch dann, wenn ein Einzelner sich diesbezüglichen Handlungserfordernissen und Deutungen widersetzt, verschwindet die Institution nicht. Ihre Regeln bleiben in Kraft und in sozialer Geltung, solange eine ausreichende Mehrheit von Menschen sie bewusst und durch ihre gewohnheitsmäßigen, unreflektierten Handlungen freiwillig bejaht oder auch gezwungenermaßen ausübt. Während der Zwang im Hintergrund bleibt, steht die Freiwilligkeit im Alltagsprozess der Institutionen häufig im Vordergrund. Sie erfordert die Zustimmung der Beteiligten und daher eine im Prinzip kontinuierliche, aufeinander abgestimmte Rückkopplung von kulturellen Leitbildern und rechtlichen Sanktionen.

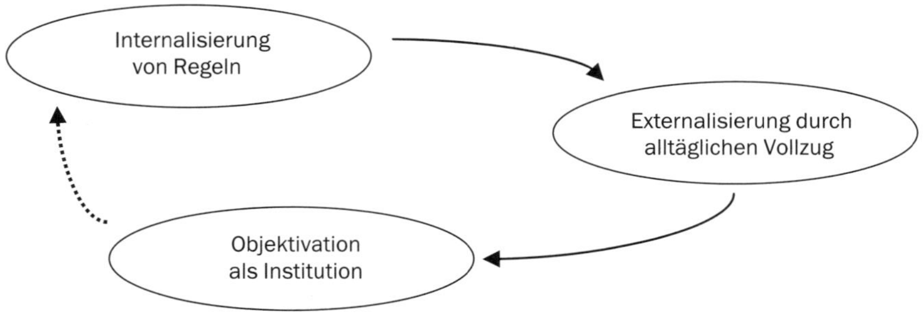

Abb. 11: Der Prozess der Institutionalisierung

Jede Institution zielt auf die Internalisierung ihrer Regeln – sei es durch Sozialisation, Erziehung, Zwang oder andere Wege –, damit sich das Verhalten der Individuen zu einem typischen Muster formt. Diese von den meisten geteilten, aufeinander abgestimmten Verhaltensmuster wirken durch ihren alltäglichen Vollzug (Externalisierung) wieder in stabilisierender und reproduzierender Weise auf die Ordnungsgestalt zurück. Dadurch verleihen sie ihr den eigentümlich selbstständigen Status (Objektivation). Der rückkoppelnde Kreislauf von Internalisierung, Externalisierung und Objektivation (Berger/Luckmann 1984, 64ff.) stiftet kontinuierlich die Selbstständigkeit der Institutionen und ihre zumeist nachhaltige Dauer, die weit über eine individuelle Lebensspanne hinausgeht. Gleichzeitig wird jedoch deutlich, dass Institutionen nicht prinzipiell losgelöst von Individuen existieren. Denn ohne diesen ständigen **Prozess der Institutionalisierung** besitzt eine Institution keinen dauerhaften Bestand. Er findet statt, „sobald habitualisierte Handlungen durch Typen von Handelnden reziprok typisiert werden" (Berger/Luckmann 1984, 58).

Der Zusammenhang von vorgegebener Ordnungsgestalt und ständigem Institutionalisierungsprozess muss im Institutionsverständnis stets bewusst gehalten werden. Denn nur so tritt trotz der Objektivität der Institutionen ihr Charakter als ein von Menschen geschaffenes und damit veränderbares Produkt hervor. Institutionen sind keine vom Menschen losgelösten Gebilde, sie sind nicht ewig. Ihre Gestalten und Leitideen entwickelten sich in historischen Konfigurationen und Situationen. Es gab Zeiten, in denen der Nationalstaat als Ordnungsgestalt nicht existierte. Die Idee und die Funktion der Familie im Mittelalter unterscheidet sich wesentlich von ihrer heutigen Gestalt und dem aktuellen Verständnis. Die Ehe erfüllte vormals andere Funktionen als in der modernen Welt. Ordnungsgestalten können entstehen und vergehen. Zumeist verändern sie ihre Gestalt erheblich, variieren ihren Sinn und die entsprechenden Verhaltenstypisierungen. Der gesamte Institutionalisierungsprozess mit seinen rechtlichen, ökonomischen und kulturellem Dimensionen unterliegt einem Wandel. Die bloße, gleich bleibende Begrifflichkeit oder Bezeichnung täuscht häufiger hierüber hinweg.

Institutionelle Regeln beanspruchen Geltung. Ihre Einhaltung wird auf mehr oder minder intensive Weise eingefordert. Das Regelmäßige und Gewohnte reicht von unausgesprochenen Festlegungen (Konventionen, Anstandsregeln, Kleiderordnung, etc.) über moralische Gründe und Rechtfertigungen bis hin zu expliziten und durch Gesetze festgelegten Regeln. Das Recht stabilisiert die Gleichförmigkeit mit Hilfe von Sanktionen und definiert die Unterscheidung von Abweichung und Normalität wesentlich mit. Soziale und moralische Ächtungen verurteilen und stigmatisieren darüber hinaus andersartiges Verhalten (moralische Regelverletzungen, Aussehen,

Eßgewohnheiten u.Ä.). In solchen Vorgängen versichern sich die sog. „Normalen“ ihrer eigenen Normalität und Zusammengehörigkeit. Durch eine vielfältige und vielgestaltige Bandbreite von Regeln verfestigen Institutionen eine inhaltliche Vorstellung von Normalität und fordern ihre Geltung und Einhaltung ein. **Normalität erscheint als Normativität.** Es entsteht eine Normativität des Faktischen. Der Status quo entwickelt einen geradezu bedrängenden Sollensanspruch. Eine institutionssensible Ethik (→ Kap. 1.1) nimmt hingegen stets kritisch zum Ineinssetzen von Normativität und Normalität Stellung. Sie fragt: Lässt sich die Geltung beanspruchende und einfordernde Normalität rechtfertigen? Verfolgt eine Institution einen legitimierbaren Zweck? Erfüllt sie das, was sie zu leisten beansprucht? Hat sie sich aufgrund ihrer von subjektiven Absichten der Individuen losgelösten Eigendynamik zum Selbstzweck entwickelt? Wer kontrolliert, steuert und gestaltet die institutionelle Dynamik? Welche Funktion erfüllt eine Ordnung für das menschliche Leben? Diese Fragen führen häufig zu einer lebendigen Kritik, zur Veränderung und Weiterentwicklung der Institutionen.

8.2 Angewiesensein und Weltoffenheit des Menschen

Bedürfen Menschen überhaupt der Institutionen? Wäre das Leben nicht viel schöner, angenehmer, lustvoller und freier, wenn es sie nicht gäbe? Eine **funktionale Betrachtung der Institutionen** erbringt wichtige Einsichten zur Klärung. Der größte Teil des menschlichen Lebens besteht aus unreflektierten, gewohnheitsmäßigen Handlungsvollzügen. Das Leben beginnt nicht jeden Morgen neu an einem Nullpunkt. Demzufolge ist das Ausmaß bewusster Entscheidungen weitaus geringer als angenommen. Auch Berufsanfänger betreten zumeist vorab bewährte Pfade. Die Komplexität unserer Wirklichkeit und die damit ständig gegebenen Handlungserfordernisse lassen einen fortlaufenden, kritisch-reflexiven Diskurs nicht zu; nicht alles kann ständig diskutiert, zur Disposition gestellt oder neu erfunden werden. Mit ihren vorgegebenen Mustern erfüllen Institutionen hier eine wichtige, unbestreitbare Entlastungsfunktion. Sie befreien von ständig neuen, grundlegenden Entscheidungsprozessen.

Auch die Befriedigung vitaler Bedürfnisse (Ernährung, Sexualität etc.) lässt sich nur durch einigermaßen berechenbare, geregelte Muster auf Dauer sicherstellen. Menschliches Leben bedarf in zentraler Weise der Institutionen. Besonders die soziobiologische Anthropologie hebt diese Entlastungsfunktion hervor und sieht sie in der unzureichenden biologischen Ausstattung begründet (vgl. Gehlen 1978). Der Mensch wird als ein instinktreduziertes Mängelwesen begriffen; er verfügt nur über wenige, reduzierte

Instinkte (z.B. Kindchen-Schema) zur Orientierung in einer komplexen Welt. Im Vergleich zu höher entwickelten Tieren besitzt er schlecht ausgebildete Sinnesorgane, Bewegungsfähigkeiten und Witterungsanpassungen. Seine Antriebskraft und das damit gegebene Entwicklungspotential übersteigt hingegen bei weitem das für die Selbst- und Arterhaltung notwendige Maß. Seine motivationalen Kräfte gehen häufig über die bloße (Über-)Lebenserhaltung hinaus. Während Tiere hoch spezialisierte, an eine bestimmte Umwelt gebundene Instinkte aufweisen, stellt sich die menschliche Naturausstattung als unspezialisiert dar. Ein Elefant vermag außerhalb seiner natürlichen Umwelt nicht zu leben. Menschen dagegen können sich einer „unnatürlichen" Umwelt anpassen. Sie können mit entsprechender Vorsorge und von ihnen hergestellten Hilfsmitteln in der Antarktis, der Steppe oder auf dem Mond überleben.

Während einerseits die sparsam verfügbaren Grundinstinkte nicht für das Führen eines selbstständigen und gemeinschaftsfähigen Lebens ausreichen, entspricht diesem grundsätzlichen Mangel ein großer Spielraum des Verhaltens. In der Gestaltung sind die Menschen in zentraler Weise aufeinander angewiesen. Die **unspezialisierte Antriebskraft** und Intelligenz öffnen den Menschen für die ganze Welt. Er ist ein weltoffenes Wesen. Als nichtfestgelegtes Wesen muss der Mensch das Meiste im Leben lernen. Aufgrund seines begrenzten, natürlichen Verhaltenssteuerungspotentials bedarf er der Kultur. Das Angewiesensein auf Kultur (lat. *colere:* bauen, gründen) besitzt hier einen elementaren Sinn; der alltagssprachliche Begriff der Kultur im Sinne von Kunst, Theaterbesuche o.Ä. ist hier nicht im Blick. Überleben erfordert dauerhafte Regelungen. Bereits archaische, relativ wenig komplexe Gesellschaften dokumentieren (vgl. Malinowski 1975) die Überlebensunfähigkeit, wenn keine Basisinstitutionen die **Befriedigung vitaler Bedürfnisse** (Hunger, Wärme, Schutz, soziale Formen von Hilfe etc.) sicherstellen. Es bedarf der verlässlichen Beschaffung von Lebensmitteln; eingespielte Interaktionen erfordern berechenbare Zuständigkeiten und Ansätze von Arbeitsteilung. Die Weitergabe von überlebensnotwendigen Traditionen und Fertigkeiten benötigt institutionelle Regelungen, die Sicherheit und Ordnung stiften und den unspezialisierten Antriebsüberschuss in bestimmte Bahnen lenken.

Die Verhaltenssicherheit und Entlastung stiftenden sowie die das Überleben sichernden Funktionen zeigen, dass Institutionen dem Menschen nicht wesensfremd sind. Allerdings erschöpft sich der Sinn nicht hierin. Daher darf der Verweis auf die Notwendigkeit der Institutionen und ihre prinzipielle Funktion für das menschliche Leben nicht als grundsätzliches Rechtfertigungsargument für die Gestalt irgendeiner vorhandenen Institution missverstanden werden. Die Wahrnehmung von Veränderungsbedarf und die Kritik an Institutionen dürfen nicht mit dem Hinweis auf die Sicherheit und Stabilität garantierende Bedeutung abgetan und beiseite geschoben werden (→ Kap. 8.4). In solchen meist konservativistischen Sichtweisen entwickelt sich die archaische Gesellschaft, die das Verhältnis zwischen Basisbedürfnissen und entsprechenden Institutionen in sich ausbalanciert, zum versteckten Ideal. Eine genauere Analyse dokumentiert hingegen die Dynamik und Plastizität der Institutionen, denen Veränderungsfähigkeit eingestiftet ist.

8.3 Die Dynamik der Institutionen

Institutionen schaffen vorläufige Lösungen für gemeinsame Bedürfnisbefriedigungen. Sie erzeugen auch wiederum neue Bedürfnisse, die dann neue Institutionen erfordern. Sie ruhen daher nicht einfach in sich selbst. Indem sie vorläufige Lösungen bieten, erzeugen sie weitere, unvorhersehbare Probleme und Bedürfnisse, die erneut institutionell bewältigt werden müssen.

Bereits die Kulturen archaischer Gesellschaften zeigen in Ansätzen eine Palette von Grundbedürfnissen, die sich nicht nur auf rein materielle Lebenssicherung beschränken. Selbst in wenig komplexen Kontexten gab es das kulturelle Verlangen, auf interpretierende Weise zur Welt Stellung zu nehmen. Mythisch-religiöse Auslegungen der Welt stifteten Rahmen schaffende Sinndeutungen der Institutionen und ermöglichten damit die Bewertung des Verhaltens. Das bereits hierin zu Tage tretende elementare Reflexionsbedürfnis – im Sinne eines Sich-Distanzierens und eines elementaren nachdenklichen Innehaltens – begleitet jegliche menschliche Kultur. Oftmals richten sich weite Teile des unspezialisierten Antriebsüberschusses (→ Kap. 8.2) auf die Kultivierung dieser Prozesse. Dadurch pflegen Menschen auch weitere Bedürfnisse, deren Befriedigung wiederum durch neue Ordnungsmuster sichergestellt werden. So erfährt die Institutionsdynamik zum einen den Antrieb durch die Reflexionskultur, zum anderen durch die handfesten, lebensnotwendigen äußeren Erfordernisse, auf die sie reagieren.

Gemessen an ihren weit zurückliegenden Anfängen, transformierten sich sowohl die Ordnungsgestalten als auch die Reflexionsformen bis heute beträchtlich. Von ersten archaischen Gesellschaften bis zu den gesellschaftlichen Differenzierungen der Mediengesellschaft, von mythisch-religiösen Auslegungen bis zu den modernen und postmodernen Weltauslegungen vollzogen sich gravierende Veränderungen. Auch **die Gestalt der Reflexion verwandelte sich** in dieser Entwicklung. In den Anfängen artikulierte sie die **Fähigkeit, sich zu distanzieren,** Abstand vom Alltag zu gewinnen, einen elementaren Sinn zu schaffen und das Gesamte der Welt zu symbolisieren. In der Neuzeit hingegen entwickelt sich diese, dem menschlichen Wesen eingestiftete prinzipielle Distanzfähigkeit mehr und mehr zu einer **Kultur**

der Kritik, in der der Einzelne sich kritisch gegenüber den Ordnungen Geltung verschafft.

Die Selbstbehauptung des Einzelnen gegenüber den Institutionen wird in den aufklärerischen Traditionen zum selbstständigen Thema der ‚Reflexionssubjektivität' (Schelsky 1970, 21). Diesen Umschwung dokumentiert die Entstehung der Menschenrechte als Abwehrrechte (→ Kap. 2.6). Das sich entfaltende, bahnbrechende Bedürfnis nach Autonomie verlangt – entsprechend dem Regelkreislauf von Bedürfnis und Ordnungsgestalt – erneut eine institutionelle Lösung. Sie muss die Spannung zwischen Individuum und Ordnung wiederum so institutionalisieren, dass sie dem Bedürfnis nach kritischer Kontrolle der Institutionen und individueller Selbstbehauptung Rechnung trägt. Demokratische Beteiligungsformen und Organisationen entstehen, mit deren Hilfe die Individuen und Gruppen ihre Kritik über Presse, Parteien, Vereine o. Ä. einbringen können. Rechtsstaatliche Konzepte drängen auf Selbstkontrolle des Staates. Die Demokratisierungsidee und der Anspruch auf kritische Selbstkontrolle bestimmen heute fast alle Institutionen mit: Altenheime schaffen Mitbestimmungsmöglichkeiten durch Heimbeiräte, Elternpflegschaften wirken in der Schule mit, das familiäre Selbstverständnis insgesamt öffnet sich demokratischen Ansprüchen.

8.4 Freiheit und Zukunftsfähigkeit

Soziologische Theorien heben besonders die sicherheits- und ordnungsstiftende Funktion von Institutionen für den instinktreduzierten Menschen hervor. Die Verabsolutierung dieses funktionalen Aspekts erweist sich indessen als problematisch und gefährlich. Einige Soziologen (z. B. Arnold Gehlen) sind dieser Gefahr erlegen (hierzu Habermas 1982); die Ordnungsfunktion lässt dann abweichendes Verhalten oder bereits die Kritik an Institutionen als dysfunktionales und letztlich unmoralisches Verhalten erscheinen. Gegenüber dem Ineinssetzen von funktionalen und moralischen Dimensionen ist Funktionalität und Moralität grundsätzlich zu unterscheiden und bedarf weiterer Differenzierungen.

Die anthropologische These von der Weltoffenheit des Menschen artikuliert das Verhältnis zwischen dem prinzipiellen Nicht-festgelegt-Sein des Menschen und der Institutionenwirklichkeit. Der unspezialisierte Antriebsüberschuss des Menschen wird durch Ordnung in bestimmte Bahnen gelenkt. Einerseits ermöglichen diese Bahnen gerade die Entfaltung der Weltoffenheit, andererseits können die Ordnungsmuster die Entfaltung des Menschen verhindern. Zum einen erfordert die Entwicklung und Kultivierung der menschlichen Lernfähigkeit, der Anlagen und der Selbstständigkeit zweifellos lebenssichernde Rahmenbedingungen. Zum anderen verdichten sich Regelmäßigkeit und Gewohnheit zur Eigendynamik eines starren Systems, das gerade Entwicklungsmöglichkeit und Selbstständigkeit verbaut. Die Einsicht in die Doppelgesichtigkeit darf nicht zu der absurden Konsequenz führen, dass der Mensch aufgrund seiner Offenheit prinzipiell alles zu verändern vermag, aufgrund der funktionalen Bedeutung der Institutionen hingegen faktisch gar nichts bewegen und verändern darf, um die lebenserhaltenden Rahmenbedingungen nicht zu gefährden.

Die sozio-philosophische These von der Weltoffenheit und die darin angezeigte Freiheits- und Zukunftsfähigkeit verlangt daher eine **normative Reflexion.** Denn die Dienstfunktion der Institutionen für das individuelle und soziale Leben lässt sich nicht auf Ordnungsfunktionen reduzieren. Eine bloße Ordungsfunktion könnte auch in der Exklusion und Verfolgung von Menschen bestehen, deren Integration aus humaner Perspektive geboten erscheint. Auch unmenschliche, diskriminierende und Verfolgung ausübende Einrichtungen schaffen Ordnung, sie verdienen jedoch keine moralische Anerkennung. Deshalb reklamieren die Menschenrechte **Freiheit, Gleichheit und Teilhabe als Kriterien der Legitimität und Anerkennung von Institutionen.** Ihre Geschichte dokumentiert, dass Ordnungsfunktionen erst hierdurch ihren anthropologischen Sinn und ihre ethische Rechtfertigung oder Kritik erfahren. Ihre Entstehung entstammt dem Grundkonflikt der Machtasymmetrie zwischen Individuum und Staat. Deshalb lenkt die Menschenrechtskriteriologie den Blick immer wieder auf den Dienstcharakter der Ordnung für die **Realisierungsbedingungen von Freiheit, Gleichheit und Teilhabe.** Institutionen sind für den Menschen da, nicht die Menschen für die Institutionen. Sinn und Bedeutung der Institutionen liegen nicht in ihnen selbst. Sie bleiben kulturelle, von Menschen geschaffene Gebilde und damit prinzipiell veränderungsfähig, ein Sachverhalt, den Menschen aufgrund ihrer individuellen Erfahrung häufig aus dem Blick verlieren. Demzufolge gilt es stets die Gestaltungsfähigkeit festzuhalten. Trotz der eigentümlichen Selbstständigkeit der Institutionen (→ Kap. 8.1) stellen sie kein unabwendbares, naturwüchsiges Schicksal dar.

Die Einsicht in die Funktionsweisen lehrt die spezifischen Rahmenbedingungen von Institutionen verstehen. Sie vermeidet ein zu stark idealistisches berufliches Selbstverständnis oder eine sich im moralischen Entrüstungsgestus erschöpfende Kritik. Ebenso bewirkt die einzufordernde normative Rückbindung der Institution eine kritische Distanz gegenüber einem Berufsverständnis, das sich auf einen lediglich funktionalen und technokratisch ausführbaren Hilfeprozess verengt. Idealtypischerweise führt dies zu einer professionellen und realistischen Einschätzung institutioneller Wirklichkeit, die auch die moralischen Einstellungen der Helfenden konstruktiv bearbeiten hilft, ohne angesichts der institutionellen Macht in Zynismus zu verfallen (→ Kap. 7).

8.5 Exkurs: Vertrauen in Institutionen?

Die Entwicklung moderner, politischer Institutionen erscheint gegenüber vergangenen Zeiten als enormer Fortschritt. Im Regelfall wird die mit der Neuzeit beginnende Entwicklung sehr optimistisch gedeutet. Aber auch hier gilt es aus ethischer Sicht, kritische Distanz zu wahren. Handelt es sich wirklich um einen prinzipiellen Zugewinn an Freiheit? Garantiert und sichert das neuzeitliche Institutionsgeflecht die Freiheit, deren Schutz sie beansprucht? Verfügen demokratische und rechtsstaatliche Verfahren über die Fähigkeit, individuelle Handlungsspielräume zu sichern, das Individuum vor Willkür zu schützen und seinen politischen Einfluss zu gewährleisten? Die Beantwortung dieser Fragen verlangt eine sorgfältige Abwägung.

Unter vorneuzeitlichen Bedingungen besaßen nur wenige Menschen aufgrund ihres Standes einen gewissen politischen Einfluss. Die meisten waren den Institutionen und ihren Vertretern hilflos ausgesetzt. Der moderne Staat bietet hier eine Lösung an, in der institutionelle Selbstkontrolle mit demokratischer Beteiligung das Machtungleichgewicht zu vermeiden beansprucht. Aus diesem Blickwinkel stellt **die neuzeitliche Institutionsentwicklung** einen immensen Fortschritt dar. Besonders **Hegel** (1770–1831) verfolgte diese Deutung (vgl. Hegel 1955, 1985). Seiner Theorie nach bleibt die neuzeitliche Idee der Freiheit ein lediglich wirklichkeitsabgehobenes Ideal, wenn sie nicht durch Institutionen gesichert wird. Er versteht den Rechtsstaat als institutionellen Garanten der individuellen Freiheit. Durch den Staat wird die Idee der Freiheit erst real und verwirklicht. Denn die Freiheit findet jenseits von individuellen Zufälligkeiten Eingang in die wirksamen politischen Institutionen und Verfahren. Dieser Staat verkörpert geradezu die Idee der institutionellen Freiheit.

Von dieser erreichten Entwicklungsstufe her gedacht, war die individuelle Freiheit in früheren historischen Phasen zunächst nur als schlummernde Möglichkeit angelegt und entwickelte durch Widersprüche hindurch zunehmend ihren universalen, alle Menschen einschließenden Charakter. Die Regeln des neuzeitlichen Verfassungsstaates verliehen ihr schließlich in dieser Deutung eine letztgültige, im Grundriss unüberbietbare, institutionelle Gestalt. Ein solcher Staat schafft die realen Strukturen, unter denen die Einzelnen ihre individuellen Freiheiten mit anderen und gleichzeitig gegeneinander abgegrenzt wahrnehmen können. Als vor- und übergeordnete Institution ermöglicht er erst die Konkretisierung der Freiheit des Einzelnen. Er lässt überdies Raum für zwei weitere, zentrale Ordnungsgestalten: In der Familie als Ort der Liebe und ‚Innerlichkeit' kann sich die subjektive, persönliche Freiheit privat verwirklichen. In der Gesellschaft hingegen, in der die Interessen und Bedürfnisse der Einzelnen und der Gruppen öffentlich und konfliktuös aufeinander treffen, bedarf es einer moderierenden, ausgleichenden und sanktionierenden Intervention durch den Staat. So kreieren dessen Prinzipien und institutionellen Regeln eine soziale Ordnung, in der die relativen Aspekte der Freiheit wie die individuelle Zuwendung oder die Artikulation der Interessen ihre Verwirklichungsorte finden, ohne die Einheit und den Zusammenhalt der Ordnung zu gefährden.

Dieser von Hegel entwickelte Theorieentwurf entfaltet bis heute gigantische Wirkungen. Er bestimmte viele nachfolgende Politikkonzepte und -traditionen. Seine Vorentscheidungen sowie einzelne Theoriebausteine bestimmen auch noch heute ohne explizites Wissen das Alltagsverständnis von und die Alltagserwartung an Politik. Mit seiner Hilfe lässt sich die europäische Entwicklungsgeschichte politischer Institutionen als geschichtlich-moralischer, noch nicht vollständig vollendeter Fortschritt rekonstruieren. Diese Vorstellung stiftet dem modernen Staatsverständnis ein grundlegendes Vertrauen ein. Die so verstandene neuzeitliche Staatsentwicklung erscheint gegen den Rückfall in Barbarei und Inhumanität gesichert. Ist dieser zugespitzte Optimismus gerechtfertigt?

Gegenüber dieser optimistischen Deutung erheben sich grundlegende Fragen: Warum kommt es im Zuge der Industriellen Revolution unter den gekennzeichneten politischen Bedingungen zu einem kastastrophalen Massenelend? Schafft im weiteren die Entstehung demokratischer Kontrollinstanzen nicht gleichzeitig ungewollte Normierungen der individuellen Freiheit? Entsteht hierbei nicht ein Zuwachs an institutioneller Kontrolle, die die Eigendynamik von Regelungen begünstigt? Entstehen nicht insgesamt neue, andersartige Zwänge, die zuvor gar nicht im Blick waren? Solche berechtigten Zweifel entmythologisieren den neuzeitlichen Fortschrittsoptimismus. Vor ihrem Hintergrund bleibt es eine offene Frage, ob der neuzeitliche Staat hinsichtlich seiner freiheitsstiftenden und humanitätsbewahrenden Kraft prinzipielles Vertrauen verdient.

Zweifel am Optimismus nährt vor allem der weitere Geschichtsverlauf selbst. Wenn nämlich die Durchsetzung des Verfassungsstaats im 19. Jahrhundert als sittlicher Höhepunkt begriffen wird, erscheint es geradezu unbegreiflich, warum dieser institutionelle Fortschritt die nachfolgende Entwicklung, vornehmlich im 20. Jahrhundert, nicht hat verhindern können. Warum haben diese staatlichen Rahmenbedingungen die zentralen politischen Verwerfungen und Katastrophen – Erster Weltkrieg, Zweiter Weltkrieg, Vernichtung des europäischen Judentums – nicht aufhalten können? Zwei bedenkenswerte Antworten bieten sich hier an:

Die erste Antwort lautet: Da die Regeln und Normen des Verfassungsstaats noch nicht ausreichend im Bewusstsein der Bürger verankert waren, entstanden derartige massive Fehlentwicklungen. Die Idee der Freiheit aller und die subjektive Einübung gegenseitiger Anerkennung und Solidarität hatte bei den Menschen, besonders in der deutschen Tradition, noch keine mehrheitliche Akzeptanz gefunden. So konnte die junge Demokratie der Weimarer Zeit (1919–1932) nicht stabil bleiben. Autoritär-nationalistische und totalitäre Systeme vermochten sich als Alternative zu den bereits vorhandenen verfassungsstaatlichen Institutionen anzubieten. Diese erste Antwort bleibt allerdings an den eigenen Ansprüchen gemessen unbefriedigend. Denn die Deutung ging gerade davon aus, dass der Staat als die Institution der Freiheit stärkeren Einfluss und Prägekraft besitzt als das in die Irre geleitete Freiheitsbewusstsein des Einzelnen. Theoretisch gesehen hätten irregeleitete Menschen den demokratischen Rechtsstaat nicht auflösen können. Der Geschichtsverlauf und die nationalsozialistische Machtergreifung dokumentieren das Gegenteil.

Eine zweite Antwort versucht diesen Gegeneinwand zu entkräften, indem sie den Blick auf die Gesamtentwicklung lenkt: Aus der Sicht der Nachkriegszeit und des 21. Jahrhunderts erscheinen die Brüche des 20. Jahrhunderts als zwar sehr schmerzliche Durchgangsstadien, die aber insgesamt die weitere geschichtliche Entwicklung auf ein höheres Niveau beförderten. Aber ist dieser Einordnungsversuch den Ereignissen, Erfahrungen und Geschehnissen angemessen? Versagen nicht alle diese Einordnungsversuche angesichts des Völkermords an den Juden? Lässt sich die bürokratisch-technische Vernichtung der zumeist als integrierte Mitbürger lebenden Juden in einen entwicklungsorientierten, geschichtsphilosophischen und damit unterm Strich in einen irgendwie sinnstiftenden und sinnvollen Zusammenhang einordnen? Oder bleibt demgegenüber nicht die exzeptionelle Abgründigkeit herauszustellen und festzuhalten, weil es den Menschen angesichts der Anschauung des Grauens den Atem verschlägt?

Stellt man die Abgründigkeit und den Abscheu – „Nie wieder Auschwitz!" – heraus, so ist dies nicht nur ein moralischer Appell, es nie wieder soweit kommen zu lassen. Es ist mehr. Es drückt eine fundamentale Skepsis gegenüber der neuzeitlichen Institutionenentwicklung und ihren politischen Errungenschaften aus. Das Vertrauen in die moralische Tragfähigkeit des modernen Staates relativiert sich. Die Kritiksensibilität steigt und lässt sich weniger von der Normativität des Faktischen irritieren oder mit dem Hinweis auf ein bereits prinzipiell erreichtes Fortschrittsniveau beruhigen. Selbstverständlich partizipieren heute mehr Menschen an der politischen Willensbildung als früher. Einerseits besitzt der Einzelne mehr Möglichkeiten, seine Interessen gegenüber Institutionen zu artikulieren, und damit mehr individuelle Selbstbehauptungschancen. Andererseits verfügen die Institutionen über mehr Möglichkeiten einer auf das Individuum gerichteten Kontrolle. Wie verhält sich beides zueinander?

Die spätere Phase neuzeitlicher Institutionsausbildung lässt zum einen eine auf politische Machtkontrolle zielende Entwicklung erkennen, zum anderen erfahren das Individuum und sein Verhalten durch andere Institutionen eine fürsorgliche und dabei gleichzeitig normierende Aufmerksamkeit. Auf diesen Sachverhalt macht **Michel Foucault** (1926–1984) am Beispiel der Sexualität (vgl. Foucault 1997) und anderer Gebiete (Lemke 2007) aufmerksam. Die Sexualität des Einzelnen erhält durch die aufkommende Sexualwissenschaft, durch rechtliche Regelungen und pädagogische Bemühungen vermehrte Zuwendung und erhöhtes Interesse. Diese eher dezentrale, durch unterschiedliche institutionelle Formationen (Wissenschaft, Recht, Pädagogik) voranschreitende Fokussierung auf den Einzelnen und sein praktisches oder potentielles Sexualverhalten zeichnet **institutionell verwaltete Normalitätsvorstellungen** in die Deutungs-, Wahrnehmungs- und Handlungsmuster der Individuen ein.

Doppelgesichtigkeit neuzeitlicher, politischer Institutionen	
Freiheitsstiftende Rahmenbedingungen des individuellen Lebens durch die Institutionen des Rechtsstaats (Hegel)	Kontrollierende und normierende Normalitätsverwaltung durch Institutionen (Foucault)
– Ermöglichung individueller Freiheit – Ermöglichung von Privatheit und Intimität – Ermöglichung individueller Lebensentwürfe	– Normierung und Kontrolle individueller Freiheit – Anreiz zum öffentlichen Geständnis – individuelle Selbstkontrolle durch pseudoemanzipative Selbsttechnologien

Selbstverständlich existierten auch in vorausgehenden geschichtlichen Phasen kulturelle Normalitätsvorstellungen über das Sexualitätsverhalten – Auffassungen über das, ‚was sich gehört'. Im 19. Jahrhundert hingegen bildeten sich hier eigens eingreifende Institutionen aus. Sie arbeiteten stratifikatorisch, d.h. methodisch und zielorientiert. Sie transformierten in komplexer Weise Normalitätsvorstellungen als einen Normativitätsrahmen in das Bewusstsein des Individuums. Im Ergebnis versichert sich der Durchschnittsmensch hierdurch seiner Zugehörigkeit zum Normalen, während Abweichungen als pathologisch und krankhaft gekennzeichnet, scharf abgegrenzt, institutionell behandelt und rechtlich sanktioniert werden.

Die Grenzen zwischen Normalität und Abweichung erfordern eine ständige Kontrolle, die nicht unmittelbar durch staatliche Institutionen erzwingbar ist. Sie bedürfen der Überwachung der Individuen, die sich im Idealfall selbst kontrollieren. Menschen lernen mit Hilfe von institutionellen Maßstäben, sich selbst oder andere auszuforschen und zur Thematisierung des Sexualverhaltens anzureizen. Dabei motivieren sie sich zu freiwilligen oder erzwungenen Geständnissen. „Die waffenloseste Zärtlichkeit wie die blutigsten Mächte sind auf das Bekennen angewiesen. Im Abendland ist der Mensch zu einem Geständnistier geworden." (Foucault 1997, 77)

In der dadurch initiierten, **fortwährenden Selbstkontrolle** erweist sich die Selbstthematisierung nicht als ein zwangsläufiger Schritt in die persönliche Emanzipation. Sie gilt weder als ein sicheres Zeichen für größeren Handlungsspielraum noch als Authentizitätsgewinn. Selbstthematisierung stellt daher keinen Wert an sich dar. Die Entdeckung dieser Ambivalenz ist indessen keine Aufforderung zur Tabuisierung persönlicher Gefühle und individueller Interessensartikulationen. Sie schärft allerdings die Wahrnehmung für das Zusammenwirken von institutioneller Anreizung, Thematisierung, von Geständnis, Normierung und potentiellen Kontrollmechanismen der Selbstbestimmung. Foucaults Untersuchungen dienen der Analyse institutioneller Fürsorgeformen, ihrer Regeln, Methoden und Ziele. Sie fragen in emanzipativer Absicht nach deren Bestimmung. Ihr erweiterter Machtbegriff bezieht sich auf das gesamte Leben einschließlich seiner Körperlichkeit. Dies erfordert auch eine normativ-kritische Reflexion sozialarbeiterischer und -pädagogischer Methoden (→ Kap. 7.2).

Soziale Arbeit darf sich demnach weder auf ihre Beauftragung durch moderne Institutionen moralisch verlassen noch ihre methodischen Möglichkeiten in naiver Weise für emanzipativ halten. Auch sie muss den Spannungen zwischen individueller Selbstbehauptung, faktischer Kontrolle durch Institutionen und pseudoemanzipative Selbsttechnologien (Lemke/Krassmann/Bröckling 2000, 25 ff.) im Prozess neuzeitlicher Differenzierung Rechnung tragen. Das Beispiel institutioneller Exploration der Sexualität sensibilisiert insgesamt für die das menschliche Leben kontrollierenden Machtprozesse (Gehring 2006, Lemke 2007).

Sowohl die positive (Hegel) als auch die kritische Deutung (Foucault) der neuzeitlichen Institutionenentwicklung geben für die Analyse des Verhältnisses von Individuum und Institution wichtige Orientierungen. Hegels Neuzeittheorie nimmt die politischen Rahmenbedingungen der westlichen Gesellschaftssysteme optimistisch in den Blick. Sie weist gleichzeitig auf das diesem System eigene Verhältnis von moralischem Selbstanspruch und gesellschaftlicher Realität hin. Dem Verständnis ist folglich eine Sein-Sollens-Spannung eingestiftet. Es gibt einerseits die normativ-rechtlichen Verfassungsvorgaben, andererseits die Verfassungswirklichkeit. Die Theorie Foucaults hingegen bezweifelt die prinzipielle Vertrauenswürdigkeit und Leistungsfähigkeit im Hinblick auf die Ermöglichung und Sicherung individueller Freiheit. Der Verweis auf demokratische und rechtsstaatliche Verfahren genügt ihr nicht. Ihr erweiterter Machtbegriff, der sowohl kulturelle Institutionen (Erziehung, Wissenschaften) als auch institutionelle Schnittstellen zwischen Politik und Kultur (Recht) in den Blick nimmt, versucht ein vielgestaltigeres und tiefenschärferes Bild von Machtprozessen zu gewinnen. Eingeführte Selbstverständlichkeiten und Praktiken wird so politische Brisanz eingestiftet. Insgesamt verzichtet der Entwurf Foucaults auf eine Idealisierung europäischer Institutionenentwicklung und trägt den uneindeutigen Gemengelagen, die sich einer vorschnellen Vereinheitlichung widersetzen, eher Rechnung.

Die kritisch-distanzierte Analyse neuzeitlicher Institutionenentwicklung ist kein Selbstzweck. Jede Kritik ist ihrem ursprünglichen Wortsinn nach ein Unterscheiden. Das Distanzieren beruht bereits auf Unterscheidungen, die ein Problem entdecken und identifizieren helfen. Ohne eine noch so diffuse Sollensvorstellung lässt sich die Wirklichkeit, d. h. der Status quo, gar nicht kritisch beobachten. Es entstünde gar kein Problembewusstsein, da alles im Prinzip als ‚in Ordnung' und damit nicht als kritisierenswert erschiene. Demzufolge arbeitet jede Kritik unvermeidlich mit normativen Unterscheidungen. Im Vorgang der Kritik wird hier fortlaufend, wenn auch zumeist indirekt, auf die **Nichtverrechenbarkeit des Individuums** als Normativitätsvorstellung Bezug genommen. Dies ist der mitlaufende, kritische Maßstab, der die Analyse zu mehr macht als zu einer Beschreibung. Darin kommt ein aufklärerisches Motiv zum Zuge: Die Würde des Menschen (→ Kap. 2.5), d. h. seine Unverrechenbarkeit und sein funktionstranszendierender Status, wird auf diese Weise durch Kritik freigelegt und plausibel gemacht.

Eine rein analytische Kritik ohne moralische Prinzipien kann es nicht geben, weil jede Kritik ein gesellschaftlich verbreitetes Differenzbewusstsein von Sein und Sollen erfordert. Ohne dies würde Kritik gar nicht hörbar und verstehbar; ohne einen bereits mit moralischen Unterscheidungen aufgeladenen Resonanzraum fänden kritische Einlassungen funktional keinen Widerhall. Sie würden gar nicht verstanden; es wäre so, als würde jemand das Wetter moralisch kritisieren. Keiner wüsste, was mit der Kritik überhaupt gemeint sein soll. Sie hätte demzufolge auch keinerlei Aussicht auf öffentliche Wirkung. Selbst die Kritik am Missbrauch der Moral oder eine grundsätzliche Moralkritik lebt noch davon, dass die Kritik hieran selbst moralisch ist. Deshalb kann Kritik nicht auf den Menschenrechtsbezug verzichten. Die Einmischung in die Interpretation der Menschenrechte bleibt unerlässlich. Die Gefahr trivialer moralischer Scheinkonsense sollte mit analytischer Skepsis und sensibilisiertem Differenzbewusstsein begegnet werden. Nur so entsteht jene produktive Unruhe in der Wahrnehmung, welche die Labilität politischer Dynamiken und ihre postulierte, humanitätserhaltende Funktion realistisch im Auge behält. Welchen Gewinn kann ein selbstreflexives Berufsverständnis aus solchen Theoriepositionen ziehen?

8.5.1 Konsequenzen für die Soziale Arbeit: Hilfe als Normalisierung?

Wird Praxis als Zusammenwirken von Wahrnehmen, Deuten und Handeln begriffen (→ Kap. 1.4), verlangt dies auch die Beachtung der aktuellen Institutionswirklichkeit. Helfende Institutionen kreieren und prägen Wahrnehmungs-, Deutungs- und Handlungsmuster der Beteiligten. Sie reproduzieren und fördern praxisbegleitende Hintergrundsüberzeugungen. Dabei verstärken sie den Glauben an ihre eigene moralische Vertrauenswürdigkeit und humanitätsstiftende Kraft. Als kritische Reflexion der Moral (→ Kap. 1.3) deckt Ethik auch die Ambivalenz der Moral auf. Sie umfasst ebenso den eigenen Umgang mit Moral. Denn im „beruflichen Handeln verschränken sich fachliches Wissen und berufspraktisches Können mit der Orientierung an gesellschaftlichen Normalitätsstandards, die in die Struktur der Institution wie ihre Aufgabendefinitionen eingelassen sind." (Dewe, zit. nach Galuske, 2009, 50) Daher bedürfen gerade moralisch-institutionelle Selbstzuschreibungen helfender Institutionen der kritischen Analyse, damit Moral sich nicht zu einem Mittel organisatorischer Selbstrechtfertigung entwickelt. Kritische Skepsis gegenüber dem selbstverständlichen Vertrauen auf professionelle Hilfeprozesse betrifft daher auch dessen moralisches Selbstverständnis selbst. Demzufolge ist ein sparsamer und wohlüberlegter Gebrauch moralischer Selbstdarstellung ein Zeichen von professionellem Wissen. Da jedes kritisch-moralische Argument häufig die Form persönlicher und institutioneller Selbstlegitimation annimmt, empfiehlt sich ein spärlicher Gebrauch, um vorschnelle moralische Konsense zu vermeiden.

Ethik führt darüber hinaus zu einer selbstreflexiven Distanz gegenüber dem Grundgefühl prinzipieller Verlässlichkeit und eigener moralischer Leistungsfähigkeit. Der Verzicht auf vertrauensstiftende Homogenitätsvorstellungen sensibilisiert vielmehr für die Brüche und Tabuisierungen und führt zu deren kritischer Wahrnehmung und Analyse. Ethik erfordert stets die Distanzierung vom Gewohnten. Kontrolle und Hilfe liegen nahe beieinander. Diese institutionskritischen Perspektiven leiten die Soziale Arbeit überdies zum selbstkritischen Umgang mit ihren eigenen Methoden an. Ihre Zielsetzung für den Klienten kann sich nicht auf den Errungenschaften einer ein für alle mal errungenen Substanz des demokratischen und sozialen Rechtsstaats ausruhen. Ethische Reflexion rät lediglich zu sparsamem Gebrauch des moralischen Entrüstungsgestus und empfiehlt stattdessen kritische Analyse. Der systemkritische Blickwinkel zielt allerdings nicht auf die praktische Beliebigkeit der Handlungsfähigkeit und -absicht ab. Handeln unter endlichen Bedingungen vollzieht sich immer unter relativen Möglichkeiten und erfordert eine sorgfältige Abwägung von „besser oder schlechter". Ein bloßer Kritizismus dient dem Klienten nicht.

Übungsfragen und -aufgaben

1. Stellen Sie die Auffassung vom Menschen als einem instinktreduzierten Mängelwesen dar und diskutieren Sie ihre Reichweite für die Beurteilung von Institutionen!
2. Welche Gründe sprechen dafür, die neuzeitliche Politikentwicklung zum Rechtsstaat, zur Demokratie und zum Sozialstaat als Fortschritt zu begreifen; welche Gründe sprechen dagegen?
3. Diskutieren Sie die Spannung zwischen Hilfe, Normalisierung und Kontrolle in modernen Hilfeeinrichtungen!

Vertiefende Literatur

Konservative Institutionentheorie/Regierung und Selbstkontrolle/Punitivität

Habermas, J., Arnold Gehlen, in: Ders., Philosophisch-politische Profile, Frankfurt am Main 1981, S. 101–126

Kessl, F., Der Gebrauch der eigenen Kräfte. Eine Gouvernementalität Sozialer Arbeit, Weinheim, 2005, 35–66

Ders., Soziale Arbeit in der Transformation des Sozialen. Eine Ortsbestimmung, Wiesbaden 2013, 111–120

Lemke, T./Krassmann, S./Bröckling, U. Gouvernementalität, Neoliberalismus und Selbsttechnologien, in: Dies., Gouvernementalität der Gegenwart. Studien zur Ökonomie des Sozialen, Frankfurt/M. 2000, S. 7–40

Kapitel 9
Verantwortung – Grundlagen

■ Eine komplexe Gesellschaft bedarf einer Differenzsensibilität für unterschiedliche Verantwortungsbereiche. Verantwortung in der Sozialen Arbeit erfordert eine sorgfältige Wahrnehmung der beruflichen Rolle und der damit gegebenen Aufgabenverantwortung. Die Einsicht in die Reichweite und die kooperative Wahrnehmung beruflicher Verantwortung helfen, sowohl Unter- als auch Überforderungen zu vermeiden.

Die biblische Geschichte von der Erschaffung von Mann und Frau erzählt, dass es kurze Zeit später zum Konflikt zwischen Gott und Mensch kommt (1. Mose, Kap. 3): Eva, verführt von einer Schlange, hält sich nicht an das Verbot, vom Baum der Erkenntnis zu essen. Sie pflückt einen Apfel und gibt auch ihrem Mann Adam davon. Als Adam von Gott dafür zur Rechenschaft gezogen wird, antwortet er: „Das Weib, das du mir zugesellt hast, das hat mir vom Baume gegeben; da habe ich gegessen" (V. 12); Adam schiebt die Schuld auf seine Frau. Aber auch diese gibt die Schuld weiter: „Die Schlange hat mich verführt; da habe ich gegessen" (V. 13). Beide wollen nicht für ihre Tat einstehen. Es scheint so, als fühlten sie sich nicht verantwortlich. Doch bereits kurz nach ihrer Verfehlung ist ihnen nicht wohl zumute. Sie verstecken sich vor Gott, denn sie ahnen bereits, dass sie etwas Verbotenes getan hatten. Auf Gottes Nachfrage hin weichen sie ihrer eigenen Tat aus oder geben ihrem vertrauten Partner die Schuld.

Die biblische Geschichte thematisiert ein Phänomen, das Menschen des öfteren im Alltagsleben erfahren. Sie erkennen bestimmte Taten als die eigenen, dennoch fühlen sie sich für ihre Taten nicht verantwortlich, wenn dies unangenehme Folgen für sie besitzt. Sie beanspruchen zwar grundsätzlich als freie Menschen behandelt zu werden, weichen aber in unliebsamen Situationen der Tatsache aus, dass auch hier das Ich Ursprung der Handlungen ist.

Die Humanwissenschaften analysieren und dokumentieren vielfältige externe Einflussfaktoren, die zu bestimmten Handlungen motivieren. Ihre Einsichten fließen auch in das Alltagsverständnis der Verantwortung ein. In trivialisierter Form führt dies zu der Behauptung, dass die gesellschaftlichen Umstände und Verhältnisse den Menschen in einer Vielzahl von Taten determinieren. Je größer die Kenntnisse aus diesen Bereichen – und dies ist im Professionswissen Sozialer Arbeit relativ ausgeprägt –, desto eher neigt man zu dieser Determinismusthese. Abweichendes, sozial- und individuumsschädigendes Verhalten wird nicht den handelnden Individuen, sondern den gesellschaftlichen Verhältnissen zugerechnet; letztere gelten als im eigentlichen Sinne verantwortlich.

Offensichtlich besitzen vielfältige Bedingungen Einfluss auf die Wahl menschlicher Handlungsoptionen. Soziale Umstände und Strukturen stecken den Spielraum des Verhaltens ab. Diese Einsicht führt allerdings weder zur prinzipiellen Entlastung von der Verantwortung noch zur Entbindung von der Rechtfertigungspflicht. Denn die Begründungspflicht für Handlungen folgt aus einem grundsätzlichen Personenverständnis. Menschen verstehen sich nicht als Ding, sondern als ein mit Würde ausgestattetes Wesen (→ Kap. 2.1). Sie sind kein bloßer Gegenstand, der durch eine Ursache-Wirkungs-Kette bestimmt ist. Entsprechend machen sie eine menschengerechte Behandlung geltend. Sie beanspruchen im Kern, als frei anerkannt zu werden. Der Verweis auf gesellschaftliche Umstände gibt daher Anlass zur präziseren Bestimmung des Handlungsspielraums im allgemeinen und im Einzelfall; er stellt ihn jedoch nicht grundsätzlich in Abrede.

Eine sachgemäße Nutzung humanwissenschaftlicher Einsichten führt daher nicht zur Bagatellisierung individueller Verantwortung. Gleichzeitig muss jedoch auch eine Überforderung individueller Verantwortung vermieden werden. Auch sie ist häufig Bestandteil der Alltagseinschätzungen. Kontroverse Diskussionen um Hartz IV und die Arbeitsmarktintegration konzentrieren sich auf diesen Aspekt. Inwieweit ist der Einzelne für seine erfolgreiche Arbeitsmarktintegration selbst verantwortlich? Auch alltägliches Verhalten zieht verantwortungsrelevante Aufmerksamkeit auf sich: In welchem Maße ist der einzelne Bürger für die sozialen Umstände, ggf. im Hinblick auf den Weltmaßstab, verantwortlich? Bin ich als Einzelner für die ökologische Krise verantwortlich?

Eine Gemengelage von Ausweichen, Entlastung, Übernahme und Überforderung bestimmt insgesamt das durchschnittliche Verantwortungsverständnis. Im Krisenfall ertönt der Ruf nach Verantwortlichen, in anderen Fällen führen dumpfe Schuldgefühle und ein schlechtes Gewissen zur Selbstüberforderung. Die Reichweiten der Verantwortung erweisen sich hierbei als besonderes Problem. Ihre analytische Durchdringung erfordert zunächst die Klärung des Grundbegriffs.

9.1 Definitionen

Jedes Verantwortungskonzept setzt ein bestimmtes Menschenbild voraus. Einen zentralen Hinweis gibt bereits das Wort ‚Verantwortung' selbst: „In ‚Verantwortung' steckt ‚antworten'. Antworten ist ein Modus des Sprechens. Verantwortung wird also nur da anzutreffen sein, wo Sprechen möglich ist. Sprechen aber ist eine Auszeichnung des Menschen. Demnach ist das Feld der Verantwortung der Mensch. Tier und Stein kommen nicht in die Dimension der Verantwortung, nur der Mensch ist es, der sich verantworten kann." (Weischedel 1958, 15)

Verantwortung darf demnach als etwas spezifisch Menschliches gelten. Die Sprache und das Sprechen unterscheidet den Menschen vom Tier. Wenn Personen miteinander sprechen, so erfolgt dies nicht nach einem bloßen Reiz-Reaktionsschema. Sie vermögen sprachliche Kommunikation in bestimmte Richtungen zu lenken, zu variieren und auf unerwartete Antworten einzugehen. Im Gespräch entstehen häufig kreative Zufälligkeiten, die dem Dialog einen neuen Richtungsimpuls geben. Sprechen impliziert demnach einen freiheitlichen Spielraum des menschlichen Verhaltens, der auch in der Wahrnehmung der Verantwortung geltend gemacht wird. Besonders im Sprechakt des Antwortens als einer Form menschlicher Kommunikation tritt die Dimension der Freiheit und das Bezogensein auf andere Menschen deutlich hervor. Jedes Verantwortungskonzept, aber auch das Alltagsverständnis der Verantwortung, setzt voraus, dass der Mensch selbst die Ursache seiner Handlungen ist. Nur unter diesem Blickwinkel macht es Sinn, Menschen auf ihre Verantwortung hin anzusprechen, sie moralisch zu kritisieren oder sie ggf. sogar rechtlich zur Verantwortung zu ziehen und zu bestrafen.

Naturvorgänge und oder andere Lebewesen gelten hingegen nicht als Verantwortungssubjekte im eigentlichen Sinne. Sie sind nicht ansprechbar und damit auch nicht verantwortungsfähig: Menschen können sich über schlechtes Wetter ärgern, aber sie können es nicht moralisch kritisieren und zur Verantwortung ziehen. Ebenso wenig können sie sich moralisch bei einem Hund beschweren, der sie gebissen hat; sie wenden sich in diesem Fall an den verantwortungsfähigen Hundehalter und setzen dessen Zurechnungsfähigkeit voraus. Der Begriff der Zurechnungsfähigkeit (lat.: *imputatio*) – bis ins 19. Jahrhundert der Begriff, der anstelle des Hauptwortes ‚Verantwortung' gebräuchlich war – besitzt zentrale Bedeutung für den Verantwortungsbegriff. Er hebt hervor, dass einem Menschen bestimmte Folgen seines Tuns zugerechnet werden können. Dies setzt ein Bewusstsein der Folgen voraus. Der noch komplexere Begriff der Verantwortung geht aus diesen Grundelementen des Zurechnungsbegriffs hervor. „Verantwortung ist eine notwendige Folge der menschlichen Willensfreiheit und der darin gründenden Zurechnungsfähigkeit (Imputabilität).“ (Brugger, nach Schwartländer 1972, 1579)

Die ursprüngliche Bedeutung des Verantwortungsbegriffs findet sich in juristischen Kontexten. Das Wort „verantworten“ taucht zum ersten Mal in der Rechtssprache des Mittelhochdeutschen, also im Mittelalter, auf. Verantworten bedeutete hier: eine Angelegenheit vor Gericht verteidigen, sein Handeln vor Gericht rechtfertigen, d.h. auf eine Anklage antworten. Gleichzeitig umfasste der Begriff aber ebenso die Verantwortung vor Gott als höchstem Richter, insbesondere das Sich-rechtfertigen-Müssen im Jüngsten Gericht. Besonders die christliche Vorstellung einer Beurteilung irdischer Taten im Jenseits ließ die individuelle Verantwortung heraustreten.

Der neuzeitliche Verantwortungsbegriff nahm diese Grundelemente in sich auf (individuelle Willensfreiheit, Zurechnungsfähigkeit) und geht heute über die enge rechtlich-gerichtliche Bedeutung hinaus. Im Alltagsbewusstsein fühlen sich Menschen für das Leben anderer, seien es Lebensgefährten, Freunde oder auch Fremde, auch ohne rechtlichen Zwang verantwortlich. Sie erklären sich freiwillig und gewissermaßen innerlich dafür zuständig und reagieren kreativ auf Ansprüche und menschliche Herausforderungen, da die eingeführten Handlungsmuster in neuartigen Situationen nur bedingt weiterführen. Besonders die moderne Gesellschaft zeichnet sich durch eine Entwicklungsdynamik und Komplexität aus, in der die Folgen des persönlichen Handelns zunehmend unübersehbarer werden und zu schöpferischer Verarbeitung herausfordern. Dies gilt besonders für die strukturellen Entwicklungen in den Bereichen der Ökonomie, Politik und Ökologie. Komplizierte systemische Zusammenhänge, nicht beabsichtigte, unvorhersehbare Nebenfolgen, sich unerwartet aufschaukelnde Wechselwirkungen und komplexe Ursachenketten verweisen auf die Grenzen unseres Wissens, fordern uns aber gleichzeitig dazu heraus, dieser Situation zunehmender Ungewissheit zu begegnen. In diesem rasanten Veränderungsprozess erweisen sich eingeführte Pflichtenkataloge und starre Handlungsroutinen als unangemessen und verstärken eher die personale Ohnmacht in systemischen Zusammenhängen.

Vor diesem Hintergrund gewinnt der moderne Begriff der Verantwortung seine Konturen. Denn Entscheidungen unter Ungewissheitsbedingungen bedürfen sehr viel stärker einer selbstständigen und aktiven Komplexitätsverarbeitung durch die beteiligten Menschen. Für sie gilt es, einerseits soviel Stabilität zu erhalten, dass sie nicht die Orientierung verlieren, andererseits die Standardmuster zu überschreiten, um kreativ und angemessen zu reagieren, einerseits selbstständig eigene Zuständigkeiten zu entdecken, andererseits Ohnmacht stiftende Überforderungen zu vermeiden. Dieses dynamisierte Überschneidungsfeld von Regel und Freiwilligkeit, Gesetz und Moral erfordert eine sorgsame Unterscheidung der Zurechenbarkeitsdimensionen. Verantwortungsinstanzen, -subjekte und -bereiche machen die zentrale triadische Struktur des Veranwortungsbegriffs aus: **Jemand (Subjekt)** ist **für Jemanden/etwas (Bereich) vor Jemandem (Instanz)** verantwortlich.

Jemand (Subjekt)	ist für	Jemanden/etwas (Bereich)	vor	Jemandem (Instanz)	verantwortlich.

Abb. 12: Die Struktur von Verantwortung

9.2 Das Verantwortungssubjekt

Als Träger der Verantwortung gelten zunächst nur zurechnungsfähige, einzelne Menschen. Säuglinge und Kleinkinder werden nicht als mündig erachtet. Aus diesem Grund gibt es eine abgestufte Zurechnungsfähigkeit im Laufe der menschlichen Lebensentwicklung. Zurechnungsfähigkeit stellt allerdings von Anfang an ein zentrales Erziehungsziel dar, weil sie ein Implikat des Selbstständigkeitsideals ist. Kinder machen normalerweise ihrem Entwicklungsstand entsprechende Zurechenbarkeitserfahrungen. Diese vermitteln ein Gefühl eigener Subjekthaftigkeit, obwohl sie im Einzelfall als unangenehm erfahren werden, da sie dem kindlichen Lustprinzip widersprechen. Das Problem der Mündigkeit für Taten, die aus psychischen Defekten und Krankheiten entspringen, stellt hingegen einen Sonderfall dar. In Gerichtsverfahren wird die volle Verantwortungsfähigkeit durch gutachterliche Stellungnahmen ggf. als eingeschränkt betrachtet und den Betroffenen eine beschränkte Schuldfähigkeit attestiert.

Grundlegend anderen Charakter besitzt das In-Rechnung-Stellen sozialer Umstände im Blick auf die Verantwortungsfähigkeit. Unterschiedliche Lebenslagen und soziale Ungleichheit bedingen unterschiedliche Spielräume der Freiheit. Elende Lebenslagen begünstigen bestimmte soziale ‚Karrieren'. Allerdings besteht kein prinzipieller Automatismus zwischen sozialen Lebenslagen und entsprechenden Taten. Ein unmittelbares, zwischen beiden angenommenes Kausalverhältnis ließe bestimmte soziale Gruppen der Gesellschaft als nicht vollwertige und nur beschränkt zurechnungsfähige Verantwortungssubjekte erscheinen. Die prinzipielle Entlastung ihrer Verantwortungfähigkeit nähme ihnen eine wesentliche Bestimmung ihres Menschseins und führte in versteckter Weise zur Pathologisierung der Benachteiligten. Benachteiligung ist hingegen ein Thema der sozialen Gerechtigkeit und der Verteilung von Lebenslagen (→ Kap. 4.1). Sie führt zu einem erschwerten Zugang zu Institutionen und Lernfeldern, die eine Kultur der Verantwortungsfähigkeit ausbilden, pflegen und fördern (Schule, Familie, Bildung). Massive Benachteiligung wird in Einzelfällen bei der Strafzumessung berücksichtigt, ohne die prinzipielle Zurechnungsfähigkeit in Abrede zu stellen.

Entwicklungsbedingte, pathologische sowie soziale Determinanten setzen die Willensfreiheit und Zurechnungsfähigkeit nicht prinzipiell außer Kraft. Auch unter Berücksichtigung dieser Gesichtspunkte liegt die Vorstellung eines **freien Subjekts** zugrunde, das sich – in seinen Intentionen mit entsprechendem Vorauswissen – **als die Ursache bestimmter Folgen** begreift (sog. Kausalhandlungsverantwortung).

9.3 Der Verantwortungsbereich

In Verantwortungsprozesse involvierte Individuen verfügen je nach Bereich über unterschiedliche Einflussmöglichkeiten und Einflussgrade. Dies erfordert sorgfältige Differenzierungen. Das klassische Verantwortungskonzept, das sich am Modell personaler Begegnung orientiert, erweist sich teils als plausibel, teils als nur bedingt leistungsfähig. In der **Sphäre der Familie** besitzt der einzelne Erwachsene zumeist höhere Handlungsmacht als in beruflichen oder politischen Sektoren. Die Handlungsfolgen stehen im familiären System meist klarer vor Augen. Die Anschaulichkeit konfrontiert hier die Personen eher auf direktem, unübersetztem Weg mit den ausgelösten Folgen. Daher vermögen sie die ihrer Handlungsmacht entspringenden Taten eindeutiger mit den Folgen in Beziehung zu setzen. Darüber hinaus tragen die Handelnden vielschichtige Erwartungen und Erfüllungsansprüche wie z. B. auf Solidarität, auf Zuwendung, auf persönliche Anerkennung u. Ä. an das System ‚Familie' heran.

Der Sinn des **beruflichen Handelns** in der Sozialen Arbeit besteht hingegen nicht vorrangig in der gegenseitigen, möglichst vielschichtigen Zufriedenheit der beruflich Interagierenden. Hier steht vielmehr die professionelle Verwirklichung von Zielen im Vordergrund, die die selbstständige Lebensführung des Klienten befördert. Professionelle Verantwortung ist vor allem Aufgabenverantwortung. Während Architekten professionell ein Haus entwerfen, zielt professionelle Soziale Arbeit auf die Förderung, Erhaltung und Wiederherstellung eines nachhaltig selbstständigen Lebens. **Berufliche Verantwortung** entfaltet sich demnach vorrangig von den beruflichen Aufgaben und Zielen her.

Selbstverständlich bleiben Dimensionen der Zufriedenheit, der gegenseitigen Anerkennung u. Ä. auch im Berufsfeld von Bedeutung. Eine klar umrissene, nutzerorientierte Aufgabenverantwortung stellt keinen Freibrief für unkollegiales Verhalten, Formen des Mobbings usw. dar. Zielverwirklichung gelingt nur durch gute berufliche Kooperation. Dies schließt ein weitergehendes Verantwortungsgefühl für den Kollegen und seine nicht bloß auf das Berufsfeld eingegrenzte Lebenssituation nicht aus. Es verdeutlicht allerdings die ungeschuldete Freiwilligkeit dieses Verantwortungsgefühls, da es nicht zum Kern der beruflichen Verantwortungsstrukturen gehört. Ein ständig zu spät zur Arbeit kommender Kollege beispielsweise darf nicht die Übernahme seiner Tätigkeiten durch andere erwarten – selbst dann nicht, wenn er plausible einsichtige Gründe, etwa Familien- oder Beziehungskrisen, für sein Verhalten geltend macht. Denn solch eine Erwartung familial gearteter Solidarität überschreitet die beruflichen Verantwortungskontexte. Sie vermischt unterschiedliche Bereiche und Erwartungsansprüche. Die Differenzierung der Verantwortungskontexte dokumentiert, dass die Unterstützung eines durch berufsexterne Gründe in die Krise geratenen Kollegen durchaus wünschenswert, jedoch nicht selbstverständlich und geschuldet ist.

In der Unterscheidung beruflicher und familialer Verantwortungsbereiche zeichnet sich bereits eine grundlegende Einsicht in einen modernitätsangemessenen Verantwortungsbegriff ab: Er erfordert eine **Differenzsensibilität für unterschiedliche Verantwortungskontexte.** Dies gilt vor allem für Verantwortung in noch anonymeren, systemischen Zusammenhängen. Die Einsicht in die eigene Verantwortungsfähigkeit und in die Verantwortungsmodalitäten auf unterschiedlichen Schauplätzen schützt vor unnötigen Frustrationen. Berufliche Tätigkeiten und Rollen sollten demzufolge vom Privatleben unterschieden werden. Die damit verbundene Einsicht in die eigene berufliche Ersetzbarkeit kann so für die Beteiligten eine produktive Funktion für die Ausübung des Berufes entfalten und entlastet die professionell Helfenden von einem diffusen Allzuständigkeitsgefühl.

9.4 Die Verantwortungsinstanz

Das Problem der Verantwortungsinstanz gehört neben Subjekt und Bereich zu den unverzichtbaren Dimensionen des Verantwortungsbegriffs. Die Frage der Instanz beinhaltet überdies die zentrale Frage nach den Bewertungskriterien für Handlungen und ihre Folgen. **Vor wem** muss die Person sich verantworten? Vor wem muss sie die ihr zurechenbaren Taten und Handlungsfolgen letztlich legitimieren? **Nach welchen Kriterien** und Normen bemisst die Verantwortungsinstanz diese Taten? Wie lassen sich Maßstäbe zur Unterscheidung von guten und bösen Handlungen gewinnen? Stark vereinfacht und elementarisiert lassen sich vier idealtypisch rekonstruierbare Konzepte unterscheiden:

Als ‚klassische' Verantwortungsinstanz galt und gilt in der abendländischen Tradition Gott. Die Entstehung eines individuellen Verantwortungsbegriffs nahm bei der christlichen Vorstellung vom Sich-rechtfertigen-

Müssen im Jüngsten Gericht seinen Ausgangspunkt. Solange nahezu alle Menschen die Vorstellung von **Gott als letzter Verantwortungsinstanz** als verbindlich ansahen, entfaltete man Beurteilungsmaßstäbe in folgender Weise: Als Grundnormen wurden die Zehn Gebote der Bibel anerkannt, da sie als den Menschen von Gott durch Offenbarung mitgeteilte Normen galten. Hinzu trat auf präzisierende und überbietende Weise das von Jesus verkündete Doppelgebot der Liebe (Nächstenliebe, Gottesliebe), das ebenso als verbindlicher Wille der Verantwortungsinstanz galt. Auch Ungläubige wurden als vor Gott verantwortungsfähig betrachtet, da er nach biblischem Verständnis auch ihnen eine Reihe von Grundnormen ins Herz geschrieben hat (Röm. 2,15). Nichtchristen galten also nicht als moralisch orientierungslos, obwohl man ihre Fähigkeit bezweifelte, die von ihnen als richtig erkannten Maßstäbe praktisch umzusetzen. Bereits damals, aber besonders später, unter säkularen Bedingungen, gehörte es zum Selbstverständnis theologisch begründeter Ethik, ihre normativen Optionen über den kirchlichen Bereich hinaus kommunikativ und vernünftig zu rechtfertigen (vgl. 1. Petr. 3,15).

Im Kontext dieser lange Zeit unhinterfragten Rahmenvorstellungen gab es einen großen Auslegungsspielraum, der vom kirchlichen Lehramt, von kirchlichen Theologen und Laienchristen in unterschiedlichster Weise ausgeschöpft wurde. Besonders die Reformation und damit die Evangelische Kirche veränderte hier die Gewichtungen: Die Auslegung der Normen lag nun nicht mehr in der Hand eines autoritativen Lehramts. Vielmehr gewann seitdem die gläubige Gemeinde gemeinsam mit dem Pfarrer eine wachsende Bedeutung in der Deutung biblischer Texte, um die Gewissensentscheidung des Einzelnen zu schärfen.

Durch die Säkularisierung trat seit der Neuzeit die Verbindlichkeit kirchlicher Auslegung für die gemeinsamen Normen noch mehr zurück. Von nun an galt Gott nicht mehr für alle als alleiniger unhinterfragbarer Bezugspunkt der Verantwortung. Folgerichtig entstanden Konzepte, die **den einzelnen Menschen selbst** zur letzten Verantwortungsinstanz erklärten. An eine Ermächtigung zu willkürlicher und moralisch-kriterienloser Entscheidung des Einzelnen war dabei aber nicht gedacht. Vielmehr galt das Gewissen der Person quasi als innerer Gerichtshof (Kant 1989, 531 f., 572–779) des Einzelnen und eine **unparteiische Vernunft** – gewissermaßen als Stimme Gottes in uns (Kant 1990, 756) – **als Verantwortungsinstanz.** Im Gewissen meldet sich die Vernunft als Richter wie in einem Gerichtshof zu Wort und beurteilt die Taten. Als wegweisend erwiesen sich hier die Ende des 18. Jahrhunderts entwickelte Ethik Immanuel Kants und der Begriff der Würde (Kant 1965, 58). Zum Maßstab der Beurteilung entwickelte er eine formale Prüfungsregel, den „Kategorischen Imperativ": „Handle nach der Maxime, die sich selbst zugleich zum allgemeinen Gesetz machen kann“ (Kant 1965, 61). Mit seiner Hilfe soll jeder Einzelne prüfen, ob seine persönlichen Vorsätze und Maßstäbe verallgemeinerungsfähig und deshalb gerechtfertigt sind oder nicht. Die Vertreter dieses kantianischen Konzepts ahnten noch nicht den zunehmenden Zweifel an der Unparteilichkeit und Durchsetzungsfähigkeit der vernünftigen Gewissensstimme gegenüber den menschlichen Interessen, der sich später durchsetzte.

Eine gewisse Verschiebung und Relativierung der vernünftigen Unparteilichkeit gegenüber den von Menschen angestrebten Interessen nahm der **Utilitarismus** des 19. Jahrhunderts vor. Er legte besonderen Wert darauf, dass die Menschen ihre individuellen Interessen vor den Mitmenschen und deren Interessen rechtfertigten. Wenn es schon keinen von den eigenen Interessen losgelösten unparteilichen Vernunftstandpunkt des Einzelnen gibt, so sind die auf das soziale Zusammenleben angewiesenen Menschen gehalten, an einem gemeinsamen vernünftigen Nenner ihrer und aller Interessen festzuhalten. Die Gesellschaft mit der mehrheitlichen Auffassung ihrer Bürger entwickelt sich in Verbindung mit einem vernunftbegründeten Glücksbegriff zur gewissermaßen letzten Verantwortungsinstanz. Der Konsens zwischen individuellen und sozialen Glücksinteressen gewinnt folgerichtig eine entscheidende Rolle. Als vernünftiges **Beurteilungskriterium** gilt **das Glück aller.** Normen gelten dann als gerechtfertigt, wenn sie dem Glück aller nützen (lat.: *utilis*), d.h. die Vermeidung von Schmerz und die Steigerung von Lust im weiteren Sinne fördern. Diese Kriterien gelten als vernünftig und mit dem fundamentalen Glücksinteresse des Einzelnen als vereinbar. Eine individualistische, egoistische Glücksdurchsetzung lässt sich nicht rechtfertigen. Bis in unser Jahrhundert hinein entfaltete die Mitte des 19. Jahrhunderts entworfene Ethik John Stuart Mills (1806–1873) hier ihre maßgebliche Wirkung.

Auch die auf Jürgen Habermas (geb. 1929) und auf Karl-Otto Apel (geb. 1922) zurückgehende **Diskursethik** des 20. Jahrhunderts entwickelte eine Verantwortungsinstanz und ein entsprechendes Kriterium. Im Mittelpunkt der Theorie steht eine spezifische Kommunikationssituation, ein Diskurs, in dem Menschen in einem gewaltlosen Prozess des Sich-miteinander-Beratens **eine vernünftige, gemeinsame Überzeugung** gewinnen. Dieser Diskurs unterliegt bestimmten Bedingungen: Er bedarf einer idealen Sprechsituation, in der alle Beteiligten die gleichen Chancen und Möglichkeiten der Artikulation besitzen. Dabei darf die Kommunikationssituation nicht durch Asymmetrien (z.B. Informationsvorsprung Einzelner oder größeren gesellschaftlichen Einfluss Einzelner) verzerrt sein. Im Idealfall kommt es so zu einer herrschaftsfreien Kommunikation. Nur unter diesen Bedingungen stellt der Diskurs eine vernünftige Verantwortungsinstanz dar, die normative Beurteilungskriterien hervorbringt. Das Konzept der Diskursethik steht der Ethik Kants näher als dem Utilitarismus. Die Vernunft arbeitet – über den Ansatz Kants hinaus – gewissermaßen arbeitsteilig durch die unterschiedlichen Rollen der vernünftigen Teilnehmer. Auf diese Weise wird das Risiko einer isolierten Verantwortungsinstanz ‚Mensch' minimiert. In einer Entwicklungsperspektive zielt das Modell auf die Einbeziehung aller vernünftigen Menschen als Verantwortungsinstanz. Zunächst gilt es, möglichst alle vernünftigen Gesprächspartner des eigenen Kontextes an diesem spezifischen Diskurs zu beteiligen. Als ideale Zielvorstellung verlangt es die Einbeziehung aller vernünftigen Menschen, der aktuell lebenden Menschheit. Durch entsprechende institutionspolitische Verfahren könnten alle unterschiedlichen Individuen ihren Vernunftanteil einbringen.

Die vier paradigmatisch umrissenen Konzepte von Verantwortungsinstanzen – sie repräsentieren nur einige zentrale Grundgedanken aus einer größeren Vielfalt von Ansätzen – existieren der Natur der Sache nach als reine Theoriegebilde. In den Arbeitsfeldern professionell Helfender kommen solche Theoriegebilde nicht als homogene Standpunkte, sondern mit einzelnen zentralen Dimensionen vor. Allen vier Ethikansätzen bleibt gemeinsam, dass sie auf eine kommunikative Begründung und Rechtfertigung abzielen. Sie stehen deshalb in kritischer Distanz zum **Dezisionismus,** der heute in Alltag und Beruf häufig verbreitet ist. Dieser sieht die Basis der Beurteilung von Taten und Folgen ausschließlich in der persönlichen, voraussetzungslosen **Entscheidung** (lat.: *decisio*) **des einzelnen Menschen,** die weder begründungsfähig noch begründungsbedürftig ist. Hier gibt es **keinen normativen Maßstab.** Die anderen Theoriekonzepte beinhalten hingegen immer einen rechtfertigungsorientierten Diskurs. Jeder dieser Ansätze zielt aus unterschiedlichen Gründen auf vernünftige Kommunikation und versucht den prinzipiellen Dezisionismus aufzubrechen, der kooperativen Praxisvollzügen abträglich ist. Denn normative und fachliche Zielbestimmungen von grundsätzlichem Charakter bedürfen eingehender gemeinsamer Begründung. Der normale pragmatische Alltagsdezisionismus, in dem mehr oder minder schnell Entscheidungen gefällt werden, darf indes als unproblematisch gelten.

Denkbare Letztinstanzen der Rechtfertigung:

- Gott
- vernünftige Selbstbestimmung des Einzelnen (Kant)
- vernünftiger Nutzen für die Gesellschaft (Utilitarismus)
- Diskursgemeinschaft aller Vernünftigen
- keine gemeinsame Instanz im Dezisionismus

Die skizzierten Konzepte von Verantwortungsinstanzen existieren heute alle gleichzeitig nebeneinander. Die Kenntnis ihrer basalen Dimensionen hilft der professionellen Verständigung und Orientierung in professionellen Hilfekontexten. Für das Gelingen einer gemeinsamen Praxis müssen die Unterschiede zwischen den Ansätzen nicht ausgeräumt sein oder zu prinzipiell unvereinbaren Standpunkten hochstilisiert werden. Denn eine gemeinsame Handlungsorientierung gelingt auch, wenn Menschen trotz unterschiedlicher letzter Verantwortungsinstanzen, Begründungen und Gewichtungen im Prinzip dasselbe **Netz von Grundnormen** akzeptieren. Dies erfordert jedoch den Bezug auf **gemeinsame Beurteilungskriterien.** Die **unterschiedlichen Interpretationen** eines gemeinsamen normativen Grundnetzes dokumentieren das Profil der sie leitenden Verantwortungskonzepte. Auf diese Weise artikulieren sich die Besonderheiten religiöser oder philosophischer Verantwortungskonzepte, ohne jegliche normative Gemeinsamkeit bereits von vorneherein prinzipiell infrage zu stellen. Das **Menschenrechtsethos und die Menschenrechte** dienen für alle unterschiedlichen Ansätze als gemeinsamer Minimalstandard. Allem Konsens zum Trotz beinhalten unterschiedliche Zugänge Differenzen und beträchtliche Konfliktpotentiale (→ Kap. 3.1).

9.5 Kooperative Verantwortung

Die Differenzsensibilität für unterschiedliche Verantwortungskontexte erfordert eine genauere Betrachtung (→ Kap. 9.3). Wie fügen sich ein prinzipielles Verantwortungsgefühl und -bewusstsein mit den verschiedenen Wirklichkeitsbereichen des Menschen zusammen? Wie lässt sich der Komplexität gemeinsamer Handlungen Rechnung tragen? Welches Maß und welche Art der Verantwortung gilt als angemessen?

Das klassische Verantwortungsmodell bezieht sich auf den einzelnen Menschen und interpersonale Situationen (→ Kap. 9.1). Die unterschiedlichen Lebenskontexte betten die Menschen hingegen auch in komplexere, von ihnen gemeinsam getragene Handlungszusammenhänge ein. Viele Handlungsfolgen entstehen erst durch das Zusammenwirken von Handlungsketten, an denen der Einzelne nur in begrenztem Maße Anteil hat. Folglich stellt sich hier das **Problem einer Mitverantwortung.** Sie kann für den Einzelnen unterschiedliche Gestalt annehmen: Er kann bestimmte soziale Folgen wünschen, bewusst bejahen und durch sein Handeln aktiv befördern; er kann sich allerdings auch indifferent zu den mehrheitlich bejahten Folgen verhalten und auf einen aktiven Beitrag verzichten. Möglicherweise verneint er aber auch moralisch diese Folgen, möchte jedoch nicht als Abweichler gelten und sozial geächtet werden. Denkbar ist auch, dass ihn die

Folgen nicht kümmern oder er einen aktiven, handlungspraktischen Widerstand entgegensetzt.

Bereits diese wenigen Modi verdeutlichen die prinzipiellen und unterschiedlich intensiven Verwicklungen in soziale Handlungsfolgen. Daher lassen sich diese nicht mit gleichem Gewicht und in gleicher Weise zurechnen, wie es das elementare, an einzelnen Individuen orientierte Verantwortungsmodell nahe legt. Gerade in komplexen Gesellschaften verdienen die durch mehrheitliches und durchschnittliches Verhalten erzeugten Folgen besondere Beachtung. So kommt es beispielsweise im Bereich der Ökologie zu einer Kumulation von Effekten durch typische, teils koordinierte, teils unkoordinierte Einzelhandlungen, deren Gesamtergebnis keinem einzelnen Verantwortungssubjekt zugeordnet werden kann. Auch im Bereich politischer Mitverantwortung (Wahlen, Engagement in Parteien, Bewegungen usw.) zieht das durchschnittliche Verhalten ggf. gravierende Folgen nach sich. Wenn die Wahlberechtigten ihr Wahlrecht nicht wahrnehmen, befördern sie ggf. ungewollt eine politische Entwicklung, deren Ergebnis sie nicht wollen. Oder sie verursachen bewusst mehrheitlich eine bestimmte Entwicklung, verantworten sie jedoch nicht individuell.

Auch in derartigen Kontexten erscheint keine unmittelbar individuelle Zurechnung sinnvoll. Gleichwohl erwarten demokratisch verfasste Gesellschaften eine Mitverantwortung, da sie entsprechende Partizipationswege bieten und substantiell auf die Wahrnehmung dieses Verantwortungssegments durch ihre Bürger angewiesen sind. Der **gesellschaftlich interpretierte Zuschreibungscharakter** des Verantwortungsbegriffs (vgl. Lenk 1994) tritt hier besonders hervor. Er lässt sich nicht qua Entscheidung abschütteln. Als Staatsbürger bleibt der Einzelne ggf. wider Willen in eine **kollektive Verantwortung** eingebunden, obwohl er die zu verantwortenden Folgen weder gewollt noch gefördert hat.

Dass Verantwortung besonders in komplexen Systemen in ihrem Zuschreibungscharakter hervortritt, zeigt sich auch im gegenwärtig wandelnden Staats- und Gesellschaftsverständnis. Die öffentliche Debatte hat die Gestalt eines Verantwortungsdiskurses angenommen, in dem kontrovers über veränderte Zuständigkeiten und Aufgabenzuschreibungen debattiert wird. Vor allem die wirtschaftlichen Herausforderungen lassen eine neue gesellschaftliche Arbeitsteilung zwischen Staat, Gesellschaft und Individuum als geraten erscheinen (→ Kap. 11.6). Diese Transformation wird als Verantwortungsteilung (Schuppert 2002) diskutiert. Der Staat macht eine größere Eigenverantwortung der Einzelnen für die Absicherung der Lebensrisiken geltend. Folglich wird das Verhältnis zwischen sozialstaatlicher Verantwortung und individuell verantworteter Eigenleistung neu austariert. Diese politisch zu entscheidenden Verantwortungsteilungen gelten häufig als strittig. Denn die Delegation von Risiken an Individuen führt ggf. zu einer Verantwortungsüberforderung, da die Einzelnen auf strukturelle Risiken kaum Einfluss besitzen. Inwieweit die Individuen für ihre Integration in den Arbeitsmarkt verantwortlich sind, wird etwa am Beispiel Hartz IV heftig diskutiert.

Übungsfrage und -aufgabe

1. Welches Menschenbild liegt jeglichem Verantwortungsbegriff zugrunde?
2. Skizzieren Sie die triadische Struktur des Verantwortungsbegriffs!

Vertiefende Literatur

Verantwortung in komplexen sozialen Prozessen

Heidbrink, L., Handeln in der Ungewissheit. Paradoxien der Verantwortung, Berlin 2007, S. 73–108

Stegmaier, W., Gesichter der Politik – Verantwortung zwischen rechtlicher, politischer und ethischer Orientierung, in: Staat ohne Verantwortung? Zum Wandel der Aufgaben von Staat und Politik, hg. v. L. Heidbrink u. A. Hirsch, Frankfurt/M. 2007, S. 143–164

Kapitel 10
Verantwortung – Vertiefung

■ Die Übernahme von Verantwortung ist Bestandteil jeder Professionsethik. Professionswissen besitzt für die Wahrnehmung beruflicher Verantwortung eine wichtige Funktion. Die auf die menschliche Lebenspraxis bezogene Soziale Arbeit birgt ein strukturelles, untilgbares Verantwortungsrisiko, in der es nie letzte Gewissheiten gibt. Professionelles Helfen ist zudem in besonderer Weise auf arbeitsteilige, kooperative Verantwortungsprozesse angewiesen.

10.1 Verantwortungswissen – Verantwortungsfähigkeit – Verantwortungsrisiko

In Wirklichkeitssektoren, die keine unmittelbare Zurechnung von Handlungsfolgen erlauben, rückt das Verantwortungswissen in eine entscheidende Rolle. Je abstrakter und unanschaulicher das Verhältnis zwischen handelnden Subjekten und zeitverzögert eintretenden Folgen ist, desto bedeutungsvoller ist die Funktion des Wissens. Denn nur vor seinem Hintergrund lassen sich abstraktere Zurechnungsdimensionen sinnvollerweise diskutieren und Subjekte auf ihre Mitverantwortung hin ansprechen.

Die Formulierung „nach bestem Wissen und Gewissen" enthält bereits zwei zentrale Aspekte: Besaß der Mensch im Rahmen seiner Möglichkeiten ausreichende Informationen über die Folgen seiner Handlung (Wissen) und agierte er im Bewusstsein eigener Verantwortungsfähigkeit (Gewissen)? Beides sind notwendige Bausteine eines Verantwortungsbewusstseins.

Wissen erfüllt besonders im Fall von zeitverzögerten Folgen in komplexen Prozessen eine zentrale Funktion. Ohne dieses Wissen ließe sich nicht sinnvoll von Verantwortung sprechen. Die Beurteilung der Verantwortung erfordert daher eine differenzsensible Analyse der Relevanz des Wissens: Wie viel Wissen über Handlungsfolgen darf legitimerweise in unterschiedlichen Verantwortungsbereichen erwartet werden? Wie viel Verantwortungswissen ist möglich, und wo gibt es Grenzen? In professionellen Handlungsfeldern der Sozialen Arbeit erwarten die Klienten und die Auftraggeber von den Professionellen ein genaueres, komplexeres Wissen über die Folgen ihrer Handlungen. Laien können, Spezialisten müssen dieses Wissen besitzen.

Durch ihre Ausbildung und Erfahrung sollten sie über eine fundierte Einsicht in das wirksame Geflecht von Ursachen und Folgen in ihrem beruflichen Handlungsfeld verfügen. Da in beruflichen Rollen die prinzipielle Verantwortungsfähigkeit eine Selbstverständlichkeit darstellt, rückt ein eingrenzbares Professionswissen hier in den Mittelpunkt.

Wissen über die Folgen einer Handlung	+	**Gewissen** als Bewusstsein über die eigene Verantwortungsfähigkeit für die Folgen einer Handlung	=	Verantwortungsbewusstsein

Abb. 13: Verantwortungsbewusstsein

Jede Wahrnehmung von Verantwortungsrollen beinhaltet überdies ein Risiko. Denn niemand kann den Verantwortungsort vollständig überschauen und eine vorausschauende Gesamtsicht über alle Folgen und Nebenfolgen gewinnen. Im günstigen Fall erfolgt der Rückgriff auf ein durch Ausbildung und Bildung vermitteltes, verantwortungsrelevantes Wissen, das gewisse Ursache-Folgen-Szenarien vor Augen stellt. Der fortlaufende Handlungsdruck in professionellen Handlungsfeldern erlaubt überdies keine häufigen Unterbrechungen. Umso mehr gilt es, einem sorgfältigen Verantwortungswissen und dem Bewusstsein der eigenen Verantwortungsfähigkeit Rechnung zu tragen. Aufgrund der Begrenztheit des Wissens muss allerdings auch eine immer strukturell mitgesetzte Labilität im Blick bleiben.

Die beabsichtigten Handlungsfolgen treten nicht wie in technischen Abläufen mit naturgesetzlicher Notwendigkeit ein. Menschliche Handlungszusammenhänge und ihre Regeln bleiben stets prinzipiell labil, sie sind offen für mannigfaltige Zufälligkeiten. Gemessen an den eigenen Maßstäben und Absichten treten gelegentlich geradezu entgegengesetzte Folgen ein. Trotz „bestem Wissen und Gewissen" kann eine in Freiheit übernommene Verantwortung misslingen. Berufliche Erfahrungsfelder dokumentieren in anschaulicher Weise diese jedem Prozess der Verantwortung eingestiftete Ambivalenz.

10.2 Verantwortung in sozialen Rollen

Innerhalb der Vielfalt gesellschaftlicher Rollen stellt das Professionswissen, das Ausbildungs- und Prüfungsordnungen u. Ä. festhalten, einen Sonderfall von verantwortungsrelevantem Wissen dar. Als schwerer eingrenzbar stellen sich die verantwortungsbezogenen Wissensbestände in anderen Rollen des Lebens dar. In vielen Wirklichkeitsbereichen (Ehe/Familie, Partnerschaften, Wirtschaft, Politik u.Ä.) sind die Menschen ‚Verantwortungslaien'. Ihre Befähigung zur Verantwortung entsteht dort nicht durch Ausbildung, sondern weithin durch Bildung. Menschen greifen in diesen Wirkungskreisen intuitiv auf ein durch Tradition, Sozialisation und Bildung weitergegebenes und ggf. durch Erfahrung modifiziertes Wissen und Verhalten zurück. Sie partizipieren an einer breit gefächerten, institutionell gestützten Verantwortungskultur. Die Wechselbeziehung von praktisch orientiertem Klugheitswissen (→ Kap. 7.2) und eingeübten Erfahrungsmustern lässt eine Kultur entstehen, die – ähnlich wie die Synthese von Professionswissen und Berufserfahrung für die Profession – eine bedeutsame Funktion für die Verantwortungsprozesse in den alltäglichen Handlungsfeldern besitzt.

Handlungen entspringen meist einer vorreflexiven Alltagseinstellung. Der anschauliche Nahbereich der Interaktionen konfrontiert die Menschen relativ unmittelbar mit den Folgen ihrer Handlungen und ihrer Verantwortung. Sie werden meist ohne große Zeitverzögerungen von ihren Mitmenschen auf Rechtfertigungsgründe hin angesprochen.

Zugleich partizipieren dieselben Personen aber auch an Bereichen, die sie mit unbekannten Menschen teilen. Beispielsweise: Sie gehen einkaufen (Ökonomie), nehmen an Wahlen teil (Politik), bezahlen Steuern (Staat) usw. Die Auswirkungen und Folgen, die durch durchschnittlich verbreitete und mehrheitlich geteilte Handlungsmuster entstehen, bleiben zunächst unanschaulich; Rückkopplungen treten erst mit größerer zeitlicher Verzögerung ein. Unterschiedliche Stimmen der Öffentlichkeit (Zeitungsberichte, Presse, Fernsehen, Politik, Kirchen, Initiativen, Demonstrationen usw.) sprechen die Betroffenen – wenn auch mit anderem Gewicht als persönliche Interaktionspartner – auf diese Rückkopplungen und ihre Mitverantwortung hin an. Sie gehen von einer Mitverantwortung aus, die von den Menschen entweder bejaht oder verweigert wird. Letzteres tritt ein, wenn Menschen sich als nicht zuständig empfinden und die Beteiligung ihres individuellen Verhaltens an der kollektiven Entstehung von Handlungsfolgen nicht anerkennen. Das **Wissen um die Verantwortungsfähigkeit für anonyme Strukturen** erweist sich in diesen Bereichen als zentrale Voraussetzung der Verantwortungsübernahme. Nur wenn Personen um ihren potentiellen, aktiven oder passiven Handlungsbeitrag in diesen Systemen wissen, begreifen sie sich als mitverantwortlich. Andernfalls erscheinen ihnen die abstrakten, mit zeitlicher Verzögerung eintretenden Rückkopplungen als ‚von oben' auf sie einwirkendes, unbeeinflussbares ‚Schicksal' (Greiffenhagen, M./Greiffenhagen 1981). Darum besitzt das prinzipielle Wissen um die zirkulären Rückkopplungsprozesse von subjektiven Wahrnehmungen und objektiven Strukturen (Berger/Luckmann 1984, 56–72) weit reichende Bedeutung. Es dokumentiert die generelle Verantwortungsfähigkeit und Mitverantwortung für den sozio-ökonomischen und politischen Gesamtzustand der Gesellschaft. Gleichzeitig stiftet es der politischen Kultur ein diesbezügliches Zuständigkeitsgefühl ein.

Neben der generellen Verantwortungsfähigkeit für komplexe Kontexte bedarf es eines konkreten Wissens über die Modalitäten, mit deren Hilfe Verantwortung bereichsspezifisch wahrgenommen werden kann. Nur so lassen sich Reichweite und Grenze der Mitverantwortung sachgemäß einschätzen. Die Verantwortung in verschiedenen Rollen und an unterschiedlichen Schauplätzen erfordert die **Kultivierung einer Differenzsensibilität.** Die Unterscheidung von beruflichen und privaten Erfahrungsfeldern dient sowohl der Entdeckung als auch der Begrenzung der Verantwortungsübernahme. Hier gilt es, ein bereichsbezogenes Unterscheidungsvermögen auszubilden.

Ein derartiges, Unterscheidungsvermögen förderndes Wissen erspart tiefgreifende Frustrationen. Diese entstehen häufiger durch die Verbindung des personalen Zurechnungsmodells mit einem sozialen Verantwortungsgefühl, dem sachgemäße Verantwortungswege fehlen. Im Ergebnis kommt es zu Über- und Unterforderungen: Mal dominiert angesichts der scheinbar unbeeinflussbaren Strukturen die Verzweiflung über die eigene Hilflosigkeit, ein anderes Mal kommt es zur Erosion des gesellschaftlichen Verantwortungsbewusstseins. Besonders die Politisierung der 1968er Jahre förderte die Einsicht in die gesellschaftliche Verantwortungsfähigkeit. Die notwendige Differenzsensibilität erfuhr hingegen nicht die gleiche Aufmerksamkeit. Daher besaßen politisch-moralische Verantwortungsappelle grundsätzlichen Charakters nur einen begrenzten Realitätskontakt. Im Gegenzug gewannen die Unterscheidungsbedürftigkeit und die (bereichs-)spezifischen Systemlogiken vor allem durch die Systemtheorie (Luhmann 1988) entscheidend an Bedeutung.

10.3 Politische und prospektive Mitverantwortung

Die Differenzierung in unterschiedliche Verantwortungsbereiche verurteilt die Menschen in politischer Hinsicht nicht zur Teilnahms- und Mitverantwortungslosigkeit. Im Gegenteil: Sie lenkt den Blick auf diejenigen Verantwortungsbereiche, in denen Politikkonzepte und Politiker als professionelle Verantwortungsträger gravierenden Einfluss auf strukturelle, die Teilbereiche betreffende Entwicklungen besitzen. Sachgemäße Orte politischer Mitverantwortung sind daher vor allem politische Schauplätze im engeren Sinne: Parteien, Parlamente, Initiativen, Verbände, öffentliche Demonstrationen u.Ä. An diesen Stätten der Einflussnahme artikulieren sich Interessen. Im Idealfall gelingender Partizipation bilden sich immer wieder vorläufige Konsense aus. Von professionellen Trägern öffentlicher Verantwortung erwarten Betroffene ein höheres Maß an Wissen und Informationen über kollektive Handlungsfolgen. Daher verlangen Bürger zum einen Informationen über die Steuerungskonzepte und die Folgen, zum anderen die öffentliche Rechtfertigung diesbezüglicher politischer Entscheidungen. Sie verlangen schließlich die Rechtfertigung der zugrunde liegenden Kriterien.

Die politische Verantwortungszuschreibung lässt ein weiteres Strukturmerkmal hervortreten: Während der klassische Verantwortungsbegriff auf die retrospektive Zurechnung von bereits eingetretenen Folgen zielt, treten bei Fragen der sozialen und politischen Gesamtsteuerung vor allem prospektive, die Zukunft betreffende Dimensionen hervor (sog. Sorge-für-Verantwortung). Jedem Steuerungskonzept liegen für erstrebenswert erachtete zukünftige ‚Zustände' zugrunde. Strategien erfahren von diesen Zielvorstellungen her ihre moralische Rechtfertigung.

Nicht nur die Folgen, auch die handlungsbestimmenden Leitbilder bedürfen der Verantwortung: Ist der angestrebte Zustand wirklich erstrebenswert? Ist er mit einem Verständnis menschlichen Lebens vereinbar, über das sich die Menschen im Vorfeld verständigt haben? Wurden in angemessener Weise Nebenfolgen und Gefahren abgewogen? Im Beispiel: Welche technologischen Risiken werden zukünftigen Generationen durch die Weiterentwicklung der Atomkraftenergie hinterlassen? Dürfen potentiell eintretende, mit langfristigen Folgen belastete Risiken später lebenden Menschen hinterlassen werden? Setzen die hier angestellten Wahrscheinlichkeitskalküle nicht den Freiheitsspielraum der nachfolgenden Generationen aufs Spiel (hierzu Spaemann 1980)? Kann die Gesellschaft Formen der Pränatalen Diagnostik, der Präimplantationsdiagnostik und die damit gegebene höhere Planungssicherung und Verfügungsmöglichkeit der Paare in der Fortpflanzung befürworten? Auch das Unterlassen wird in solchen Beispielen verantwortungsethisch bedeutsam.

10.4 Verantwortlichkeit in sozialen Berufen

Professionalität erfordert zum einen die **prinzipielle Bereitschaft** zur Rollen- und Aufgabenverantwortung, zum anderen **ein Bündel personenbezogener Kompetenzen.** Beides hält der Begriff der **Verantwortlichkeit** fest (vgl. hierzu Kaufmann 1995, 88 ff.). Da eine lediglich innerliche, quasi konfessorische Bejahung nicht ausreicht, bedarf es spezifischer sozialer, kommunikativer, kognitiver und moralischer Fähigkeiten. Besonders in beruflichen Zusammenhängen tragen sie wesentlich zum Gelingen der Verantwortung bei. Arbeitsteilige Kooperation verlangt **soziale Kompetenz.** Sie erfordert sowohl Kommunikations- als auch Kritikfähigkeit. Sensibilität und Selbstdistanz wirken sich positiv auf das Gelingen der Zusammenarbeit aus. Ähnliche Bedeutung besitzt das emotionale Grundgestimmtsein der Person. Ein Zuviel an Angst kann in spezifischen Leitungsverantwortlichkeiten kontraproduktive Effekte entfalten. Angstgestimmte Persönlichkeitstypen ertragen nur schwer die strukturell mitgesetzte Unvollständigkeit ihres Überblicks. Dies verstärkt den irrigen und unerfüllbaren Anspruch, sämtliche Handlungsvollzüge der Mitarbeiter zu durchschauen, zu kontrollieren usw. Angstbesetzte Kommunikationsversuche mit dem Ziel, das Risiko zu minimieren, führen im Regelfall zur Entmündigung beteiligter Verantwortungsträger und zur Erosion kooperativer Arbeitsbezüge. Hier ist es hilfreich, ein kritisch-konstruktives Vertrauen zu entwickeln, um das strukturell mitgesetzte Verantwortungsrisiko für die Person erträglich zu machen. Auch Leitungspersonen, die rechtlich in der Verantwortung stehen, können im konkreten Vollzug nicht darauf verzichten, Verantwortung zu teilen und abzugeben.

Professionell übernommene Verantwortung bleibt strukturell immer ohne letzte Gewissheiten. Diese Einsicht verurteilt jedoch nicht zur irrationalen Verantwortungsübernahme. Kommunikativ gestaltete Kooperation verleiht der Zusammenarbeit Transparenz, löst idealerweise gemeinsame Lernprozesse ohne dirigistische Eingriffe aus und trägt damit wesentlich zur gedeihlichen kooperativen Verantwortung bei. Die erfordert überdies erhebliche **kognitive Kompetenzen.** Hierzu gehören ein solides Professionswissen sowie ein ausreichendes intellektuelles Vermögen, Verantwortungsbereiche zu erkennen, Reichweiten der Verantwortung zu bestimmen, Problemgenesen zu antizipieren und begründete Kriterien des Handelns zu artikulieren.

Auch **moralische Kompetenzen** zählen zu den Dimensionen der Verantwortlichkeit. Sie dürfen nicht auf die innerliche Motivation der Person verkürzt werden. Derartige Fähigkeiten verlangen eine präzise Abgrenzung von bloßen Gesinnungen. Ein moralisch-missionarisches Sendungsbewusstsein verdeckt gelegentlich sogar den Mangel an kommunikativen und kognitiven Kompetenzen. Daher bleibt stets das Zusammenwirken aller Fähigkeiten zu beachten. In Verbindung mit diesen heben moralische Kompetenzen auf die Identifikation mit ethischen Zielperspektiven und Rahmenvorstellungen der Sozialen Arbeit ab. Auch die freiwillige Selbsteinhaltung der Regeln und die Fähigkeit, im Konfliktfall persönliche Interessen zu relativieren und zugunsten berechtigter Interessen Dritter zurückzustellen – seien es die der Klienten oder die der Kollegen –, lassen sich den moralischen Fähigkeiten zuordnen. Alle drei personenbezogenen Kompetenzen bestimmen zusammen verantwortliches professionelles Handeln und tragen dazu bei, eine lebendige Rollen- und Aufgabenverantwortung gelingen zu lassen.

Übungsfragen

1. Was unterscheidet berufliche Verantwortung von politischer oder familiärer Verantwortung?
2. Was kann in einer pluralistischen Gesellschaft mit unterschiedlichen Auffassungen über Verantwortungsletztinstanzen Ihres Erachtens nach noch eine gemeinsame Rechtfertigungsgrundlage sein?

Vertiefende Literatur

Sozialpsychologische Dimensionen

Bierhoff, H. W., Verantwortungsbereitschaft, Verantwortungsabwehr und Verantwortungszuschreibung, in: Verantwortung: Prinzip oder Problem?, hg. v. K. Bayertz, Darmstadt 1995, S. 217–240

Kapitel 11
Vom Sozialstaat zum Gewährleistungsstaat

■ Die derzeitigen politisch induzierten Ökonomisierungsdynamiken erfordern eine Neujustierung des wohlfahrtsstaatlichen Arrangements. Insgesamt verlagert sich die Erbringung von sozialstaatlichen Leistungen stärker auf die Gesellschaft und ihre zentralen Akteure im Dritten Sektor, im Markt und im informellen Sektor. Soziale Arbeit ist von diesen veränderten Rahmenbedingungen aufgrund ihrer sozialstaatlichen Mandatierung erheblich betroffen. Die Aktivierung der Gesellschaft fordert sie auch in ihrem normativen Selbstverständnis heraus.
Aus menschenrechtlicher Perspektive konkretisiert der Sozialstaat die mit den Freiheitsrechten ausbalancierten Gleichheitsrechte. Die Lehre vom Tripelmandat (→ Kap. 7) verortet die Soziale Arbeit zwischen sozialstaatlichem und nutzerorientiertem Auftrag und weist der Profession eine bedeutsame Zwischenstellung zu. Die Analyse der Grenzen und Reichweiten von Institutionen zeigt auch die Ambivalenz sozialstaatlicher Vertrauenswürdigkeit (→ Kap. 8.5). Sozialstaatliche Mandatierung verdient nicht zwangsläufig das Markenzeichen der Humanität. Zudem erfordern die gegenwärtigen sozialstaatlichen Transformationen eine eingehende Analyse. Zentral veränderte Programmatiken und Organisationsformen verlangen eine genauere Durchdringung, da diese Prozesse weit reichenden Einfluss auf die berufliche Identität Sozialer Arbeit gewinnen.

11.1 Hilfeerwartungen

Die meisten Menschen erfassen intuitiv, dass die derzeitigen Strukturreformen unmittelbar und langfristig in ihre Lebensgeschichte eingreifen. Die Veränderungen berühren sie in unterschiedlichen Bereichen: Werde ich ausreichend medizinisch versorgt, wenn ich krank werde? Werde ich im Alter arm sein? Wie ernähre ich meine Familie im Fall von Arbeitslosigkeit? In der deutschen Nachkriegszeit hat sich eine relativ stabile Hilfeerwartung an Institutionen ausgebildet. Sie beansprucht gegenüber dem Staat eine Absicherung in bestimmten Lebenssituationen und Lebensphasen. Teils greifen wirtschaftspolitische Dynamiken in das Leben ein (Arbeitslosigkeit), teils unbeeinflussbare Schicksalsschläge, zum anderen treten Faktoren ein, die im Durchlaufen des menschlichen Lebens durchschnittlich unvermeidlich sind (Alter, Krankheit). Insgesamt zielt die sozialstaatliche Sicherungsidee auf die Minimierung von Lebensrisiken und versteht das Hilfebegehren als Gerechtigkeits- und nicht als Barmherzigkeitsanspruch (→ Kap. 4.1).

Die Hilfe- und Leistungserwartungen entspringen sowohl einem individuellen Sicherheitsbedürfnis als auch der Einsicht, dass spezifische Notlagen eine überindividuelle, institutionelle Hilfe erfordern. Sozialstaatliche Hilfesysteme erscheinen daher als Element einer moralisch begründeten Arbeitsteilung der Gesellschaft. Der gerechtigkeitsorientierte Hilfeanspruch versteht die sozialstaatlichen Organisationen als vom Bürger beauftragte und durch gemeinsam geleistete Wertschöpfungsprozesse finanzierte Einrichtungen. Daher gehen die Erwartungen an den Staat über die bloße Gewährleistung von Lebenssicherung hinaus und beziehen sich gleichermaßen auf den **Ausgleich zwischen ungleich verteilten Lebenslagen.** Demzufolge richten sich die Erwartung und das Gerechtigkeitsempfinden nicht nur auf sog. letzte Hilfen, sondern auch auf die das normale Leben flankierenden und erhaltenden Leistungen. Dass die Bürger einen Teil dieser Leistungen durch individuelle, unterschiedlich hohe Beiträge direkt mitfinanzieren, stabilisiert diese Erwartung. Als Teil politisch-moralischer Selbstbeschreibung der Gesellschaft liefert dieser normative Grundkonsens einen wesentlichen Beitrag zur politischen Akzeptanz des Systems.

Unter dem Programmbegriff „mehr Eigenverantwortung" gibt die Sozialpolitik derzeit die spezifischen Strukturrisiken der modernen Gesellschaft in Teilen an die Individuen zurück. Globalisierung, Internationalisierung und Standortkonkurrenz beflügeln diese Entwicklung, bleiben aber oft als wesentliche Bedingungsfaktoren unthematisiert. Obwohl sie sich politischen Weichenstellungen verdanken, werden sie häufig als quasi naturwüchsiges Schicksal betrachtet. Im Alltagsbewusstsein führt dieser Prozess insgesamt zu politischen Legitimationsverlusten und verlangt eine Neukonfiguration und -definition des normativen Grundkonsenses. Als veränderungsbedürftig erscheinen vor allem das Anspruchsbewusstsein, die Verantwortungsverteilungen und die Anspruchsgrenzen. Der gesamte Komplex institutioneller Leistungserwartungen erfährt so eine Neujustierung. Soziokulturell verbreitete anthropologische und normative Leitideen begleiten diese Veränderungen (→ Kap. 5.1). Ein konfliktuöser kollektiv-moralischer Selbstauslegungsprozess streitet um ein Neuverständnis seiner Prinzipien von Freiheit und Gleichheit, Gerechtigkeit und Solidarität, Rechten und Pflichten etc. Liberale Motive wie die Hervorhebung der Eigenverantwortung und Autonomie verbinden sich mit staats- und bürokratiekritischen Einwänden wie dem Ruf nach effizienteren und veränderten Organisationsstrukturen.

11.2 Definitionen

„Der Wohlfahrtsstaat ist der institutionelle Ausdruck der Übernahme einer legalen und damit formalen und ausdrücklichen Verantwortung einer Gesellschaft für das Wohlergehen ihrer Mitglieder in grundlegenden Belangen“ (Kaufmann 1997, 21). Im Mittelpunkt steht die Gesellschaft als Subjekt der Verantwortung für das Wohlergehen ihrer Mitglieder. Wohlfahrtsstaatliches Handeln stellt demzufolge einen institutionellen Ausdruck gesellschaftlicher Verantwortung dar. Allerdings variieren Ausmaß, Formen und Erwartungen, wiederum abhängig von historischen Entstehungsbedingungen und kulturell-weltanschaulichen Hintergründen, erheblich (Esping-Andersen 1990). Auch der deutsche Sozialstaat bildete sukzessiv ein Erwartungsfeld aus, das sich sowohl auf letzte Hilfen als auch auf die Erhaltung von normalen Lebenlagen bezieht. Daher sind existenzsichernde und statussichernde Dimensionen zu unterscheiden. Konzeptionell gilt das System der Sozialversicherung als den letzten Hilfen vorgelagert, da die Erhaltung der Normalbiographien im Vordergrund steht und letzte Hilfen gerade hierdurch vermieden werden sollen. Daher liegt das Schwergewicht eher auf Lebensstandardsicherung als auf Grundsicherung. Dieser Umstand verdient Beachtung, weil er **lebensqualitative** und nicht bloß existenzsichernde **Dimensionen als grundlegende Verantwortungsbelange der Sozialpolitik** begreift. Trotz des permanenten Definitions- und Aushandlungsbedarfs beinhaltet dieses Modell bereits eine gerechtigkeitstheoretische Entscheidung: Sozialstaatliches Handeln zielt in dieser Perspektive auch auf die Korrektur sozioökonomisch bedingter Ungleichheiten in den Lebenschancen und auf den Ausgleich von zu stark streuenden Wohlstandsdifferenzen. Dies steckt die Reichweite institutioneller Verantwortung und sozialstaatlicher Funktionen ab.

Die Gesellschaftspolitik definiert und konfiguriert, was als grundlegender Belang und Bedarf gilt und gemeinsam institutionell verantwortet wird. Gegenwärtig erfährt die Gemengelage von Lebensstandard- und Grundsicherung zunehmend eine moralische Akzentverschiebung: Die Statussicherung gewinnt tendenziell den Charakter einer eher der Barmherzigkeit zuzuordnenden, überschießenden Leistung, deren Luxus man sich in prosperierenden Zeiten habe erlauben können. Die nun geltend gemachte Finanzierungslücke erfordere hingegen die Einschränkung der gesellschaftlichen Verantwortungsreichweiten und ihrer Leistungstiefen (zum Verhältnis von Gerechtigkeit und Gleichheit → Kap. 4.5). Das Bedingungsgefüge von Wirtschaft und Sozialem steht zunehmend unter der Dominanz des Ökonomischen.

Die Definition des Wohlfahrtsstaats stellt zudem die institutionelle Verantwortung mit Mitteln des Rechts in den Mittelpunkt. „Das Wesentliche zur

Verwirklichung des Sozialstaats kann nur der Gesetzgeber tun." (BVerfGE, Zacher 2000, 62) Das Grundgesetz selbst sichert oder garantiert allerdings nicht die gegenwärtige Form des Sozialstaats. Obwohl sich Deutschland als sozialer Bundes- und Rechtsstaat (vgl. GG Art. 20 (1), 28 (1)) begreift, machen die verfassungsrechtlichen Dimensionen kaum konkrete Festlegungen und Vorgaben. Da soziale Grundrechte im engeren Sinne keinen Eingang in unsere Verfassung fanden, bleibt lediglich eine elastische Sozialstaatsformel. Die Konfiguration von Status- und Grundsicherung stellt sich aus der Perspektive des Rechts als offen dar, obwohl nach gängiger Rechtsauffassung beide Dimensionen Bedeutung besitzen. Die Sozialstaatsklausel umfasst „Hilfe gegen Not und Armut und ein menschenwürdiges Existenzminimum für jedermann; mehr Gleichheit durch den Abbau von Wohlstandsdifferenzen und Kontrolle von Abhängigkeitsverhältnissen; mehr Sicherheit gegenüber den ‚Wechselfällen des Lebens' und schließlich Hebung und Ausbreitung des Wohlstandes" (Zacher 1993, 18f.) Das Bundesverfassungsgericht legte fest, dass der Artikel 1 des Grundgesetzes, der die Unantastbarkeit der Würde festhält, den Staat darauf verpflichte, eine Art Existenzminimum zu garantieren (Urteile vom 29.05.1990 und 12.06.1990 – BVerfGE 82, 60, 198). Die Konkretisierung dieses unabdingbaren Kerns bestimmt der Gesetzgeber. Selbst Minimalstandards unterliegen damit einer ernüchternden Elastizität.

Außer vom Staat werden wohlfahrtsrelevante Leistungen auch im Markt und im informellen Bereich (Familie, Nachbarschaft) sowie im Dritten Sektor erbracht. Innerhalb des letzten Komplexes kommt privat-verbandlichen Trägern eine wichtige Rolle zu. Dieser Sektor stellt keine homogene Einheit dar, sondern eine mehr oder weniger fragmentierte Ansammlung spezifischer Dienstleistungssysteme, die ihre eigene Professionalität entwickeln (vgl. Kaufmann 1997, 23). Er steht ebenfalls in sozialstaatlicher Verantwortung, da der Staat erheblichen Einfluss auf die Gründung, Finanzierung und Steuerung nimmt (Olk/Evers 1996). Er ist als ein Dritter Sektor (Anheier 1997, 1999) zwischen marktorientierter und sozialstaatlicher Sphäre angesiedelt und macht einen substantiellen Teil des sozialstaatlichen Arrangements aus.

Insgesamt lassen sich aus der Idee des Wohlfahrtsstaats weder Leistungstiefe noch Leistungsbreite deduzieren. Auch seine Organisationsformen und Steuerungen unterliegen politischen Bestimmungen. Die seit den 1995er Jahren eingeleitete Transformation in eine Sozialwirtschaft fördert weitere Mischformen von Non-Profit-Einrichtungen und andern Unternehmensformen (vgl. Evers/Ewert 2010). Was eine Gesellschaft als grundlegende, gemeinsam zu verantwortende Belange ansieht, verdankt sich einem Kompromiss aus sozialpolitischen und ökonomischen Grundentscheidungen, kulturell habitualisierten Erwartungshaltungen und konkreten Interessenskompromissen.

11.3 Die Transformation des Wohlfahrtstaates

Das gegenwärtige Modell des Sozialstaates verdankt sich einer Sozialpolitik, die sich in der Nachkriegszeit unter den Bedingungen einer im Wesentlichen florierenden Wirtschaft entwickelte. Das Leitbild der Sozialen Marktwirtschaft begleitete die Entwicklung auch soziokulturell (Jähnichen 2009). Später veränderten politische Weichenstellungen substantiell die Bedingungen der Sozialpolitik zugunsten von Globalisierung und internationaler Konkurrenz (Rieger/Leibfried 2001; Leibfried/Zürn 2006). Strukturelle Wachstumsschwächen brachten langfristig relativ hohe Arbeitslosenzahlen hervor. Zudem machte die demographische Entwicklung das Problem des Generationenvertrages zwischen Alt und Jung zum Brennpunktthema der Sozialpolitik (Kaufmann 2005). Immer weniger arbeitende jüngere Menschen werden die Rentenleistungen für immer mehr ältere Menschen erbringen müssen. Da der Hauptanteil der wohlfahrtsstaatlichen Leistungen in der Regel im letzten Drittel der Lebensphase anfällt, ist auch die Finanzierung des Gesundheitswesens vom demografischen Wandel betroffen.

In den gesamten Transformationsprozess greift auch die politisch induzierte Eigendynamik europäischer Integration ein. Dabei zeichnet sich folgendes Szenario ab: Ein sich homogenisierender europäischer Wirtschaftsraum wird die Standortkonkurrenz zwischen wohlfahrtsstaatlichen Dienstleistern verschärfen, die sich zunehmend zu eher sozialwirtschaftlich arbeitenden Organisationen verwandeln. Besonders die Neue Steuerung (vgl. Dahme/Kühnlein/Wohlfahrt 2005) hat die sozialwirtschaftliche Entwicklung vorangetrieben. Die Niederlassungsfreiheit und die europäische Dienstleistungsrichtlinie verstärkt dabei auch innereuropäisch die **Konkurrenz zwischen sozialen Dienstleistern** (Büstrich 2006). Infolgedessen verlangt der Status der Gemeinnützigkeit unterschiedlicher privat-verbandlicher Wohlfahrtspflege nach Klärung. Zug um Zug erfordern die unterschiedlichen sozialen Sicherungsstandards und Fürsorgeniveaus eine Angleichung; für Deutschland folgt daraus sehr wahrscheinlich eine geringere Leistungstiefe. Neue Organisationsformen und Steuerungsprozesse der Wohlfahrtsproduktion lösen die alten eingeführten Arbeitsteilungen zwischen Staat und Verbänden ab.

In diesem Szenario besitzen der Faktor ‚Arbeit‘ und seine Steuerung besondere Bedeutung (vgl. Hanesch 1998). Lösungen für die strukturelle Arbeitslosigkeit werden bis dato vorrangig von einer Deregulierung des Arbeitsmarkts erwartet. Dies führt zur Ausbreitung prekärer Beschäftigungsverhältnisse, die den Trend der **Absenkung der Schutzstandards** verstärken und eine **Teilprivatisierung der klassischen Sozialversicherungselemente** nahe legen. Demzufolge scheinen sich dann Grundsicherungsmodelle im Bereich der Krankenversicherung und Rente anzubieten, deren minimale Mindestleistungen durch private Zusatzversicherungen ergänzt werden können. Die sozialen Exklusionsdynamiken dieser Privatisierung erfordern gleichzeitig einen Ausbau letzter Netze, mit deren Hilfe Marginalisierungs- und Verelendungsprozesse aufgefangen werden. Gerade hier erfahren die nicht-staatlichen Bereiche der Wohlfahrtsproduktion verstärkte Aufmerksamkeit. Die potentiell kompensatorische Funktion der drei Bereiche (Dritter Sektor, Markt, informeller Sektor) für das Nachlassen sozialstaatlicher Aktivität, aber auch die Frage nach effektiveren Formen der Wohlfahrtsproduktion und der Entwicklung zum Gewährleistungsstaat drängt sich auf. Vor diesem Hintergrund gewinnt ein **Konzept des Wohlfahrtspluralismus** (→ Kap. 11.6) Kontur, das die Idee der Subsidiarität neu interpretiert.

11.4 Subsidiaritäts- und Solidaritätsprinzip

Die deutsche Wohlfahrtstradition reflektiert das Verhältnis von Staat und Individuum durchgängig mit Bezug auf das Subsidiaritätsprinzip. Als gesellschaftlichen Gestaltungsgrundsatz definiert das Subsidiaritätsprinzip die Aufgabe der jeweils größeren, übergeordneten sozialen Einheit, einer ihr untergeordneten Einheit im Bedarfsfall zu Hilfe zu kommen. Die Unterstützung soll die Eigenaktivität stimulieren und erhalten. Die wirkungsträchtigste Konzeption und Formulierung des Subsidiaritätsprinzips verdankt sich der katholischen Soziallehre: „Wie dasjenige, was der Einzelmensch aus eigener Initiative und mit seinen eigenen Kräften leisten kann, ihm nicht entzogen und der Gesellschaftstätigkeit zugewiesen werden darf, so verstößt es gegen die Gerechtigkeit, das, was die kleineren und untergeordneten Gemeinwesen leisten und zum guten Ende führen können, für die weitere und übergeordnete Gemeinschaft in Anspruch zu nehmen; zugleich ist es überaus nachteilig und verwirrt die gesamte Gesellschaftsordnung. Jedwede Gesellschaftstätigkeit ist ja ihrem Wesen und Begriff nach subsidiär; sie soll die Glieder des Sozialkörpers unterstützen, darf sie aber niemals zerschlagen oder aufsaugen." (1931 erschienene Enzyklika Quadragesimo Anno, Nr. 79; 1992) Das **klassische Subsidiaritätsprinzip** zielt demnach auf **Förderung** bzw. **Erhaltung der Eigenverantwortung,** stellt allerdings in Rechnung, dass die soziale Einbettung in sog. Lebenskreise wie Ehe, Familie u. ä. entscheidende Bedeutung besitzt. Hierhinter verbirgt sich die anthropologische Leitvorstellung, die das grundsätzliche Verwiesensein des Menschen auf soziale Beziehungen mit seiner Autonomie ausbalanciert.

Die sozialpolitische Subsidiaritätsidee begleitete auch von Anfang an den staatlich geförderten Ausbau und die staatliche Finanzierung der Wohlfahrtspflege ab den 1920er Jahren. Sie trug wesentlich zur prinzipiellen Vorrangstellung freier Wohlfahrtspflege bei. Besonders ab Mitte der 1960er Jahre expandierte dieser Bereich. Die Wohlfahrtsverbände wurden zu Großorganisationen und nehmen seitdem eine zentrale Stellung im Dritten Sektor ein (zu den subsidiären Funktionen von Non-Profit-Organisationen → Kap. 12.3). Der Subsidiaritätsbegriff erhielt damit einen hohen Legitimationscharakter. Dass die Familie in diesem Modell besondere Relevanz besitzt, fand auch in Artikel 6 des Grundgesetzes seinen Niederschlag. Ehe und Familie verdienen hiernach einerseits besonderen Schutz; ihrer Hochschätzung entspringen allerdings auch sozialpolitischen Erwartungen: In Bezug auf alters- und krankheitsbedingte Notlagen wird häufig die kompensatorische Funktion familialer Solidarität hervorgehoben und einkalkuliert. Ein derartiges Familienideal setzt unterschwellig die uneigennützigen Dienstleistungen von Frauen voraus.

Während das traditionelle Modell der Subsidiarität eher von der sozialen Infrastruktur als Ressource her denkt, stellt die **liberal interpretierte Subsidiarität** vor allem **die bloße Eigenverantwortung des Einzelnen** heraus. Der Einzelne soll sich vor allem selber helfen. Staatliche Hilfe geschieht nur als letzte Hilfe. Prävention und Befähigungsprozesse spielen keine Rolle. Subsidiarität entwickelt sich hier zur Chiffre eines autonomen, selbstbestimmten Lebens. Die klassische, sozialkatholische Auffassung gilt aus liberaler Sicht häufig als zu patriarchal und zu staatsfixiert.

Ein drittes Verständnis versucht die Vorteile des sozialkatholischen und des liberalen Verständnisses im Konzept der sog. **Neuen Subsidiarität** zu verbinden. Es will die überkommenen Tendenzen zur Monopolisierung der Wohlfahrt durch die großen Verbände (→ Kap. 12.5) vermeiden, jedoch weiterhin an einer bedingten Vorrangstellung aller Non-Profit-Organisationen festhalten, ihre auf Selbstständigkeit fokussierte Fachlichkeit stärken sowie eine partnerschaftliche Zusammenarbeit zwischen öffentlichen Kostenträgern und gemeinnützigen Leistungserbringern anstreben (Merchel 2003, 21–23).

Während das Subsidiaritätsprinzip primär die Ermöglichung von Eigenverantwortung durch möglichst dezentrale, soziale Ressourcen im Blick hat, arbeitet das **Solidaritätsprinzip** das gegenseitige Verbundensein der Menschen heraus und dementsprechend **die gesellschaftliche Verantwortung füreinander.** Das Verhältnis beider Prinzipien zueinander meint keine bloße Bereichsaufteilung – hier die privaten, dort die gesellschaftlichen Belange. Vielmehr präzisiert das Solidaritätsprinzip das Subsidiaritätsprinzip; es hebt auf die solidarisch zu schaffenden Voraussetzungen und Ressourcen eigenverantwortlichen Lebens ab, sei es nun in geistiger oder materieller

Hinsicht. Soll der Ruf nach Eigenverantwortung demnach kein leeres Postulat bleiben, bedarf es gemeinsamer, solidarischer Anstrengungen für die Schaffung einer sozialen Infrastruktur und einer entsprechenden Verantwortungskultur, die Menschen zu einer selbstständigen Lebensführung befähigen (→ Kap. 4.4). So verstanden bedingt die Solidarität die Subsidiarität, da sie die realen Möglichkeiten der Autonomie fördert und unterstützt. Das **Ermöglichungsverhältnis von Solidarität und Subsidiarität** lässt überdies einen realitätsgemäßen Sinn für die empirischen Verteilungslagen von Lebenschancen hervortreten. Gerecht ist eine Gesellschaft dann, wenn hinreichende, gemeinsam geschaffene und verteilte Ressourcen allen Menschen ein selbstständiges Leben ermöglichen. Dieser Grundsatz widerspricht nicht prinzipiell jeglichen Wohlstandsdifferenzen; er fordert allerdings zu kontextuellen Bestimmungen der Gerechtigkeit auf, denn Armutsberichte sowie Reichtumsforschungen und Sozialberichtserstattung vermögen Angaben über die Verlustschwellen realer Autonomie zu machen.

11.5 Tausch- und verteilungsgerechte Dimensionen

Die Verlagerung von der Statussicherung zur Existenzsicherung stellt sich zunächst als Eingriff in die Leistungstiefe dar. Aber auch die Formen der Finanzierung sind in diesen Veränderungsprozess tiefgreifend verwickelt. Im deutschen Kontext handelt es sich im **Bereich der Sozialversicherung** um ein beitragsfinanziertes System, zu dem Arbeitgeber und Arbeitnehmer regelmäßige Beiträge leisten.

Für die **Rente** erbringen Menschen durch ihren eigenen, monatlichen Beitrag bestimmte, identifizierbare Eigenleistungen, die wiederum bestimmte angemessene Gegenleistungen erwarten lassen. Aufgrund ihrer regelmäßigen Beiträge erwarten sie eine ihre Lebensqualität im Wesentlichen sichernde Rentenzahlung, die sich an der Höhe der Einzahlungen bemisst. Juristen interpretieren diese Form von Rentenanspruch gelegentlich im Sinne eines grundrechtlichen Eigentumsschutzes (GG Art. 14), da die Bürger ihre unterschiedlichen Einzahlungen zur Altersvorsorge dem Staat in treuhändische Verwaltung geben (Neumann 1998). In diesem Teil der Sozialversicherung dominieren **tauschgerechte Gesichtspunkte,** da der Leistungsgedanke und das Äquivalenzprinzip zu unterschiedlichen Leistungshöhen führen. Wer höhere und längere Rentenzahlungen leistet, erhält am Ende auch eine höhere Rente.

In der **gesetzlichen Krankenversicherung** hingegen erwarten die Bürger eine bedarfsorientierte, d.h. ausreichende medizinische Versorgung. Sie orientiert sich nicht an der Höhe der einkommensgestaffelten Beiträge, sondern am Bedarfs- und Solidarprinzip. Hier kommen **verteilungsgerechte**

Gesichtspunkte zum Zuge. Denn der in seinem Leben wenig von Krankheit Betroffene und auf medizinische Leistung unterdurchschnittlich Angewiesene leistet durch seine Beiträge Hilfe für die überdurchschnittlich Betroffenen. Das Solidarprinzip koppelt die Beiträge nicht an das individuelle Risiko; auch Familienmitglieder sind mitversichert. Durch die persönliche Zuordnung des Beitrages stützt dieses Finanzierungsmodell das politische Anspruchsbewusstsein und die Erwartungen des Bürgers. Es dokumentiert gewissermaßen seinen sichtbaren Beitrag.

Im steuerfinanzierten Modell würde sich diese Anschaulichkeit eher verflüchtigen, obwohl es sich auch hier um einen von den Bürgern erbrachten Beitrag zu ihrer Sicherung handelt. Denn die eingenommenen Steuern entspringen einer von allen erbrachten volkswirtschaftlichen Wertschöpfung. Da die Finanzierungsmodi (steuer- oder beitragsfinanziert) auch mit dem kulturellen Anspruchsbewusstsein verbunden sind, greift ein diesbezüglicher Wandel immer auch folgenreich in das kulturelle Legitimations- und Erwartungsgefüge ein.

Das deutsche Modell der Sozialversicherung bedarf zur Erfüllung seiner Sicherungsaufgaben einer allgemeinen Versicherungspflicht im Regelarbeitsverhältnis. Ein hohes Niveau struktureller Arbeitslosigkeit verringert seine Einnahmen und steigert seine Ausgaben. Die Zunahme prekärer Beschäftigungsverhältnisse verstärkt diesen Trend. Innerhalb der bis dato politisch festgelegten Rahmenbedingungen und entsprechender Ausgabe- und Einnahmemodalitäten erscheint es zunehmend unmöglich, die sozialpolitisch vorgegebenen Sicherungsaufgaben mit den Prinzipien versicherungsmäßiger Kalkulation zu bewältigen. Strukturelle Probleme führen dazu, dass sich das Leistungsniveau innerhalb dieses Versicherungsprinzips dem Niveau des Versorgungsprinzips Zug um Zug angleicht. Das beitragsfinanzierte System und seine vorgelagerte Schutzfunktion nähern sich im Leistungsniveau zunehmend den steuerfinanzierten Fürsorgeleistungen an. Die bisher schlüssige Unterscheidung von statussichernden und existenzsichernden Dimensionen verliert an Plausibilität. Hierdurch verlieren die tauschgerechten Bedeutungsaspekte ihre soziokulturelle Einbettung: Die Beitragszahler fragen sich in Bezug auf die Rente, warum ihre unterschiedlichen Beiträge nicht mehr nachhaltig zu entsprechend differenzierten, nachvollziehbaren Outputs führen.

Die verteilungsgerechten Dimensionen kommen jedoch zunehmend nur noch in der Funktion eines existenzsichernden Versorgungsprinzips zum Zuge. Die im kontinental-europäischen Sozialstaatsmodell miteinander verbundenen Dimensionen der gesellschaftlichen Teilhabe, der Umverteilung, der Aufrechterhaltung vergleichbarer Lebenslagen sowie der letzten Hilfen entflechten sich. Ein System bloßer Mindestsicherung gewinnt so an Bedeutung. Zur Erhaltung der die Mindestsicherung überschreitenden Hilfen bedarf es infolgedessen zusätzlich eines Individualversicherungsprinzips; private Versicherungsverhältnisse sollen die Versorgungslücke abdecken. Es unterliegt kaum einem Zweifel, dass die spezifischen Strukturrisiken der modernen Gesellschaft in größerem Maße an die Individuen zurückgegeben werden. In diesem Prozess gewinnen ethisch bedeutsame Leitbegriffe wie der der Verantwortung (Maaser 2006) zunehmende Aufmerksamkeit. Ihre sozialpolitische Attraktivität entsteht aufgrund systemimmanenter Handlungsbedarfe, die einen neuartigen kulturellen Konsens erfordern.

11.6 Wohlfahrtspluralismus – neue Verantwortungsteilung – aktivierender Sozialstaat

Im 20. Jahrhundert reagierte die Politik auf die vom Einzelnen wenig beeinflussbaren Risiken und Dynamiken der modernen Industriegesellschaft mit der Entwicklung eines staatlichen Systems sozialer Sicherung. Dies verlieh dem kontinental-europäischen Sozialstaat nachhaltig sein institutionelles Gepräge. Vor allem die in den klassischen Wohlfahrtsverbänden organisierten gemeinnützigen Einrichtungen werden im Kontext dieses Modells als wichtige Wohlfahrtsakteure und Teil der Daseinsvorsorge begriffen (→ Kap. 12.1). Das Konzept des Wohlfahrtspluralismus verabschiedet sich nicht von dieser Idee des Sozialstaats. Es zielt vielmehr auf eine breiter gefächerte Beteiligung unterschiedlicher Sektoren. Neben dem **Staat** selbst sollen sowohl der **Dritte Sektor** als auch der **Markt** und der **informelle Sektor** stärker **als Wohlfahrtsakteure** hervortreten. Zwischen ihnen bedarf es optimaler Synergieeffekte durch gegenseitige Ergänzung. Alle Sektoren erbringen wohlfahrtliche Leistungen: Pflegedienste bieten als private Unternehmen ihre Tätigkeiten an (Sozialmarkt); motiviert durch persönliche Solidarität erfahren Menschen im Familiengeflecht (informeller Sektor) Zuwendung und Hilfestellung; Wohlfahrtsverbände und unabhängige, andere Non-Profit-Organisationen arbeiten vielfältig im Dritten Sektor. Der Dritte Sektor stellt einen Bereich zwischen Markt und Staat dar. Zu seinen nur in losem Zusammenhang zueinander stehenden Non-Profit-Organisationen gehören gemeinnützige Vereine, Stiftungen, Einrichtungen der freien Wohlfahrtspflege, Krankenhäuser und Gesundheitseinrichtungen in freier Trägerschaft, gemeinnützige GmbHs, Berufsverbände, Selbsthilfegruppen, Bürgerinitiativen etc. Sie sind organisatorisch unabhängig vom Staat, arbeiten nicht gewinnorientiert, verwalten sich eigenständig und stellen keine Zwangsverbände dar. Allerdings bleibt auch dieser Sektor Teil sozialstaatlicher Verantwortung, da der Staat durch Finanzierung und Steuerung maßgeblichen Einfluss auf sie besitzt.

Das Modell des Wohlfahrtspluralismus geht gleichzeitig mit einer neuen sozialpolitischen Steuerungsphilosophie einher, die seit einiger Zeit unter dem zentralen Begriff einer neuen Verantwortungsteilung zwischen Staat und Gesellschaft Verbreitung findet. Das Konzept gibt der akteursorientierten Idee des Wohlfahrtspluralismus einen sozialphilosophisch-normativen Sinn. **Es rückt die Gesellschaft** mit ihren unterschiedlichen organisatorischen wie individuellen Akteuren **in den Horizont der Verantwortung.** Nicht der Staat, sondern die Gesellschaft und die Individuen sollen zu Akteuren werden. Im Falle der Wohlfahrtsproduktion sollen vor allem Non-Profit-Organisationen, formelle und informelle Netzwerke an Bedeutung gewinnen. Aber auch an die Individuen ist gedacht; sie sollen sich ebenfalls stärker an der Wohlfahrtsproduktion beteiligen. Anstrengungen, diesen Prozess gesellschaftlicher Verantwortungsübernahme zu stimulieren, lassen sich als **Aktivierung von Verantwortung** begreifen. Die neue Verantwortungsteilung weist den gesellschaftlichen Akteuren neue Rollen der Verantwortung zu. Sie ist eine politisch festgelegte Zuschreibung und nicht das Ergebnis funktionaler Eigengesetzlichkeiten; denn Verantwortung ist immer ein gesellschaftlicher Zuschreibungsbegriff (→ Kap. 9.5).

Insgesamt wertet die veränderte Arbeitsteilung kollektiver, wohlfahrtsproduzierender Akteure den Dritten Sektor auf und betont seine gesamtgesellschaftliche Relevanz. Die geltend gemachte Zivilgesellschaft (Adloff 2005) verspricht in ihren dezentralen Organisationsformen überdies mehr Chancen der Partizipation und der gesellschaftlichen Mitgestaltung. Die Vergemeinschaftungseffekte einzelner Organisationsformen (z.B. im Verein) stabilisieren und schaffen soziale Integrationseffekte, mobilisieren ggf. Potentiale für den gesellschaftlichen Wandel. Ihr besonderer Öffentlichkeitsstatus greift demokratisch in die Meinungsbildung ein. Zudem ermöglicht ihre größere Nähe zu den betroffenen Klienten eine pointierte Parteinahme und Sozialanwaltschaft für Randgruppen.

Diese demokratietheoretisch idealen Zielvorstellungen fügen sich aber nicht bruchlos mit den verstärkten Effizienzerwartungen des Staates zusammen, der vor allem eine **sozialwirtschaftliche Orientierung der helfenden Organisationen** fordert und durch seine Steuerungseingriffe erzwingt. Eine aktivierte Wohlfahrtsgesellschaft mit ihren unterschiedlichen Akteuren soll den traditionellen Sozialstaat entlasten und gleichzeitig dessen häufig geltend gemachte Überteuerung, Ineffektivität und Lähmung überwinden helfen (Heinze u.a. 2005, 9–26). Im Gegensatz zum überkommenen Verständnis will der **aktivierende Sozialstaat** die gesellschaftlichen Kräfte und ihre Eigeninitiative stimulieren. Er **übernimmt die Rahmen- und Gewährleistungsverantwortung** und sorgt insofern für die Erbringung öffentlicher Aufgaben. Allerdings erbringt er die wohlfahrtlichen Leistungen nicht mehr selbst. Er verwandelt sich vom Wohlfahrtsstaat in einen **Gewährleistungsstaat.**

Übungsfragen und -aufgaben

1. Stellen Sie die unterschiedlichen Interpretationen der Subsidiarität dar!
2. Skizzieren Sie das Wechselverhältnis von Solidarität und Subsidiarität!
3. Erläutern Sie die wichtigsten Determinanten des derzeitigen sozialstaatlichen Transformationsprozesses!
4. Wie beurteilen Sie die Chancen der Zivilgesellschaft in Bezug auf den Zugewinn an Demokratisierung?

Vertiefende Literatur

Subsidiarität/Wohlfahrtsverantwortung/Zivilgesellschaft/soziale Gerechtigkeit

Sachße, C., Entwicklung und Perspektiven des Subsidiaritätsprinzips, in: Dritter Sektor – Dritte Kraft. Versuch einer Standortbestimmung, Düsseldorf 1998, S. 369–382

Heimbach-Steins, M., Wohlfahrtsverantwortung. Ansätze zu einer sozialethischen Kriteriologie für die Verhältnisbestimmung von Sozialstaat und freier Wohlfahrtspflege, in: Aufgaben und Grenzen des Sozialstaats, hg. v. M. Dabrowski u. J. Wolf, Paderborn 2007, S. 9–42

Maaser, W., Normative Diskurse der neueren Wohlfahrtspolitik, in: Diakonie in der Sozialökonomie. Studien zu Folgen der neuen Wohlfahrtspolitik, hg. v. J. Eurich u. W. Maaser, Leipzig 2013, 100–121

Klein, A., Bürgerschaftliches Engagement und Zivilgesellschaft – die reformpolitische Diskussion, in: Archiv für Wissenschaft und Praxis der Sozialen Arbeit, 36, 2005, 4–19

Kapitel 12
Wohlfahrtsverbände zwischen normativem Selbstverständnis und operativen Zwängen – Grundlagen

■ Soziale Arbeit wird in wesentlichen Teilen im Dritten Sektor erbracht. Wohlfahrtsverbände, insbesondere die kirchlichen, sind in diesem Bereich die maßgeblichen Arbeitgeber und verleihen ihm vielfach sein besonderes Gepräge. Non-Profit-Organisationen erbringen einen Beitrag zur sozialen Gerechtigkeit, wenn sie ihre Werteorientierung nicht auf die Einstellung und die Motivation der Mitarbeiter verengen.

Während die sozialpolitischen Entscheidungen des Staates vor allem die Rahmenbedingungen (Makro-Ebene) der Sozialen Arbeit bestimmen, treten auf der Meso-Ebene die Organisationen als Akteure der Wohlfahrtsproduktion in den Mittelpunkt der Aufmerksamkeit. Obwohl sich die weltanschaulichen und sozialpolitischen Organisationsprofile im deutschen Kontext seit einigen Jahrzehnten differenzieren und vervielfältigen, besitzen die Wohlfahrtsverbände (Boeßenecker 2005) weiterhin zentrale Bedeutung. Sie gehören zu den wichtigsten Arbeitgebern der Sozialen Arbeit. Demzufolge besitzen sie erheblichen Einfluss auf die Arbeitsbedingungen und Handlungsfelder der Sozialarbeitsprofession. Als maßgebliche Akteure des Dritten Sektors erfüllen ihre Organisationen eine wichtige Funktion in der gesellschaftlichen Verantwortungsteilung (→ Kap. 9.5). Folglich sind ihre derzeitigen Veränderungen von erheblicher Bedeutung für die Erwartungen an die Profession und deren Weiterentwicklung.

12.1 Wohlfahrtsverbände im Umbruch

Die besondere, heute in Deutschland implementierte Rolle von Wohlfahrtsverbänden verdankt ihre weit reichende Bedeutung für das deutsche Sozialsystem politischen Weichenstellungen im 20. Jahrhundert. Nur vor dem Hintergrund dieser spezifischen Entwicklung wird der durchgreifende Charakter der gegenwärtigen Herausforderungen deutlich. Während die christlichen Kirchen bereits im 19. Jahrhundert ihre religiösen Barmherzigkeitsinitiativen durch übergemeindliche Organisationsformen vernetzten, entstanden die übrigen Wohlfahrtsverbände (Arbeiterwohlfahrt, Paritätischer Wohlfahrtsverband, Zentralwohlfahrtsstelle der Juden, das Deutsche Rote Kreuz) zumeist kurz vor oder in der frühen Weimarer Republik (vgl. Sachße/Tennstedt 1988). Die im politischen Katholizismus entwickelte Idee der Subsidiarität (→ Kap. 11.4) entfaltete bereits in den 1920er Jahren durch die Zentrumspartei ihre sozialpolitische Steuerungsrelevanz. In geradezu rasantem Tempo wurden die neu gegründeten Organisationen als Spitzenverbände anerkannt. 1924 entstand die „Deutsche Liga der freien Wohlfahrtspflege" als Dachverband der Spitzenverbände. Eine entsprechende Anerkennung fanden diese bereits zwei Jahre später durch ihre Aufnahme in die Reichsfürsorgegesetzgebung, die ihnen besondere Rechte verlieh. Damit war das grundsätzliche Kooperationssystem zwischen öffentlichen und freien Trägern, die ‚duale' Struktur bzw. der Korporatismus, geschaffen. Das System sah eine gesetzliche Bestands- und Eigenständigkeitsgarantie der Organisationen bei gleichzeitiger Förderungsverpflichtung und Gesamtverantwortung des Staates vor.

Dieses Modell bestimmte auch die Zeit nach dem Zweiten Weltkrieg. Während die Verbände im Nationalsozialismus gleichgeschaltet, geduldet oder zerschlagen wurden, konnten sie nach dem Zweiten Weltkrieg an ihre Vorrangstellung der Weimarer Zeit anknüpfen und sie weiter ausbauen (hierzu Sachße 1996, 135 ff.). Die Deutsche Liga organisierte sich von da an als Bundesarbeitsgemeinschaft der freien Wohlfahrtspflege. Es entstand ein Sektor der Gesellschaft, dessen beschäftigungs- und sozialpolitische Bedeutung zunehmende Aufmerksamkeit auf sich zog und der seit den 1920er Jahren ein substantieller Bestandteil des kontinental-europäischen Sozialstaatsmodells wurde (vgl. Esping-Andersen 1990; ebenso Kaufmann 2003). Indirekt führte dieser gesellschaftliche Bereich, der aus einem kaum zu überschauenden Netz von ineinander verschachtelten Vereinsstrukturen und -mitgliedschaften bestand und bis heute als solcher besteht, auch ein gewisses Schattendasein. Bei den konfessionellen Verbänden sind auch ihre unterschiedlichen Steuerungsprozesse durch die Anbindung an die katholische Kirche bzw. die unterschiedlichen evangelischen Landeskirchen zu beachten. Hinzu kommen neben den klassischen Wohlfahrtsverbänden mittlerweile zunehmend weitere, eher kleinere Organisationen wie Selbsthilfegruppen u. Ä., die ebenfalls zum Dritten Sektor zählen (Zimmer/Priller 2004).

Die John-Hopkins-Studie (vgl. Anheier/Seibel 1990), eine den Dritten Sektor international vergleichende Länderstudie, zählt zu diesem Segment Organisationen, die unabhängig vom Staat und nicht gewinnorientiert arbeiten, sich eigenständig verwalten und keine Zwangsverbände darstellen.

Die Untersuchung weist die enormen Beschäftigungspotenziale und Steigerungsraten ab 1960 nach. 1995 gab es in Deutschland 1,44 Millionen Vollzeitäquivalente. Das entsprach fast fünf Prozent der Gesamtbeschäftigung im Non-Profit-Sektor (Priller/Zimmer/Anheier 1999, 13–17) und stellt im 22-Länder-Vergleich eine durchschnittliche Größe dar. Zieht man neuere Angaben in Betracht und geht von einem allgemeinen, nicht notwendig an Gemeinnützigkeit geknüpften, sozialen Dienstleistungsbegriff aus, so arbeiteten im Jahr 1997 in Sozial-, Erziehungs- sowie Gesundheitsberufen in Deutschland 4,7 Millionen Menschen (Belege bei Schaarschuch/Flösser/Otto 2001, 267).

Die Expansion des Dritten Sektors seit den 60er Jahren lässt unterschiedliche Bewertungen zu. Einerseits wird er als wegweisende Wachstumsbranche gesehen, andererseits als veraltetes, viel zu teures, auf dem Selbstkostendeckungsprinzip beruhendes System der korporatistischen Refinanzierung. Die enorme Breite der Handlungsfelder dokumentiert, in welch vielfältiger Weise unsere komplexe Gesellschaft auf soziale Dienstleistungen angewiesen ist. Kritiker sehen hingegen in der expansiven Entwicklung ein Zeichen für ein ausuferndes, durch die Eigendynamik der Bedürfnisspiralen fundamental bedrohtes System der sozialen Sicherung. Dass die Debatten um den Dritten Sektor – und hier in herausgehobener Weise um die Wohlfahrtsverbände – ein Teil des Sozialstaatsdiskurses sind, liegt auf der Hand: Wohlfahrtsverbände produzieren keinen Luxus, sondern sozialpolitisch gewollte Wohlfahrt in ihren gemeinnützigen Rollen; sie sind Teil einer politisch festgelegten Verantwortungsteilung der Gesellschaft (→ Kap. 9.5). Veränderungen im Verständnis und in der Steuerung des Sozialstaates müssen sich deshalb folgerichtig auch hier auswirken.

Eine genauere Tiefenschärfe ergibt sich, wenn die Neuordnung des Verhältnisses von Sozialstaat und Verbänden steuerungstheoretisch genauer in den Blick genommen wird. Wichtige sozialpolitische Entscheidungen haben in den 1990er Jahren einen Prozess eingeleitet, der die klassische Vorrangstellung der Wohlfahrtsverbände nach und nach aufweicht (hierzu Dahme/Kühnlein/Wohlfahrt 2005). So wurden in einem ersten Schritt gewerbliche Leistungsanbieter mit den frei-gemeinnützigen Trägern gleichgestellt, um mehr Trägerkonkurrenz herzustellen. Der Einbeziehung gewerblicher Anbieter im Pflegeversicherungsgesetz von 1995 kam hier paradigmatische Bedeutung zu. Vor allem die damalige Neufassung des § 93 BSHG und § 78a–78g KJHG ging noch darüber hinaus. Es wurden Steuerungsinstrumente eingeführt, die das Verhältnis zwischen öffentlichen Kostenträgern und Leistungserbringern mit so genannten Leistungsvereinbarungen bzw. Vereinbarungen über Leistungsangebote, Entgelte und Qualitätsentwicklung neu ordneten. Hierdurch entstand ein neuer Typus von Finanzierung, die so genannten **leistungsbezogenen Entgelte,** die auf Dauer das **Selbstkostendeckungsprinzip** zurückdrängen und langfristig ablösen werden.

Galt die Bundesarbeitsgemeinschaft der Spitzenverbände der freien Wohlfahrtspflege längere Zeit als gewollte, sozialpolitische Interessen bündelnde Einflussgröße, erschien sie nun unter den neuen, veränderten Vorzeichen als Wohlfahrtskartell, das durch tiefgreifende Umstellungen aufgebrochen werden sollte. Der **Preiswettbewerb** wurde in einem weiteren Schritt zum **Qualitätswettbewerb** erweitert. Hierdurch sollte vor allem die strukturell schwache Position des Leistungsempfängers gegenüber dem Leistungsanbieter gestärkt werden. Der Nutzer wurde nun als Kunde bzw. Konsument gesehen.

Der **Kundenbegriff** führt des öfteren zu erheblichen Irritationen. Denn an der dreiseitigen, üblichen Unterscheidung von Leistungserbringer, öffentlichem Kostenträger und Nutzer, dem so genannten Sozialrechtlichen Leistungsdreieck, wird deutlich, dass eine zweiseitige, im strikten Kundenbegriff vorausgesetzte Beziehung von leistungserbringendem Anbieter und konsumierendem Nachfrager nur in selteneren Fällen existiert. Fast immer spielt der öffentliche Kostenträger eine weitreichende Rolle, unabhängig davon, ob die Leistung von einem öffentlichen, freien oder privaten Leistungserbringer angeboten wird. Im Jahr 1996 waren 63 Prozent aller Gesamteinnahmen der freien Wohlfahrtspflege Leistungsentgelte, die zu über 90 Prozent aus beitragsfinanzierten Solidarkassen (Kranken- und Pflegeversicherungen) und steuerfinanzierter Sozialhilfe stammten (Ottnad/Wahl/Miegel 2000, 33). Die triadische Struktur ist demnach für die Mehrheit der sozialen Dienstleistungen kennzeichnend. So kann sich zwar ein auf Pflege angewiesener Nutzer (‚Kunde‘) durchaus rational zwischen einzelnen Leistungsanbietern (Leistungserbringern) auf dem Pflegemarkt entscheiden, allerdings konstituieren allein die Kriterien des Kostenträgers zur Feststellung eines vorliegenden Bedarfs und damit der Zugang zu solidarisch finanzierten Mitteln erst seine Nachfragefähigkeit. Die Neuordnung des Verhältnisses von öffentlichen Kostenträgern und privaten oder freien Leistungserbringern berührt folglich das Kernproblem sozialstaatlicher Hilfe und Versorgung. Denn für den Nutzer bleibt in diesem Dreiecksverhältnis am Ende entscheidend, wie groß bzw. wie umfangreich der Leistungskern bestimmt ist, den er durch den öffentlichen Kostenträger als ‚Kunde‘ nachfragen kann und der ihm finanziert wird.

Durch die zunehmend wettbewerbliche Rahmenordnung der Wohlfahrtsverbände entsteht im Ergebnis die heutige **Sozialwirtschaft** (Arnold/Maelicke 2003). Wenn die Non-Profit-Organisationen weiter existieren wollen, müssen sie sich auf die neuen Steuerungsinstrumente und die ihnen nun zugewiesene Rolle einstellen, die tief in ihre gesamte Organisationsstruktur eingreifen und ihr traditionelles Selbstverständnis im Kern berühren. Die Umstellung vom ‚Status' zum Kontrakt löst den klassischen Wohlfahrtsverband und sein Dienstverhältnis aus „seiner normativen Verankerung" (Heinze/Schmid/Strünck 1997, 260).

Die Doppelrolle als Betrieb (sozialer Dienstleister, Arbeitgeber) und politische Organisation (Lobbyist der Schwachen, Interessenvertreter, Kooperationspartner staatlicher Programme) tritt infolge der zunehmenden Ökonomisierung sozialer Arbeit spannungsreicher als zuvor zutage. Die Ökonomisierung führt allerdings nicht in einen neoliberalen Minimal- und Nachtwächterstaat. Denn die Wohlfahrtsproduktion findet weiterhin in einer politisch regulierten, sie steuernden Rahmenordnung statt, ein Sachverhalt, dem mit unterschiedlichen Akzentuierungen in fast allen Sozialwirtschaftstheorien (Grunwald 2001, 1794–1805) Rechnung getragen wird. Der Begriff der Ökonomisierung hebt im sozialwirtschaftlichen Kontext vielmehr auf die Monetarisierung der Prozesse, die Festlegung von output-Zielen, das controlling, die Vergleichbarkeit von Produkten sowie die Vermarktung sozialer Dienste durch Gleichstellung privat-gewerblicher Anbieter ab. Als veränderte Rahmenbedingungen (vgl. hierzu Heinze/Schmid/Strünck 1997, 255–257) sind zu nennen: fiskalische Engpässe, öffentliche Kritik an mangelnder Transparenz der Wohlfahrtsverbände, Einführung von Leistungsentgelten und Budgetierung, Gleichstellung der privat-gewerblichen Anbieter, EU-induzierter Verlust steuerlicher Privilegien, verschärfte Konkurrenz und Milieuerosion der Wohlfahrtstraditionen.

12.2 Exkurs: Kritik an den Wohlfahrtsverbänden – Reichweite und Grenzen

Die Kritik an den traditionellen Wohlfahrtsverbänden ergibt sich eher aus der Eigendynamik und Eigenart sozialpolitischer Diskurse, weniger aus konkreten Nachweisen von definitiven Funktionsstörungen. Als Standardeinwände werden ihre staatlich unterstützte Monopolstellung sowie die intransparente Vermischung von moralischen und ökonomischen Zielen geltend gemacht:

Der erste Einwand besagt, die traditionellen Verbände bildeten mit dem Staat eine Art bilaterales „Wohlfahrtskartell" (Monopolkommission 1998, 450). Die monopolartige Dominanz und die rechtliche Privilegierung würde damit neuen Anbietern das Auftreten auf den Sozialmarkt erschweren. Das verhindere das Zustandekommen einer Konkurrenzdynamik. Letztlich könnten die Anbieter die Preise selbst festlegen. Das Selbstkostendeckungsprinzip schade den Sozialkassen und führe zur Verschwendung. Daher sei eine Liberalisierung im Sinne eines Quasi-Marktes notwendig. Entsprechend müssten freie Zugangschancen für privatgewerbliche Anbieter geschaffen und damit ein Trägerpluralismus – wie bereits im Bereich der Pflege – gefördert werden.

Die Kritik an der Monopolstellung zehrt davon, dass er die Gemeinnützigkeit und die damit verbundene Privilegierung letztlich für einen Vorwand eigennütziger Bereicherung und, bezogen auf die konfessionellen Wohlfahrtsverbände, untergründig für ein Ausbreitungsinstrument klerikalen Einflusses hält. Dabei wird unterstellt, dass wohlfahrtsverbandlich organisierte Einrichtungen über spitzenverbandliche Organisationen eigentlich nur eigene, wirtschaftliche Interessen vertreten und die sozialanwaltschaftlichen Funktionen nur vorschieben würden. Wohlfahrtsverbände, insbesondere die kirchlich geprägten, geraten hier argumentativ häufiger in eine unangemessene Zwickmühle: Wenn sie ihre eigenen Interessen formulieren und sichern, werfen ihnen Kritiker mangelnden Altruismus vor. Verweisen sie auf ihre altruistischen Praktiken, so werden diese als Bemäntelungen ihrer eigentlichen Interessen angegriffen und als paternalistische Fürsorgeformen kritisiert.

Selbst wenn sich die idealistische Selbstdarstellung aller Verbände bei genauerer Analyse eher als Gemengelage von Altruismus und Interessen darstellt, kann schwerlich bestritten werden, dass die Verbände eine sozialpolitisch gewollte Interessenvertretung von Marginalisierten geleistet haben und leisten. Eine wirksame Vertretung ihrer eigenen Interessen kann man ihnen nicht vorwerfen. Allerdings gilt es auch, die Nutzerorientierung zu verbessern und bessere Partizipationsstrukturen für die Klienten zu schaffen. Hier lassen sich Potenziale weiterentwickeln. Wer ernsthaft für die Interessenvertretung gesellschaftlich Marginalisierter eintritt, kann diese Konzeption nicht in die Idee eines qualitätsinformierten und ggf. sozialpolitisch durch Solidarkassen ermächtigten Kunden umformatieren. Vielen Nutzern der Sozialen Arbeit fehlen in der Realität ja gerade diejenigen Ressourcen, die einen autonomen Kundenstatus ermöglichen. Zudem würde das ursprüngliche Demokratie- und Beteiligungsmotiv so auf ein reines Eigeninteresse des Nutzers eingeschrumpft. Hilfeprozesse der Sozialen Arbeit verstehen sich hingegen immer auch als Befähigung zu einer weitergehenden gesellschaftlichen Beteiligung.

Ein zweiter Einwand hebt darauf ab, dass im traditionellen Wohlfahrtsverbandsmodell unterschiedliche Logiken (betrieblich-ökonomische, sozialanwaltschaftliche, sozialpolitische, mitglieder- und einflussorientierte Logik; vgl. Merchel 2003, 80f.) in ein locker ausbalanciertes Verhältnis gebracht werden. Er hebt damit die Intransparenz und die dadurch verdeckte steuerungsrelevante Dominanz hervor. In einem Quasi-Markt würden hingegen die Logiken durch die Neue Steuerung (Horcher 2003) klar auseinandertreten: „Die Einträglichkeit mancher ‚Sozialmärkte' desavouiert außerdem die Vorstellung, die Anbieter von sozialen Diensten könnten stets gleichzeitig die Anwälte ihrer potentiellen Nachfrager sein.“ (Heinze/Schmid/Strünk 1997, 265)

In der Konsequenz gilt die Anwaltsfunktion wegen der Vermischung von ökonomischen Interessen und moralischen Absichten letztlich als unverträglich mit der Anbieterstellung. Die Wohlfahrtsverbände sollten sich daher fragen, ob sie sich auf die marktfähigen sozialen Dienstleistungen (sog. Wettbewerbsstrategie) begrenzen, die nicht-marktfähigen mit einbeziehen wollen (sog. Sozialwohlstrategie) oder sich ausschließlich auf letztere konzentrieren (vgl. die Empfehlungen bei Ottnad/Wahl/Miegel 2000, 181 ff.). So genannte marktfähige Dienstleistungen sind solche, die einen selbstständigen und wohlinformierten Nachfrager und einen privaten oder andersartigen Anbieter voraussetzen können. Dies schließt keineswegs eine durch Sozialkassen konstituierte Nachfragefähigkeit des Einzelnen prinzipiell aus. Als nicht-marktfähige Dienstleistungen gelten Leistungen mit hohem Vorhalteaufwand und mit zur selbstständigen Entscheidung zeitweise unfähigen Nachfragern (Drogensüchtige u. Ä.; vgl. Ottnad/Wahl/Miegel 2000, 23–29). Hier ist auf jeden Fall an einen öffentlichen Kostenträger als Finanzierer gedacht.

Auf den ersten Blick scheinen relativ viele soziale Dienstleistungen in diesem engen Sinne marktfähig. Wird der Kostenträger (beitrags- oder steuerfinanzierte ‚Solidarkasse‘ oder private Einkommen) miteinbezogen, entsteht ein deutlich tiefenschärferes Problemprofil: Als Nutzer erscheinen dann je nachdem nachfragefähige Kunden und Teilkunden sowie nachfrageunfähige Bedürftige. Darin zeigt sich, wie tiefgreifend diese Unterscheidung in das sozialanwaltschaftliche Selbstverständnis eines Wohlfahrtsverbandes hineinreicht.

Während der zweite Einwand kritisch auf den vorgeblichen Idealismus zielt, verspricht komplementär hierzu die scharfe Trennung von sozialer Dienstleistung und Anwaltschaft eine Aufwertung des ‚wirklichen‘ Idealismus, der sich organisatorisch in der extensiven Rekrutierung von Ehrenamt (‚Zeitspenden‘) und Spenden zeigen soll. Ehrenamtlichkeit macht traditionell einen wichtigen Teil der legitimatorischen Basis der Verbände aus. Die Einbeziehung der gesellschaftlichen Perspektive (→ Kap. 11.6) hat die Aufmerksamkeit für die veränderten Formen des bürgerschaftlichen Engagements (‚Strukturwandel‘ des Ehrenamtes) verstärkt (Gensicke/Picot/Weiss 2006).

In seiner Zuspitzung verbindet sich der zweite mit dem ersten Einwand: Die Monopolstellung habe zur Bürokratisierung und Professionalisierung geführt und damit das Ehrenamt vernachlässigt. Die Modernisierung der Wohlfahrtsverbände, ihre in der Rekrutierung von Ehrenamtlichkeit hervortretende Zuwendung zur Zivilgesellschaft und ein Verzicht auf ausgreifende sozialstaatliche Unterstützung könne nun als Chance begriffen werden, zu den ureigenen altruistischen Ressourcen des Engagements zurückzufinden. Gelegentlich gipfelt die Kritik an der Vermischung unterschiedlicher Handlungslogiken in dem realitätsfernen Vorwurf, dass der tertiäre Sektor geradezu die gesellschaftliche Solidarität verhindere und damit den Teufelkreis in Gang halte, „durch Staatsfixierung gelebte gesellschaftliche Solidarität zu unterminieren“ (Graf 2003, 77) und „in korporatistischer Partnerschaft mit einem reformresistenten autoritären Wohlfahrtsstaat assistenzbedürftige Menschen zu entmündigen“ (79).

Hinter solchen Argumentationsmustern steht im Regelfall ein scharf konstruierter Kontrast: Der alte Korporatismus gilt als paternalistisch, d.h. als väterlich-autoritär und fürsorglich, aber weniger an der Emanzipation seines Klienten interessiert. Dieser Vorstellung steht die Emanzipation des Nutzers als mündiger, selbstbestimmter Kunde gegenüber. In der praktischen Sozialen Arbeit hat diese Polarisierung allenfalls problemheuristische Bedeutung. Denn in den Übergangs- und Gemengelagen professionellen Helfens steht realistischerweise vor allem die Gestaltung von eher repressionsarmen Interaktionen im Mittelpunkt. Professionell geschulte, kommunikative und reflexiv-normative Kompetenz im Helfen muss sich stets die prinzipielle Subjekthaftigkeit des Klienten und dessen potentielle Emanzipation vor Augen halten. Häufiger tritt der Hilfebedarf gerade dann erst ein, wenn die Selbstbestimmung des Nutzers gefährdet ist oder versagt. Besonders in derartig brisanten Situationen muss an der kontrafaktischen Annahme eines mündigen Gegenübers festgehalten werden (→ Kap. 7.1). Diese Grundannahme sensibilisiert den Helfenden, seine Hilfe stets im Lichte der potentiellen Selbstständigkeitsentwicklung des Klienten kritisch zu reflektieren und zu gestalten. Denn in Kontexten Sozialer Arbeit ist eine nachhaltige Selbstständigkeit häufiger erst zu entwickeln. Deshalb ist der begrifflich aufgebaute und ideologische Gegensatz – paternalistischer Staat versus autonomer Nutzer – wenig hilfreich. Professionell Handelnde müssen jeglichen realitätsblinden Idealismus vermeiden lernen. Denn realiter sind die Nutzer weder vulgärdeterministisch gedachte Opfer der Gesellschaft noch souveräne, rational abwägende Kunden. Helfende sollten sich zudem nicht über strukturelle, informationsrelevante und gruppendynamische Ungleichgewichte in der Beziehung täuschen. Sie besitzen im Verhältnis zum Klienten durchaus eine gewisse Macht, sei es im Sinne einer Deutungsmacht der Problemlagen oder im Sinne einer sozialadministrativen Entscheidungsbefugnis (→ Kap. 7.2).

12.3 Die Funktionen der Wohlfahrtsverbände für die soziale Gerechtigkeit

Wohlfahrtsverbände leisten einen erheblichen Beitrag zur sozialen Gerechtigkeit (→ Kap. 4) der Gesellschaft. Ihr Beitrag besteht in einem umfänglichen Ausmaß praktischer Sozialer Arbeit wie auch in spezifischen Beiträgen zum gesellschaftlichen Verständnis von Gerechtigkeit. Nach eigenem Selbstverständnis tragen sie zur gesellschaftlichen Integration, zum sozialen Frieden und zur Interessensvertretung Benachteiligter bei. Sie verstehen sich „als Gemeinwohl-Agenturen, die ihre der Gemeinschaft dienenden Überzeugungen und Werthaltungen gestaltend einbringen und in diesem Zusammenhang sowohl vorbeugend tätig sind und/oder auch die jeweils größte Not zum Ausgangspunkt ihrer Aktivitäten machen" (BAGFW 1998, 237). Ihre Aktivitäten sind Teil eines makropolitischen, sozialstaatlichen Steuerungszusammenhangs und insofern nur bedingt selbstständig. Die Rolle der Verbände im Sozialstaat ist immer auch ein „Unterthema zu dem größeren Thema: Vielfalt und Erscheinungsformen sozialer Sicherheit und Komplexität des jeweiligen nationalen Systems" (Zacher/Kessler 1990, 121; vgl. ebenso Kaufmann 2003, 44–50).

Vor dem Hintergrund des Subsidiaritätsprinzips (→ Kap. 11.4) kommt ihnen eine subsidiäre Rolle mit unterschiedlichen Dimensionen zu: Gemeinnützige Organisationen kooperieren mit dem Sozialstaat. Der Gesichtspunkt der Kooperation stellt heraus, dass beide eine gemeinsame, der Gesellschaft dienende Aufgabe besitzen und zu diesem Zweck zusammenwirken. Beide sollen der Gerechtigkeit und dem Recht dienen. Dies entspringt dem normativen Selbstanspruch professioneller Hilfeorganisationen und dem Sozialstaat, ein Anspruch, dem beide Institutionen häufig nicht angemessen nachkommen. Hilfeorganisationen können einerseits zu selbstbezogen sein und ihre ursprüngliche sozialanwaltliche Orientierung verlieren; andererseits kann der Staat seine soziale Fürsorgepflicht vernachlässigen, seine rechtsstaatlichen Rahmenbedingungen und die Partizipationsmöglichkeiten erodieren lassen und auf seine Weise zum Unfrieden, zur Rechtsunsicherheit und zum Elend beitragen. Trotz ihrer kooperativen Funktionen sind Non-Profit-Organisationen aufgrund ihres Selbstverständnisses zur Selbstkritik angehalten. Innerhalb ihrer normativen Reflexion gibt es in der Regel einen spannungsreichen, empirischen Widerspruch, der sich auf den moralischen Selbstanspruch bezieht.

In der Kooperation mit dem Staat begreifen sich die subsidiären Akteure als Verantwortungsakteure für gesellschaftliche Aufgaben. Sie besitzen auch einen politischen Mitgestaltungsauftrag und sind ebenso Implementationsakteure. Als wichtige Implementationsakteure von Sozialpolitik haben sie bis dato einen Einfluss als „Akteure im Gesetzgebungsverfahren und als Akteure bei der Konkretisierung und Durchführung gesetzlicher Maßnahmen" (Windhoff-Heritier 1989, 158). Durch ihren beruflichen Erfahrungsschatz und ihrer Deutungskultur (vgl. die Leitbilder der unterschiedlichen Wohlfahrtsverbände; Boeßenecker 2005) besitzen sie auch eine Berichterstattungsfunktion und sind kritische Beobachter der sozialen Zustände der Gesellschaft. Auch hierdurch wirken sie an der Lösung sozialer Probleme mit.

Besonders mit der Berichterstatterfunktion greifen Wohlfahrtsverbände in den gesellschaftlichen Gerechtigkeitsdiskurs ein. Die konkrete Gestalt sozialer Gerechtigkeit (→ Kap. 4) und ihr gesellschaftliches Verständnis ist im Wesentlichen ein komplexes Ergebnis aus gesellschaftlichen Interessens- und Aushandlungsprozessen sowie kulturellen Hilfetraditionen, die auf dem Wege der Sozialpolitik Eingang in sozialrechtliche Regelungen und entsprechende Organisationsformen gefunden haben. Kulturelle und institutionelle Hilfeerwartungen beziehen sich auf dieses immer nur vorläufige konsensuelle Ergebnis. Auf diese Weise entsteht das, was eine Gesellschaft gemeinsam in sozialer Hinsicht verantwortet und im Ergebnis als soziale Leistungen und die selbstständige Lebensführung unterstützende Befähigungsprozesse zur Verfügung stellt. Dabei deckt sich das kulturelle Verständnis wahrscheinlich nie vollständig mit der vorhandenen Organisationsgestalt und ihren Leistungen. Eingeübtes Gerechtigkeitsempfinden, philosophische oder theologische Begründungs- bzw. Begriffstheorien stehen mit den Organisationsmodalitäten in Verbindung, ihr Verhältnis ist vermutlich aber nie spannungsfrei. Relativ hohe Konsistenz lässt sich allenfalls auf der Ebene von Begründungstheorien und Begriffsentwicklungen herstellen. Aber auch hier gibt es teilweise ganz unterschiedliche Schlussfolgerungen aus relativ ähnlichen Begründungskernen.

Die Gerechtigkeitstheorie (→ Kap. 4) arbeitet die normative Grundfrage heraus: Wie viel an Verteilung und welcher Befähigungsprozesse bedarf es, damit ein Mensch in einer Gesellschaft ein nachhaltig selbstständiges Leben führen kann? Da sich der angemessene Umfang (wie viel?) nicht aus einer auf Begründung und Begriffsklärung ausgerichteten Theorie herleiten lässt, kann er nur kontextuell in Bezug auf eine konkrete Gesellschaft bestimmt werden. Hierzu bedarf es genauer Informationen über die in dieser Gesellschaft vorhandenen Gefährdungen selbstständigen Lebens. Eine Gesellschaft, die sich von ihrem moralischen Selbstverständnis her den Schutz der menschlichen Würde zur Aufgabe setzt, muss etwas über die Gefährdungen bzw. den Verlust der Erfahrbarkeitsbedingungen der Würde ihrer Mitglieder erfahren wollen (→ Kap. 3.3). Verbände erfüllen in diesem Zusammenhang eine wichtige Funktion im gesellschaftlichen Definitionsprozess der Konkretisierung von Gerechtigkeit. Sie implementieren nicht nur Sozialpolitik, sondern bringen ihre Sachkompetenz ein – d.h. ihre professionellen und wissenschaftlich gestützten Einsichten über die Verteilungs- und Befähigungsbedingungen eines nachhaltig selbstständigen Lebens in unserer Gesellschaft.

Elendssituationen neuzeitlicher Gesellschaften können durch bürokratische Verwaltung, kulturelle Stigmatisierungs- und Verdrängungsprozesse unsichtbar bleiben. Da in komplexen Gesellschaften soziales Elend und Benachteiligung nicht einfach wie nackte Fakten auf der Hand liegen, gewinnt die Mitidentifikation sozialen Handlungs- und Hilfebedarfs eine zentrale Bedeutung. Individuell anschaulich gemachtes Elend und Skandalisierungsdiskurse können nur punktuell eine scheinbar unmittelbare Betroffenheit hervorrufen. Prinzipiell bleiben auch solche Prozesse den komplizierten Verwicklungen von politischer Öffentlichkeit und Mediengesellschaft (vgl. Vowe 2002) unterworfen. Das, was gesellschaftlich nicht kommuniziert wird, gibt es in gewisser Weise auch nicht.

Durch ihre Hilfe- und Deutungskulturen interpretieren und konkretisieren professionelle Hilfeorganisationen den moralischen Selbstanspruch der Gesellschaft und konstruieren ihn mit. Dadurch mitdefinieren sie die gesellschaftlich konstruierte und konkretisierte Grenze zwischen Gerechtigkeit und Liebe, zwischen dem, was sich Menschen in einer konkreten Gesellschaft schulden und dem, was als Gabe wahrgenommen wird. Nur in semantischer Hinsicht lassen sich beide Dimensionen relativ trennscharf auseinanderhalten. Im Zusammenhang der konkreten Vermittlungen hingegen bestehen deutliche Wechselbeziehungen: ‚Die Gerechtigkeit von heute ist die Liebe von gestern, die Liebe von heute ist die Gerechtigkeit von morgen' (vgl. Wolf 1972, 136, im Anschluss an P. Gillet). Dabei ziehen vor allem diejenigen Menschen die Aufmerksamkeit und Wahrnehmung auf sich, deren empirische Bedingungen der Würdeerfahrung durch ihre benachteiligte gesellschaftliche Position prekär oder gefährdet sind. Daraus ergeben sich dann auch die parteilichkeitsvalenten, die universale Dimension jedoch nicht ausschließenden Adressierungen der Wohlfahrtsverbände und ihre soziale Arbeit als Beitrag zur sozialen Gerechtigkeit.

Im Prozess der Gemeinwohlwerdung (vgl. Horn 1993, 548f.) ist aber auch eine wissenschaftliche Dimension mit einzubeziehen. Der gesamte Bereich der Sozialberichterstattung ist hier zu berücksichtigen (z.B. Huster/Eissel 2000; Hanesch/Krause/Bäcker 2000). Weitreichende Informationen bieten auch die von der EU initiierten, nationalen Aktionspläne (NAPincl: Nationale Aktionspläne zur sozialen Eingliederung). Sie geben Auskunft über inklusionsorientierte Politikstrategien der Staaten sowie empirische Daten zu den einschlägigen Exklusionsproblemen und versuchen mit einer entsprechenden Indikatorenbildung die Beantwortung der Frage nach dem anständigen Mindestmaß *(decent mimimum)* zu operationalisieren.

Vor diesem Hintergrund wird die normative Relevanz und funktionale Notwendigkeit einer demokratiegrundierten Einbeziehung von – wie auch immer gearteten – identifizierenden und kommunizierenden Beteiligungsebenen in den sozialpolitischen Prozess besonders deutlich. Klassische Wohlfahrtsverbände leisten aufgrund ihrer unterschiedlichen Werte- und Hilfetraditionen sowie ihrer Milieuaffinitäten als dezentrale Identifikationssubjekte des Gemeinwohls gerade hier einen wichtigen Beitrag. Sie haben nicht die alleinige Definitionsmacht, da das Gemeinwohl prozedural durch unterschiedliche Akteure – „Gemeinwohlfindung in processu" (Schuppert 2002) – erst identifiziert und bestimmt wird. In diesen Prozess bringen unterschiedliche Hilfekulturen und -organisationen ihr Selbstverständnis ein. Aus der Beobachterperspektive erscheint dies als Ergebnis ihrer je besonderen Hilfemoral, aus der Teilnehmerperspektive hingegen weist das Engagement über die partikularen Tradition hinaus und gilt deshalb als verknüpfungsfähig mit allgemeinen, gesellschaftlich konsensuellen Normen. In der gelungenen Verknüpfung ihrer je besonderen Hilfetraditionen und Hilfepraktiken mit konsensuellen, universalen Normen fördern die jeweiligen Hilfekulturen den gesamtgesellschaftlichen Zusammenhalt und erweisen sich so als Brücken bildendes Sozialkapital einer Gesellschaft (hierzu Putnam/Goss 2001, 25–43).

All diese Funktionen (Sozialanwaltschaft, politische Mitgestaltung, soziale Berichterstattung, gemeinwohlorientierter Akteur) der Non-Profit-Einrichtungen sind für die Steuerung von sozialem Wandel und Modernisierung unverzichtbar. Es ist daher eine substantielle Frage, wie sie unter veränderten sozialstaatlichen Rahmenbedingungen fortgeführt werden können, da die Neue Steuerung die Gefahr einer sozialpolitischen Entkernung der Wohlfahrtsverbände in sich birgt. Verbände, aber auch andere Wohlfahrtsorganisationen würden so zu bloßen Erfüllungsgehilfen in der Implementation von Sozialpolitik; die Funktion der Sozialanwaltschaft würde veröden. Es bleibt daher zu klären, wie sie diese Funktion aufrechterhalten wollen und in zivilgesellschaftlicher Perspektive **demokratische Funktionen mit sozialanwaltlichen verbinden.**

12.4 Werte zwischen Funktionalisierung und Orientierung

Die gegenwärtige Debatte um das Selbstverständnis von Hilfeorganisationen greift häufiger auf den Wertebegriff zurück. In den Verwendungen erscheint er als ein Kürzel für vielseitige Absichten der Organisationen. Der Begriff besitzt derzeit eine hohe Plausibilität. Es fällt nicht schwer, eine Anzahl von Werten zu nennen, die viele Menschen für erstrebenswert halten. In Zeiten der Verunsicherung nimmt das Bedürfnis nach Moral zu. Aus ethischer Sicht muss jedoch die Spannung zwischen Ethik und Ethos/Moral (→ Kap. 1.1) stets durchgearbeitet und darf nicht auf bloße Begründungsfragen eingeengt werden. Normative Begründungsfragen sind zwar in diesem Kontext nicht überflüssig, aber insofern hier eher nachrangig, als die begrifflichen Ergebnisse der Begründungen nicht allzu strittig sind.

Die Berufung auf Werte erfährt vor allem deshalb eine Konjunktur, weil sie an ein Bedürfnis von kollektiver Verunsicherung anknüpfen kann. Organisationen, vor allem die der Wohlfahrtspflege, erzeugen durch den Verweis auf ihre Werte auf Seiten ihrer Unterstützer und Nutzer einen Vertrauensvorschuss; ein Sachverhalt, der auch im Rahmen sozialwirtschaftlicher Konkurrenz ein Standortvorteil ist. Dies führt naturgemäß zu einer Aufwertung der Wertedimension als Teil des Sozialmanagements. Es muss allerdings im einzelnen geklärt werden, welche Rolle die Werte spielen: Beeinflussen sie die Adressierung der Organisation und ihre Strukturprozesse wirklich oder legitimieren sie nur das moralische Selbstverständnis, ohne das hieraus nennenswerte Konsequenzen für die Organisationsentwicklung gezogen werden?

Der Zusammenhang von Werten, Absichten und Strukturprozessen bedarf daher einer gründlichen normativen Reflexion. Dies verlangt die Beachtung folgender Gesichtspunkte: Der **Wertebezug** sollte nicht nur vage angedeutet, sondern **im Detail durchgearbeitet** werden. Ein rein formaler Hinweis auf Werte darf nicht die weiteren Analysen und Problematisierungen durch ein vermeintlich konsensuell-emotionales Einverständnis verhindern und erübrigen. Als ebenso problematisch erweist sich die Einengung und Umdeutung der Wertedimension als individuelle Ressource für Handlungsmotivationen. Die hierin implizierte Loslösung der normativen Dimensionen von den operativen Prozessen verführt dazu, den Mitarbeitern individuell moralisch viel abzuverlangen und ihre Arbeitsmotivation zur Kompensation von Strukturproblemen zu benutzen. Ihre wertegestützten Motivationen werden so für ggf. wertfremde Organisationsstrategien funktionalisiert.

Trotz des ambivalenten Umgangs mit Werten müssen moralische Motivationen und Wertorientierungen der Mitarbeiter ernst genommen werden. Das Anreizsystem, Sozialarbeiter zu werden, besteht stets aus vielfältigen Motiven. Karriere- und Gewinnmotive im engeren Sinne bleiben zumeist zurückgestellt. SozialarbeiterInnen „wollen was mit Menschen machen". Diese Kennzeichnung umgreift komplexere Handlungmotive: Sie wollen ihr soziales, auch ihr gesellschaftspolitisches Engagement einbringen; sie wollen vor allem kommunikativ arbeiten und hierin sowohl Anerkennung vermitteln als auch selber erfahren; sie wollen ihre moralischen Ideale einbringen, indem sie sich für die Lebenschancen Benachteiligter einsetzen. Dies alles soll in professioneller Weise geschehen. Das ganze Tableau dieser sowohl personalen, interpersonalen als auch strukturellen Gesichtspunkte bedarf der Thematisierung, Pflege und kritischen Kommunikation in Organisationen. Eine bloße organisations- und individualpsychologisch verengte Deutung von Werten genügt dem nicht.

Demzufolge müssen auch Organisationsentwicklungen im Lichte der Wertefrage diskutiert und beleuchtet werden. Hier besitzen die nach menschlichem Ermessen eintretenden Folgen für die potentiellen Nutzer Vorrang. Werte dürfen also nicht bloß gesinnungsethisch von den Einstellungen der beteiligten Individuen, sondern müssen vor allem verantwortungsethisch von den organisatorisch gesteuerten Folgen her für die betroffenen Nutzergruppen reflektiert werden (→ Kap. 9.3). Dies gilt in besonderer Weise für den sozialethisch relevanten Wert der Gerechtigkeit (→ Kap. 4), der auf ein soziales Strukturproblem abstellt und weniger auf eine personale Tugend des Individuums.

In normativer Perspektive sind die sozialpolitischen, sozialstaatlichen Rahmenbedingungen im Hinblick auf ihren organisationssteuernden Einfluss zu reflektieren. Führen die werteorientierten Selbstbeschreibungen des gesamten Gesellschaftssystems in den sozialpolitischen Entscheidungen zu einer beabsichtigten Verwirklichung der erklärten Werte oder tun sie es nicht? Im wohlfahrtlichen Kontext einer anwendungsorientierten, ethischen Reflexion muss der Wertediskurs insgesamt immer auf drei Ebenen bezogen werden: die Ebene der sozialpolitischen Rahmenentscheidungen, die der Organisationen und ihrer externen und internen Steuerungen sowie die der moralischen Einstellungen der Mitarbeiter und ihrer konkreten Arbeitsprozesse mit Klienten. Anwendungsorientierte Ethik erfordert stets die Durchdringung dieses Zusammenhangs und der Rückkopplung zwischen den drei Ebenen.

12.5 Kirchliche Wohlfahrtsverbände

Die kirchlichen Verbände, das Diakonisches Werk und der Deutsche Caritasverband, stellen fast 80 Prozent, d.h. ungefähr eine Million der Mitarbeiter innerhalb der Wohlfahrtsverbände (vgl. Merchel 2003, 72). Damit sind sie in breitem Maße Träger von Non-Profit-Organisationen und betonen in ihrer Selbst- und Außendarstellung besonders ihre Werteorientierung. Präzisere Angaben hierzu bieten Leitbilder des jeweiligen Verbandes. In ihrem Kontext und in ihrer Programmatik wird vor allem die Orientierung an den gesellschaftlich Ausgestoßenen, an den Armen, den Marginalisierten, den Leidenden usw. in den Mittelpunkt gestellt.

Das Motiv der Sozialanwaltschaft nimmt eine zentrale Stellung ein. Es knüpft in vielerlei Hinsicht an biblische Motive (z.B. Matth. 25, 40 u.a.) und die sozialen Traditionen der Kirchen an und verdankt sich in erheblichen Teilen religiösen Barmherzigkeitsinitiativen und -praktiken. Kirchliche Wohlfahrtsverbände haben demnach vorrangig ein bestimmtes Klientel vor Augen. Da Armut und soziale Ungleichheit keine zufälligen Größen sind, lässt sich die vorrangige Adressierung an die Armen unter den Bedingungen des modernen Sozialstaates nochmals reformulieren: Adressaten sind die, die durch das gegenwärtige gesellschaftliche System ökonomisch sowie sozial und kulturell marginalisiert sind.

Die Sozialanwaltschaft stellt für die kirchlichen Verbände keineswegs einen Wert unter anderen dar, denn sie geht substantiell über ein weit über die bloße Wertefrage eingeengtes Verständnis der Organisationen hinaus. Als Teil ihrer verfassten Kirche verstehen sich kirchliche Wohlfahrtsverbände immer auch als religiöse Wahrheitszeugen, die für die christliche Wahrheit einstehen und auf sie hinweisen. Nach kirchlichem Selbstverständnis stellt die praktische Zuwendung zu den Armen eines der äußerlich-sichtbaren, substantiellen Zeichen dieser Orientierung an der Wahrheit dar. Die Formulierungen ihrer Leitlinien betonen entsprechend den engen Zusammenhang von ‚Wort und Tat' (Diakonisches Werk 2004) bzw. von ‚Verkündigung, Eucharistie und Caritas' (Caritasverband 2003).

Wie die Kirchen diese Dimension ihres Selbstverständnisses bzw. ihres Kircheseins praktisch realisieren, lassen die Formulierungen allerdings offen. Beide Verbände betonen, dass die Dimension der an der Nächstenliebe orientierten Zuwendung neben der verbandlich organisierten Arbeit auch substantiell in der christlichen Gemeinde vor Ort sowie durch die Praxis der einzelnen Christen geschieht. Durch die Hervorhebung dieser zwei weiteren Handlungsebenen bringen sie einerseits die umfassende Wichtigkeit zum Ausdruck, andererseits wird dadurch deutlich, dass das Kirchesein selbst ohne die besonderen kirchlichen Wohlfahrtsverbände nicht gefährdet ist. Die Veränderungen sozialstaatlicher Rahmenbedingungen betreffen allerdings auch die verfasste Kirche, da ihre Wohlfahrtsverbände durch ihren Korporatismus unweigerlich mit der Transformation des Dritten Sektors in die Sozialwirtschaft verflochten ist. Dies zieht auch den Bedarf nach sich, sich als Kirche neu zu positionieren. Die Besinnung auf die kirchlichen Aufgaben rückt stärker ins Blickfeld. Hier finden sich zum einen Auffassungen, die angesichts der gegenwärtigen Herausforderungen den Schwerpunkt eher auf die Verkündigung, auf das Wort legen und der diakonisch-verbandlichen Dimension weniger Bedeutung beimessen. Andere Konzepte versuchen hingegen engere Verbindungen zwischen Verband und Kirche zu entwickeln und damit ‚Wort und Tat' in ein intensiveres Verhältnis zu setzen. Innerhalb der kirchlichen Verbandsdiskussion muss man sich konzeptionell darüber verständigen, ob professionelles Helfen eher als gesellschaftspolitische Diakonie oder als unpolitische Barmherzigkeitspraxis zu konzeptionieren und zu verstehen ist; einen ähnlichen Diskurs gab es bereits in den 1960er Jahren (Abbing 1993, 653–656). Wie diese Programmatiken unter veränderten Rahmenbedingungen in der Organisationsentwicklung Berücksichtigung finden können, bleibt eine zukünftige Entwicklungsaufgabe. Dies gilt besonders für Organisationsformen, in denen die Anwaltsfunktion wirksam fortgesetzt werden soll. Die Synchronisierung der Organisationsentwicklung mit dem eigenen Leitbild steht auf der Tagesordnung.

Übungsfragen und -aufgaben

1. Skizzieren Sie die veränderten sozialpolitischen Rahmenbedingungen der Wohlfahrtsverbände!
2. Erläutern Sie die Vor- und Nachteile eines expliziten Wertebezugs von Non-Profit-Organisationen!
3. Halten Sie die Erwartung einer Werteorientierung und ggf. einer weltanschauliche Bindung der Mitarbeiter von Non-Profit-Organisationen für legitim? Welche Gründe sprechen für Ihre Auffassung?

Vertiefende Literatur

Ökonomische Herausforderungen der Non-Profit-Organisationen

Maaser, W., Wohlfahrtsverbände zwischen Selbstverständnis und operativen Zwängen, in: Neue Praxis 34 2004, S. 337–354

Becker, U., Die Tabuisierung des Ökonomischen, in: Von der Barmherzigkeit zum Sozialmarkt. Zur Ökonomisierung sozialdiakonischer Dienste, Jahrbuch Sozialer Protestantismus, Bd. 2, hg. v. H. Bedford-Strohm u. a., Gütersloh 2008, S. 51–63

Eurich, J., Nächstenliebe als berechenbare Dienstleistung. Zur Situation der Diakonie zwischen Ökonomisierung, theologischem Selbstverständnis und Restrukturierung, in: ZEE 49, 2005, S. 58–70

Kapitel 13
Konfessionelle Wohlfahrtsverbände und Organisationsentwicklung – Vertiefung

■ Der Weg in die Sozialwirtschaft fordert die Einrichtungen in ihrer Organisationsentwicklung und ihrem moralischen Selbstverständnis heraus. Die ökonomischen Herausforderungen erfordern hier eine reflexive Neujustierung. Aber auch das Professionsverständnis muss im Spannungsfeld von Sozialanwaltschaft und sozialer Dienstleistungsorientierung weiterentwickelt werden.

13.1 Ethische Herausforderungen in der Organisationsentwicklung

Die organisatorischen Herausforderungen der konfessionellen Verbände beziehen sich auf drei Ebenen: die **Ebene der Einrichtungen,** d.h. der konkreten sozialen Dienstleister vor Ort, die **Ebene des Spitzenverbandes** als Interessenvertreter, fachlicher Berater etc. und die **Ebene der** katholischen **Kirche** bzw. der evangelischen Landeskirche als organisatorischer und ideeller Gesamtrahmen.

Die wichtigsten Veränderungen betreffen zunächst die Einrichtungen. Die Neue Steuerung erfordert eine stärkere betriebswirtschaftlich gelenkte, effizienz- und effektivitätsorientierte Organisationsstruktur, also Organisationsformen wie die eines Unternehmens. Hierbei bestärkt die organisationsintern auf Effizienz abzielende Bündelung von Aktivitäten und die zunehmende Trägerkonkurrenz den Trend zur Fusion mit anderen Trägereinrichtungen. Es kommt zu entsprechenden Schwerpunktsetzungen in attraktiven, marktfähigen Geschäftsfeldern und entsprechenden Einrichtungstypen. Unter dem Dach eines Verbandes bilden sich expandierende Träger als Großeinrichtungen mit erheblichem Einfluss aus, vorwiegend im Bereich der Gesundheit. Komplementär hierzu nimmt der Einfluss kleinerer, im nichtmarktfähigen Segment arbeitender Träger ab, vor allem der an Marginalisierten orientierten Arbeit. Hierdurch erschweren sich ihre demokratischen

Mitbestimmungsmöglichkeiten im Rahmen der Trägerpolitik. Zudem machen die organisatorischen Differenzierungen und Schwerpunktsetzungen Kostenrechnungen erforderlich, die die traditionellen, oft intransparenten Quersubventionierungen verhindern.

Aus der Sicht großer Trägereinrichtungen erscheint das Dach des jeweiligen **Spitzenverbandes** als zu klein. Sie sehen ihre Interessen als Großunternehmen nicht angemessen vertreten und gründen daher eigene, weitere Interessensvertretungen: im Bereich der Diakonie den Verband diakonischer Dienstgeber in Deutschland (VdDD) und im Bereich der Caritas die Arbeitsgemeinschaft karitativer Unternehmen (AcU).

Diese Organisationen stehen zunehmend in Spannung zu ihren traditionellen Spitzenverbänden (Maaser 2008 a). Den Anlass bilden zumeist Tarifregelungen, die im kirchlichen Bereich durch den sog. Dritten Weg (Anselm/Hermelink 2006) selbstständig und ohne gewerkschaftliche Beteiligung geregelt werden dürfen. Die unternehmerisch orientierten Einrichtungen streben hier eine veränderte Konzeption an und wollen sich in Zukunft nicht mehr an ähnlichen Bezahlungen und Modalitäten wie im öffentlichen Dienst orientieren. Der steuerungslogische Primat der Wirtschaftlichkeit zieht zudem die Notwendigkeit nach sich, seine Geschäftsentwicklungen nicht an den gewachsenen landeskirchlichen Grenzen bzw. Diözesangrenzen zu orientieren. Gleichzeitig reklamieren die Unternehmen der Spitzenverbände im Selbstverständnis weiterhin die Zielsetzungen des traditionellen diakonischen Profils für sich, vornehmlich eine bewusste Kirchlichkeit, das kirchliche Dienstverhältnis und die Anwaltschaft für die Schwachen.

Aus der Sicht des Spitzenverbandes stellt sich die zunehmende unternehmerische Emanzipation einiger Träger als Relativierung ihrer sozialpolitischen, spitzenverbandlichen und monopolartigen Interessenvertretungsfunktion sowie als organisatorische Erosion der Sozialanwaltschaft dar. Denn die traditionellen vorrangigen Adressierungen an Arme, Schwache etc. treten in der unternehmerischen Steuerungslogik zurück, so dass sich am Ende die advokatorische Funktion in organisatorischen Sachzwängen verflüchtigen könnte. Auf lange Sicht könnte der Spitzenverband seine bisherigen Steuerungseinflüsse auf die Träger faktisch verlieren und seine Funktion einbüßen. Parallel zu dieser Entwicklung tun sich für ihn durch Qualitätssicherung und Zertifizierung andere Einflussmöglichkeiten auf: Solange Einrichtungen das kirchliche Markenzeichen tragen wollen und auch unternehmerisch von dem den Kirchen entgegengebrachten Vertrauenskapital profitieren, könnten die Spitzenverbände als Zertifizierungsagenturen fungieren und sich stärker für ein Einrichtungslobbying einsetzen.

Ein nochmals veränderter Blickwinkel ergibt sich aus der Perspektive der verfassten **Kirche:** Nach kirchlichem Selbstverständnis vollzieht sich in den diakonischen Einrichtungen, aber keineswegs nur dort, eine Grundfunktion kirchlichen Seins (vgl. Caritasverband 2003; Diakonisches Werk 2004). Der relativ selbstständige Spitzenverband besitzt daher die Aufgabe, diese Grundfunktion der Kirche zu stützen und in traditioneller Perspektive die kirchennahen, von der Ortsgemeinde organisatorisch nicht leistbaren, aber letztlich in ihrem Sinne tätigen Hilfeleistungen zu begleiten, zu koordinieren und mitzugestalten.

Kirchlichkeit stellt sich daher je nach Ebene unterschiedlich dar:

- auf der Ebene der sich modernisierenden Trägereinrichtungen als Motivationskapital der Mitarbeiter und Vertrauenskapital der Nachfrager;
- auf der Ebene des Spitzenverbandes als kirchliches Tatzeugnis im Sinne einer gesellschaftlichen bzw. gesellschaftspolitischen Sozialanwaltschaft und als Beitrag zur sozialen Gerechtigkeit;
- auf der Ebene der verfassten Kirche als Grundfunktion des kirchlichen Lebens, als Ergänzung und indirekte Stärkung ortsgemeindlichen Lebens, als Zuwendung zu den Armen und damit als glaubwürdiges Nachfolgezeugnis, ferner als Mittel kirchlicher Präsenz und Einflussnahme in der Gesellschaft.

Steht die trägereinrichtungsdefinierte Kirchlichkeit im Vordergrund, gewinnt ein eher allgemeines, über die Kirche hinausgehendes Religionsverständnis an Bedeutung: Individuen suchen angesichts zunehmender Individualisierung nach biografischer Sinnorientierung und nach Thematisierungsmöglichkeiten, vor allem in Lebensumbruchsphasen und vermutlich verstärkt im letzten Drittel des Lebens. Diakonische Einrichtungen bieten hierfür eine gewissermaßen undogmatische Kirchlichkeit an, bilden eine sensible, diese Sinnfragen aufnehmende Organisations- und Mitarbeiterkultur aus. Insbesondere die Evangelische Kirche zeigt sich auf diese Weise modernisierungsoffen und leistet durch ihre religiösen Deutungspotenziale einen Beitrag zur modernen Kultur. Auf diesem Weg wird in milderer Form das Missionsmotiv wiederum dem Tatzeugnis angenähert. Die in diesen Modernisierungsprozess eingestiftete organisatorische Dynamik verschiebt indessen die Adressierungen: Es werden mehr Menschen in pastoral-seelsorgerlicher Hinsicht erreicht. Benachteiligte im engeren Sinne und ein sozialadvokatorisches Tatzeugnis treten in den Hintergrund. Eine Verschiebung von sozialanwaltlichen zu pastoral-seelsorgerlichen Funktionen lässt sich m. E. auch in den Denkschriften (vgl. EKD 1998 und EKD 2002) erkennen.

In einer spitzenverbandsdefinierten Kirchlichkeit würden vermutlich die sozialpolitische Funktion und die Sozialanwaltschaft herausgestellt. Während einige Jahrzehnte lang stärker die Eigenständigkeit und das Eigenrecht diakonischer Verbandswirklichkeit gegenüber der verfassten Kirche betont wurden, liegt es in der Modernisierungssituation nahe, die traditionellen Motive (Nachfolgezeugnis, das prophetische Amt der Kirche etc.) und Gemeinsamkeiten stärker hervorzuheben. Ob dies stärker als Barmherzigkeitsbeitrag oder sozialpolitisch – im Sinne einer Betonung sozialer Rechte (vgl. EKD 1998, 14) – verstanden und akzentuiert wird, muss daher geklärt werden (zu unterschiedlichen organisatorischen Szenarien vgl. Maaser 2004; Eurich 2005).

13.2 Zwischen Sozialanwaltschaft und sozialer Dienstleistung

Die gegenwärtigen Transformationsprozesse der Non-Profit-Organisationen greifen auch in das Selbstverständnis Sozialer Arbeit ein. Diese verstand sich vor allem ab den 60er Jahren als Sozialanwalt. Ihre advokatorische Funktion bezog sich darauf, dass sich die Profession neben ihren konkreten Hilfeleistungen gleichzeitig als Fürsprecher und Vertreter ihres Klientels in der Öffentlichkeit verstand. Aus unterschiedlichen Gründen ist dieser sozialpolitische Lobbyinganspruch in die Kritik geraten: Teilweise wehren sich betroffene Nutzer dagegen, da sich die unterstützende Funktion ihrer Auffassung nach vorschnell zu einer stellvertretenden Funktion entwickelt, in der die Nutzer nicht als politikfähige, vollwertige Subjekte begriffen werden. Gut gemeinte, stellvertretende Hilfe beinhaltet dann eine Geringschätzung des umfassenden Subjektstatus der Betroffenen.

Stärkere Spannungen bestehen zwischen dem Motiv der Sozialanwaltschaft und dem Verständnis der Sozialen Arbeit als sozialer Dienstleistung. Der auf Personen bezogene Dienstleistungsbegriff bietet die Möglichkeit, ein professionelles und wissenschaftsbasiertes Verständnis des sozialarbeiterischen Wirkens zu entwickeln. Er scheint besonders geeignet, da er die für die Soziale Arbeit typischen Verknüpfungen unterschiedlicher Wissensdisziplinen herausstellt (Olk/Otto 2003, 9–22). Die Kundenbeziehung rückt in den Vordergrund. Auch sie beinhaltet normative Gesichtspunkte wie transparente Qualitätssicherung, Kundensouveränität und den Anspruch, die Dienstleistung von den Bedürfnissen des Nutzers her zu gestalten.

Insgesamt wertet das Dienstleistungskonzept die Fachlichkeit und den Nutzer auf. Es nähert sich aber gleichzeitig einem Verständnis an, das Soziale Arbeit als sozialwirtschaftliche, professionell erbrachte Hilfeleistung begreift, in der sich allerdings der Anspruch der Sozialen Arbeit, mehr als ein bloßer Akteur (→ Kap. 3.3.1) zu sein, verflüchtigt. Die Nutzerorientierung schüttelt einerseits die traditionellen subsidiaritätspolitischen und sozialanwaltschaftlichen Programmatiken ab; dadurch vermeidet sie die herkömmlichen moralischen Legitimationsfiguren im Selbstverständnis, die einen gut gemeinten, unterschwelligen Paternalismus kaschieren können. Andererseits führt die beabsichtigte Entrümpelung des Selbstverständnisses von als konservativ-sozial erachteten Moralvorstellungen zu der Notwendigkeit alternativer normativer Bezugspunkte, wenn das Dienstleistungskonzept sich nicht stromlinienförmig in die Ökonomisierung der Sozialen Arbeit einpassen soll. Damit die Soziale Arbeit als Profession nun ihre Eigenständigkeit (→ Kap. 7) gegenüber ihrer sozialstaatlichen und nutzerorientierten Beauftragung behält, gewinnt der Nutzer als Bürger und damit ein politisch-normativer Begriff der Demokratietheorie zentrale Bedeutung, in dessen Dienst sich Soziale Arbeit legitimiert. „Ihr gesellschaftlicher Bezugspunkt und ihre Legitimation ist in ihrer Ausrichtung auf die Herstellung, Reproduktion und Sicherung des Bürgerstatus ihrer Nutzer begründet." (Schaarschuch 2003, 164f.) Diese normative Begründung lässt sich im Sinne von „social citizenship" durch Menschenrechtsdimensionen (→ Kap. 2.6) profilieren (Freiheit, Gleichheit, Teilhabe), muss sich allerdings fortlaufend gegen den eng geführten, neoliberalen Kunden- und Bürgerbegriff absetzen und abgrenzen, der sich wirkungsvoll und in seinen pragmatischen Verwendungsfähigkeiten noch plausibler und effektiver auf den Dienstleistungsbegriff beruft. Im Bereich der Trägerpolitik besitzt dieser liberalökonomische Dienstleistungsbegriff im Diskurs den normativen Vorrang. Gleichzeitig muss eine demokratisch begründete Nutzerorientierung der Profession zeigen, dass sie nicht in einen naiven Begriff von Nutzerinteressen abgleitet. Auch Nutzerinteressen entgehen nicht der Ambivalenz. Die Privilegierung des Nutzers darf nicht das eigenständige Urteil der Profession (→ Kap. 7.1) absorbieren.

Die Weiterentwicklung des traditionellen Konzepts (Bopp/Gabriel 2001) verzichtet hingegen aus den o.g. Gründen auf die prinzipielle Dienstleistungsprogrammatik, da sie hierin ein zunehmendes Zurücktreten der Sozialanwaltschaft sieht. Sie hält in ihrem Selbstverständnis am Konzept einer solidarischen Gesellschaft fest, die besonders die Benachteiligten als Adressaten im Blick hat. Gleichzeitig arbeitet sie einzelne normative Gesichtspunkte des Dienstleistungsverständnisses in das herkömmliche Sozialanwaltschaftsverständnis ein. Dieser Erweiterung zufolge muss die advokatorische Funktion stets auf einer Partnerschaft zum Klienten gegründet sein. Auch die Nutzersouveränität und transparente Qualitätssicherung verdienen zentrale Aufmerksamkeit in einem weiterentwickelten Verständnis des Advokatorischen.

13.3 Das Verhältnis von Ehrenamt und Profession

Den seit 30 Jahren auch durch den Dienstleistungsbegriff vorangetriebenen Professionalisierungsbemühungen stehen ehrenamtliche Hilfetraditionen gegenüber. Unter historischem Blickwinkel besitzt das Ehrenamt eine zentrale Bedeutung in der Geschichte des Helfens. Menschen engagierten und engagieren sich uneigennützig für Hilfsbedürftige und tragen damit zum Gemeinwohl bei. Der Antrieb liegt idealerweise allein in ihren moralischen Motivationen, die sie zu Hilfeleistungen veranlassen. Helfen findet neben beruflichen, familiären und anderen Tätigkeiten statt und setzt voraus, dass die Helfer über ausreichend viel Zeit und Geld verfügen, um sich zusätzlich zu engagieren. Das Engagement besitzt freiwilligen Charakter und zielt nicht auf finanzielles Entgelt. Die Uneigennützigkeit und ein konsequenter Altruismus, d.h. eine Orientierung am Anderen (lat. *alter* = der andere) gilt als besonders achtungswürdig. Diese Selbstlosigkeit verdient im Kontrast zum meist vorherrschenden Egoismus daher Ehrerbietung durch die Öffentlichkeit. Ehrenamtliche Tätigkeit ist nicht bloß eine freischwebende spontane Hilfeleistung des Einzelnen, sondern an organisatorische Kontexte (Vereine, Gemeinde u.Ä.) gebunden, die das Engagement verstetigen. Das Ehrenamt in Verbindung mit der Organisationsform des Vereins im 19. Jahrhundert ist der „Geburtshelfer ... des gesamten Dritten Sektors" (Rauschenbach 2001, 347). Die ersten Formen der Verberuflichung des Helfens im 19. Jahrhundert nehmen hier ihren Ausgang; sowohl Sozialarbeit als auch Sozialpädagogik gewinnen in einem eineinhalb Jahrhunderte langen Prozess ein berufliches Profil.

Durch die Verlagerung und Transformation der Ausbildung in ein Studium an Fachhochschulen und Universitäten seit den 70er Jahren des 20. Jahrhunderts vollzog sich ein weiterer Schritt: Soziale Arbeit beansprucht von da an, kein bloßer Beruf, sondern eine selbstreflexive Profession zu sein. Sozialarbeiter sollten demzufolge in der Lage sein, die Anforderungen ihres Berufes aufgrund einer wissenschaftsbasierten Lernfähigkeit selbstständig zu reflektieren und weiterzuentwickeln (Staub-Bernasconi 2009). Die gesellschaftlichen Herausforderungen und Entwicklungen erfordern eine auf sie abgestimmte, stetige Weiterentwicklung und Transformation der Fachlichkeit. Im Gegensatz zum (bloßen) Beruf will Soziale Arbeit durch ihre wissenschaftliche Fundierung und berufspolitische Vertretung einen eigenständigen Beitrag zur gesellschaftlichen Wohlfahrtsproduktion leisten (→ Kap. 7.1).

Sowohl die enorme Ausweitung des Dritten Sektors als auch der Spannungsbogen vom Ehrenamt zum Beruf und wiederum vom Beruf zur selbstreflexiven Profession ließen den konstitutiven Moralbezug zeitweise in den Hintergrund treten. Die Entwicklung schien zum einen von der „Wertgemeinschaft zum Dienstleistungsunternehmen" (Rauschenbach/Sachße/Olk 1996) zu verlaufen. Fachlichkeit und Professionalität erhielten den Vorrang. Es war zum anderen die veränderte Sozialstaatspolitik, die ab Mitte der 1990er Jahre im Gegenzug wieder auf die moralischen Wurzeln des professionellen Helfens aufmerksam machte; sie hatte vor allem die Kosten senkenden Effekte der Freiwilligenarbeit im Blick und erinnerte die korporatistischen Wohlfahrtsverbände an ihre schwindende Ehrenamtsbasis. Die Wohlfahrtsverbände konnten sich von da an nicht mehr ungebrochen auf das Ehrenamt als ihre ‚moralische Substanz' berufen, da ihre Organisationsformen freiwillige Tätigkeiten offenbar nicht begünstigten und stimulierten.

Die neuere Rückbesinnung auf den ursprünglich religiös-moralischen Antrieb jenseits von sozialpolitischen oder fachlichen Einlassungen führt häufiger dazu, den bisherigen, mühsam erreichten Stand der Professionalisierung zugunsten einer auf die Bedürfnisse des Marktes abgestimmten bloßen Berufsorientierung preiszugeben. Von Seiten der kirchlichen Non-Profit-Unternehmen werden die ursprünglich ehrenamtlichen Wurzeln gerne bemüht, um die gegenwärtige Sozialwirtschaft als Anlass für eine verstärkte Laienorientierung zu begreifen. Diese Entwicklung könnte den Sozialunternehmen mehr Flexibilität und kostengünstigere Entlohnungen ermöglichen. Eine derartige Sichtweise spiegelt die wirtschaftlichen Empfehlungen an die Non-Profit-Unternehmen wider, die sich zwischen einer Sozialwohlstrategie und einer Wettbewerbsstrategie (Ottnad/Miegel/Wahl 2000, 184–196) entscheiden sollen. Im Ergebnis unterminieren dann vage Moralbezüge die Professionalisierung Sozialer Arbeit. Ein reflexiver Bezug auf Moral findet nicht statt. Soziale Arbeit, die ethische Reflexion und Artikulationsfähigkeit als Teil ihrer Professionalität begreift, kann sich damit nicht zufrieden geben.

Übungsfragen und -aufgaben

1. Warum steht das Konzept von Sozialer Arbeit als sozialer Dienstleistung in Spannung zu einem sozialadvokatorischen Verständnis?
2. Verschaffen Sie sich einen Überblick über die statistische Datenlage des freiwilligen Engagement in Deutschland und skizzieren Sie das Wechselverhältnis von Professionalität und Ehrenamt mit Hilfe der aktuellen Literatur!

Vertiefende Literatur

Anwaltschaft versus Dienstleistung/Ehrenamt und Professionalität

Bopp, K./Gabriel, K. u. a., Positionspapier: Der Deutsche Caritasverband als Anwalt und Partner Benachteiligter, in: Anwaltschaft und Dienstleistung. Organisierte Caritas im Spannungsfeld, Freiburg/M. 2001, S. 194–206

Priller, E./Zimmer, A., Dritter Sektor: Arbeit als Engagement, in: Politik und Zeitgeschichte 12/2006, S. 17–24

Literatur

Abbenhues, B., Berufsethische Überlegungen zum Doppelmandat in der Sozialarbeit, in: Archiv für Wissenschaft und Praxis der Sozialen Arbeit 26, 1995, S. 255–291

Abbing, P. J., Art. Diakonie III, in: Theologische Realenzyklopädie, Bd. 8, Berlin 1993, S. 644–656

Adloff, F., Zivilgesellschaft. Theorie und politische Praxis, Frankfurt/M. 2005

Anheier, H. K. (Hg.), Der dritte Sektor in Deutschland: Organisationen zwischen Staat und Markt im gesellschaftlichen Wandel, Berlin 1997

Anheier, H. K./Seibel, W. (Hg.), The Third Sector: Comparative Studies of Nonprofit Organizations, Berlin 1990

Anselm, R./Hermelink, J. (Hg.), Der Dritte Weg auf dem Prüfstand. Theologische, rechtliche und ethische Perspektiven des Ideals der Dienstgemeinschaft in der Diakonie, Göttingen 2006

Anzenbacher, A., Was ist Ethik? Eine fundamentalethische Skizze, Düsseldorf 1987

Ders., Einführung in die Ethik, Düsseldorf 1992

Aristoteles, Nikomachische Ethik, hg. v. H. Flashar, Berlin 1983

Ders., Politik, übers. v. O. Gigon, 3. Aufl., München 1978

Arnold, U./Maelicke, B. (Hg.), Lehrbuch der Sozialwirtschaft, 2. Aufl., Baden-Baden 2003

BAGFW, Selbstverständnis und Aufgaben der freien Wohlfahrtspflege in Deutschland, in: Caritas 5, 1998, S. 234–239

Bartolomé de Las Casas, Disputation von Valladolid, in: Werkauswahl, hg. v. M. Delgado, Bd. 1: Missionstheologische Schriften. Studien von Mariano Delgado, H. Pietschmann und M. Sievernich SJ. Übersetzungen von P. Pockrandt und H. Wels, Paderborn 1994, S. 336–436

Bayertz, K. (Hg.), Verantwortung: Prinzip oder Problem?, Darmstadt 1995

Becker, U., Die Tabuisierung des Ökonomischen, in: Von der Barmherzigkeit zum Sozialmarkt. Zur Ökonomisierung sozialdiakonischer Dienste, Jahrbuch Sozialer Protestantismus Bd. 2, hg. v. H. Bedford-Strohm u. a., Gütersloh 2008, 51–63

Bedford-Strohm, H., Vorrang für die Armen: Auf dem Weg zu einer theologischen Theorie der Gerechtigkeit, Gütersloh 1993

Behrens, F./Heinze, R. G./Hilbert, J./Stöbe-Blossey, S. (Hg.), Ausblicke auf den aktivierenden Staat. Von der Idee zur Strategie, Berlin 2005

Berger, P. L./Luckmann, T., Die gesellschaftliche Konstruktion der Wirklichkeit. Eine Theorie der Wissenssoziologie, Frankfurt/M. 1984

Bielefeldt, H., Menschenrechte in der Einwanderungsgesellschaft. Plädoyer für einen aufgeklärten Multikulturalismus, Bielefeld 2007

Bierhoff, H. W., Verantwortungsbereitschaft, Verantwortungsabwehr und Verantwortungszuschreibung, in: Verantwortung: Prinzip oder Problem?, hg. v. K. Bayertz, Darmstadt 1995, S. 217–240

Blanke, B./Bandemer, S. von/Nullmeier, F./Wewer, G. (Hg.), Handbuch zur Verwaltungsreform, 3. Aufl., Wiesbaden 2005

Böckenförde, E. W., Staat, Gesellschaft, Freiheit. Studien zur Staatstheorie und zum Verfassungsrecht, Frankfurt/M. 1976
Boeßenecker, K. H., Spitzenverbände der Freien Wohlfahrtsverbände in der BRD. Eine Einführung in Organisationsstruktur und Handlungsfelder, Weinheim 2005
Bommes, M./Scherr, A., Soziologie der Sozialen Arbeit. Eine Einführung in Formen und Funktionen organisierter Hilfe, Weinheim 2001
Bopp, K./Gabriel, K. u. a., Positionspapier: Der Deutsche Caritasverband als Anwalt und Partner Benachteiligter, in: Anwaltschaft und Dienstleistung. Organisierte Caritas im Spannungsfeld, hg. v. M. Lehner u. M. Manderscheid, Freiburg/M. 2001, S. 194–206
Bornscheuer, L., Topik. Zur Struktur zur gesellschaftlichen Einbildungskraft, Frankfurt/M. 1976
Boshammer, S., Art. Diskrimierung, in: Handbuch der politischen Philosophie und Sozialphilosophie, Bd. 1, hg. v. S. Gosepath, W. Hinsch u. B. Rössler, Berlin 2008, 232–238
Bourdieu, P., Ökonomisches Kapital, kulturelles Kapital, soziales Kapital, in: R. Kreckel (Hg.), Soziale Ungleichheiten (Soziale Welten 2), Göttingen 1983, S. 183–198
Brede, W., Institutionen von rechts gesehen, in: Karl Corino (Hg.): Intellektuelle im Bann des Nationalsozialismus, Hamburg 1980, S. 95–106
Bröckling, U., Das unternehmerische Selbst. Soziologie einer Subjektivierungsform, Frankfurt/M. 2007
Ders., Lemke, T./Krassmann, S., Gouvernementalität der Gegenwart. Studien zur Ökonomisierung des Sozialen, Frankfurt/M. 2000
Brumlik, M., Advokatorische Ethik. Zur Legitimation pädagogischer Eingriffe, Berlin 2004
Bubner, R., Geschichtsprozesse und Handlungsnormen. Untersuchungen zur praktischen Philosophie, Frankfurt/M. 1984
Büstrich, M., GATS, EU-Dienstleistungsrichtlinie und soziale Dienste, in: Theorie und Praxis der sozialen Arbeit, 57, 2006, S. 51–59
Caritasverband, 2003: Leitbild des deutschen Caritasverbands, in: http://www.caritas.de/2230.html (09/2003)
Combe, A./Helsper, W. (Hg.), Pädagogische Professionalität. Untersuchungen zum Typus pädagogischen Handelns, Frankfurt/M. 1996
Conradi, E., Take care. Grundlagen einer Ethik der Achtsamkeit, Frankfurt/M. 2001
Dies., Kosmopolitische Zivilgesellschaft. Inklusion durch gelingendes Handeln, Frankfurt/M. 2011
Dabrock, P., Befähigungsgerechtigkeit als Ermöglichung gesellschaftlicher Inklusion, in: Capabilities – Handlungsbefähigung und Verwirklichungschancen in der Erziehungswissenschaft, hg. v. H.-U. Otto u. H. Ziegler, Wiesbaden 2008, S. 17–53
Ders., Befähigungsgerechtigkeit: ein Grundkonzept konkreter Ethik in fundamentaltheologischer Perspektive, Gütersloh 2012
Dahme, J./Kühnlein, G./Wohlfahrt, N., Zwischen Wettbewerb und Subsidiarität. Wohlfahrtsverbände unterwegs in die Sozialwirtschaft, Berlin 2005
DBSH. Berufsethische Prinzipien des DBSH, in: Ethik Sozialer Arbeit. Ein Handbuch, hg. v. A. Lob-Hüdepohl u. W. Lesch, Paderborn 2007, S. 359–362
Dallmann, H.-U., Volz, F. R., Ethik in der Sozialen Arbeit, Schwalbach 2013
Degener, T./Maaser, W., Antidiskriminierung und Menschenrechte in Deutschland – Zur Bedeutung der Behindertenkonvention der UN, in: Danken und Dienen 2008, S. 14–18

Dettling, W., Politik und Lebenswelt. Vom Wohlfahrtsstaat zur Wohlfahrtsgesellschaft, Gütersloh 1995
Dewe, B./Otto, H. U., Art. „Professionalisierung", in: Handbuch zur Sozialarbeit/Sozialpädagogik, hg. v. H. Eyferth u. a., Neuwied 1987, S. 775–811
Dies., Art. Profession, in: Handbuch Sozialarbeit – Sozialpädagogik, hg. v. H.-U. Otto und H. Thiersch, 2. Aufl., Neuwied 2001, S. 1399–1423
Dewe, B./Ferchhoff, W., Professionelles soziales Handeln. Soziale Arbeit im Spannungsfeld zwischen Theorie und Praxis, 3. Aufl., Weinheim 2001
Diakonisches Werk, 2004: Leitbild Diakonie, in: http://www.Diakonie.de/de/html/diakonie/leitbild/132.htm (06/2004)
Düwell, M./Hübenthal, C./Werner, M. H. (Hg.), Handbuch Ethik, 2. Aufl., Stuttgart 2006
Dungs, S./Gerber, U. u. a. (Hg.), Soziale Arbeit und Ethik im 21. Jahrhundert. Ein Handbuch, Leipzig 2006
Dworkin, R., What is Equality? Part 2: Equality of Resources, in: Philosophy and Public Affairs (1981), S. 185–243
EKD (Hg.), Herz und Mund und Tat und Leben. Grundlagen, Aufgaben und Zukunftsperspektiven der Diakonie: Eine evangelische Denkschrift, Hannover 1998
EKD (Hg.), Dienste als Chance: Dienste am Menschen ausbauen, Menschen aktivieren, Menschen Arbeit geben. Eine Studie der Kammer der EKD für soziale Ordnung, Hannover 2002
Esping-Andersen, G., The three Worlds of Welfare Capitalism, Cambridge 1990
Eurich, J., Nächstenliebe als berechenbare Dienstleistung. Zur Situation der Diakonie zwischen Ökonomisierung, theologischem Selbstverständnis und Restrukturierung, in: ZEE 49, 2005, S. 58–70
Ders., Gerechtigkeit für Menschen mit Behinderung. Ethische Reflexionen und sozialpolitische Perspektiven, Frankfurt/M. 2008
Evers, A./Ewert, B., Hybride Organisationen im Bereich der sozialen Dienste. Ein Konzept, sein Hintergrund und seine Implikationen, in: Soziale personenbezogene Dienstleistungsorganisationen. Soziologische Perspektiven, hg. v. T. Klatetzki, Wiesbaden 2010, 103–128
Fenner, D., Ethik, Tübingen 2008
Forschner, M., Mensch und Gesellschaft: Grundbegriffe der Sozialphilosophie, Darmstadt 1989
Foucault, M., Der Wille zum Wissen. Sexualität und Wahrheit I, 9. Aufl., Frankfurt/M. 1997
Frankfurt, H., Freedom of the Will and the Concept of a Person, in: Journal of Philosophy 67, 1971, S. 5–20
Fraser, N./Honneth, A., Umverteilung oder Anerkennung? Eine politisch-philosophische Kontroverse, Frankfurt/M. 2003
Frei, N., Karrieren im Zwielicht. Hitlers Eliten nach 1945, Frankfurt/M. 2001
Frey, C., Theologische Ethik, Neukirchen-Vluyn 1990
Fritzsche, K. P., Menschenrechte. Eine Einführung mit Dokumenten, Paderborn 2004
Gabriel, K. (Hg.), Herausforderungen kirchlicher Wohlfahrtsverbände. Perspektiven im Spannungsfeld von Wertbindung, Ökonomie und Politik, Berlin 2001
Ders., Die soziale Herausforderung des Sozialstaats und die kirchlichen Wohlfahrtsverbände, in: Herausforderungen kirchlicher Wohlfahrtsverbände. Perspektiven im Spannungsfeld von Wertbindung, Ökonomie und Politik, hg. v. dems., Berlin 2001
Galuske, M., Methoden der Sozialen Arbeit: eine Einführung, 8. Aufl., Weinheim 2009

Gehlen, A., Der Mensch. Seine Natur und seine Stellung in der Welt, 2. Aufl., Wiesbaden 1978
Gehring, P., Was ist Biomacht? Vom zweifelhaften Mehrwert des Lebens, Frankfurt/M. 2006
Gensicke, T./Picot, S./Geiss, S., Freiwilliges Engagement in Deutschland 1999–2004. Ergebnisse der repräsentativen Trenderhebung zu Ehrenamt, Freiwilligenarbeit und bürgerschaftlichem Engagement, Wiesbaden 2006
Goffman, E., Asyle. Über die soziale Situation psychiatrischer Patienten und anderer Insassen, Frankfurt/M. 1973
Ders., Das Individuum im öffentlichen Austausch. Mikrostudien zur öffentlichen Ordnung, Frankfurt/M. 1982
Gosepath, S./Lohmann, G. (Hg.), Philosophie der Menschenrechte, Frankfurt/M. 1998
Gosepath, S., Gleiche Gerechtigkeit. Grundlagen eines liberalen Egalitarismus, Frankfurt/M. 2004
Gosepath, S./Hinsch, W./Rössler, B. (Hg.), Handbuch der politischen Philosophie und Sozialphilosophie, 2 Bde., Berlin 2008
Gosepath, S., Art. Gerechtigkeit, in: Handbuch der politischen Philosophie und Sozialphilosophie, Bd. 1, hg. v. dems., W. Hinsch u. B. Rössler, Berlin 2008, 394–401
Graf, F. W., Wie viel Ökonomie verträgt die soziale Arbeit? Zur ethischen Rationalität funktionierender Sozialmärkte, in: Diakonie Jahrbuch 2003. Nachhaltig solidarisch leben, hg. v. J. Gohde, Stuttgart 2003, S. 73–79
Graumann, S., Assistierte Freiheit: von einer Behindertenpolitik der Wohltätigkeit zu einer Politik der Menschenrechte, Frankfurt/M. 2011
Greiffenhagen, M./Greiffenhagen, S., Ein schwieriges Vaterland. Zur politischen Kultur Deutschlands, Frankfurt/M. 1981
Großmaß, R./Perko, G., Ethik für Soziale Berufe, Paderborn 2011
Grunwald, K., Art. „Sozialwirtschaft“, in: Handbuch Sozialarbeit/Sozialpädagogik, hg. v. H.-U. Otto u. H. Thiersch, 2. völlig neu überarbeitete Auflage, Neuwied 2001, S. 1794–1805
Habermas, J., Arnold Gehlen, in: ders., Philosophisch-politische Profile, Frankfurt/M. 1981, S. 101–126
Ders., Theorie des kommunikativen Handelns, Bd. 1: Handlungsrationalität und gesellschaftliche Rationalisierung, 4. Aufl., Frankfurt/M. 1987
Ders., Theorie des kommunikativen Handelns, Bd. 2: Zur Kritik der funktionalistischen Vernunft, 4. Aufl., Frankfurt/M. 1987
Hanesch, W./Krause, P./Bäcker, G., Armut und Ungleichheit in Deutschland, Reinbek 2000
Hanesch, W., Soziale Sicherung im europäischen Vergleich, in: Politik und Zeitgeschichte B 34-35/98, 1998, S. 15–26
Hauriou, M., Die Theorie der Institution und andere Aufsätze, hg. v. R. Schnur, Berlin 1965
Hegel, G. F. W., Grundlinien der Philosophie des Rechts, Frankfurt/M. 1985
Ders., Die Vernunft in der Geschichte, hg. v. J. Hoffmeister, 5. Aufl., Hamburg 1955
Heidbrink, L., Kritik der Verantwortung. Zu den Grenzen verantwortlichen Handelns in komplexen Kontexten, Weilerswist 2003
Heidbrink, L., Handeln in der Ungewissheit. Paradoxien der Verantwortung, Berlin 2007
Heidbrink, L./Hirsch, A. (Hg.), Verantwortung in der Zivilgesellschaft. Zur Konjunktur eines widersprüchlichen Prinzips, Frankfurt/M. 2006

Dies. (Hg.), Staat ohne Verantwortung. Zum Wandel der Aufgaben von Staat und Politik, Frankfurt/M. 2007
Heidelmeyer, W. (Hg.), Die Menschenrechte. Erklärungen, Verfassungsartikel, Internationale Abkommen, 3. Aufl., Paderborn 1982
Heimbach-Steins, M., Wohlfahrtsverantwortung. Ansätze zu einer sozialethischen Kriteriologie für die Verhältnisbestimmung von Sozialstaat und freier Wohlfahrtspflege, in: Aufgaben und Grenzen des Sozialstaats, hg. v. M. Dabrowski u. J. Wolf, Paderborn 2007, S. 9–42
Heiner, M./Meinhold, M./Spiegel, H. von/Staub-Bernasconi, S., Methodisches Handeln in der sozialen Arbeit, 4. Aufl., Freiburg/Br. 1998
Heinze, R. G./Schmid, J./Strünck, C., Zur Politischen Ökonomie der sozialen Dienstleistungsproduktion: Der Wandel der Wohlfahrtsverbände und die Konjunkturen der Theoriebildung, in: Kölner Zeitschrift für Soziologie und Sozialpsychologie 49, 1997, S. 242–271
Heinze, R. G./Olk, T. (Hg.), Bürgerengagement in Deutschland – Zum Stand der wissenschaftlichen und politischen Diskussion, Opladen 2001
Heinze, R. G./Hilbert, J./Spalink, D./Stöbe-Blossey, S., Der aktivierende Staat. Hintergründe und Merkmale eines Leitbildes für öffentliches Handeln, in: Ausblicke auf den aktivierenden Staat. Von der Idee zur Strategie, Berlin 2005, S. 9–26
Hengsbach SJ, F./Möhring-Hesse, M., Aus der Schieflage heraus. Demokratische Verteilung von Reichtum und Arbeit, Bonn 1999
Hengsbach SJ, F., Die andern im Blick. Christliche Gesellschaftsethik in den Zeiten der Globalisierung, Mannheim 2001
Hobbes, T., Leviathan, hg. v. I. Fetscher, Frankfurt/M. 1984
Ders., Vom Bürger, hg. v. G. Gawlick, Hamburg 1959
Höffe, O., Politische Gerechtigkeit. Grundlegung einer kritischen Philosophie von Recht und Staat, Frankfurt/M. 1989
Ders., Gerechtigkeit. Eine philosophische Einführung, München 2001
Honneth, A., Kampf um Anerkennung, Zur moralischen Grammatik sozialer Konflikte, Frankfurt/M. 1992
Ders., Leiden an Unbestimmtheit. Eine Reaktualisierung der Hegelschen Rechtsphilosophie, Stuttgart 2001
Horcher, G., Neue Steuerung und Budgetierung, in: Lehrbuch der Sozialwirtschaft, hg. v. U. Arnold u. B. Maelicke, 2. Aufl., Baden-Baden 2003, S. 401–434
Horn, H.-D., Staat und Gesellschaft in der Verwaltung des Pluralismus. Zur Suche nach Organisationsprinzipien im Kampf ums Gemeinwohl, in: Die Verwaltung, Heft 4, 1993, S. 545–573
Hradil, S., Soziale Ungleichheit, soziale Schichtung und Mobilität, in: Einführung in Hauptbegriffe der Soziologie, hg. v. H. Korte u. B. Schäfers, 5. Aufl., Opladen 2000, S. 193–215
Huber, W., Art. „Menschenrechte/Menschenwürde", in: Theologische Realenzyklopädie, Bd. 22, Berlin 2000, S. 577–603
Ders., Gerechtigkeit und Recht, 2., durchges. Aufl., Gütersloh 1999
Ders./Tödt, H. E., Menschenrechte. Perspektiven einer menschlichen Welt, 3. Aufl., München 1988
Huster, E. U./Eissel, D., Lebenslagen in Deutschland. Der erste Armuts- und Reichtumsbericht der Bundesregierung, Bonn 2000
Huster, E. U./Boeckh, J./Benz, B., Sozialpolitik in Deutschland. Eine systematische Einführung, 2. Aufl., Wiesbaden 2006

Huster, E. U./Boeckh, J./Mogge-Grotjahn, H. (Hg.), Handbuch Armut und Soziale Ausgrenzung, Wiesbaden 2008
Illich, I., Entmündigung durch Experten. Zur Kritik der Dienstleistungsberufe, Reinbek 1988
International Federation of Social Workers, Ethische Grundlagen der Sozialen Arbeit – Prinzipien und Standards, 1997
International Federation of Social Workers/International Association of Schools of Social Work (IASSW) (Hg.), Ethics in Social Work, Statement of Principles, 2008, download: http://www.ifsw.org/en/p38000324.html
Jähnichen, T./Friedrich, N., Geschichte der sozialen Ideen im deutschen Protestantismus, in: H. Grebing (Hg.), Geschichte der sozialen Ideen in Deutschland. Sozialismus – Katholische Soziallehre – Protestantische Sozialethik, 2. Aufl., Wiesbaden 2000, S. 867–1103
Jähnichen, T., Wirtschaftsethik. Konstellationen – Verantwortungsebenen – Handlungsfelder, Stuttgart 2009
Jonas, H., Das Prinzip der Verantwortung. Versuch einer Ethik für die technologische Zivilisation, 3. Aufl., Frankfurt/M. 1985
Joas, Hans, Die Sakralität der Person. Eine neue Genealogie der Menschenrechte, Berlin 2013
Kant, I., Grundlegung zur Metaphysik der Sitten, 3. Aufl., Hamburg 1965
Ders., Metaphysik der Sitten, Werkausgabe Bd. VIII, hg. v. W. Weischedel, 8. Aufl., Frankfurt/M. 1989
Ders., Über Pädagogik. Von der praktischen Erziehung, Werkeausgabe, Bd. XI, hg. v. W. Weischedel, 8. Aufl., Frankfurt/M. 1990
Kaufmann, F.-X., Risiko, Verantwortung und gesellschaftliche Komplexität, in: Verantwortung: Prinzip oder Problem? , hg. v. K. Bayertz, Darmstadt 1995, S. 72–97
Ders., Herausforderungen des Sozialstaates, Frankfurt/M. 1997
Ders., Varianten des Wohlfahrtsstaats: Der deutsche Sozialstaat im internationalen Vergleich, Frankfurt/M. 2003
Ders., Schrumpfende Gesellschaft: Vom Bevölkerungsrückgang und seinen Folgen, Frankfurt/M. 2005
Kersting, W., Theorien der sozialen Gerechtigkeit, Stuttgart 2000
Ders., Politische Solidarität statt Verteilungsgerechtigkeit? Eine Kritik egalitaristischer Sozialstaatsbegründung, in: Politische Philosophie des Sozialstaats, hg. v. W. Kersting, Weilerswist 2000, S. 202–256
Ders., Rechtsphilosophische Probleme des Sozialstaats, Baden-Baden 2000 a
Ders., Kritik der Gleichheit. Über die Grenzen der Gerechtigkeit und der Moral, Weilerswist 2002
Kessl, F., Der Gebrauch der eigenen Kräfte. Eine Gouvernementalität Sozialer Arbeit, Weinheim, 2005
Ders., Soziale Arbeit in der Transformation des Sozialen. Eine Ortsbestimmung, Wiesbaden 2013
Klein, A., Bürgerschaftliches Engagement und Zivilgesellschaft – die reformpolitische Diskussion, in: Archiv für Wissenschaft und Praxis der Sozialen Arbeit, 36, 2005, 4–19
Klug, W., Anwaltschaft oder Dienstleistung … und/oder beides? Wertorientiertes Management in caritativen Nonprofit-Organisatioen, in: Sozialmagazin 26, 10/2001, S. 40–48

Koller, P., Soziale Güter und soziale Gerechtigkeit, in: Theorien der Gerechtigkeit, hg. v. J.-H. Koch u. K. Seelmann, Stuttgart 1994, S. 79–104

Ders., Zur Semantik der Gerechtigkeit, in: Gerechtigkeit im politischen Diskurs, hg. v. dems., Wien 2001, S. 19–46

Ders., Art. Gleichheit, in: Handbuch der politischen Philosophie und Sozialphilosophie, Bd. 1, hg. v. S. Gosepath, W. Hinsch u. B. Rössler, Berlin 2008, 438–445

Kraus, B./Krieger, W. (Hg.), Macht in der Sozialen Arbeit. Interaktionsverhältnisse zwischen Kontrolle, Partizipation und Freisetzung, Lage 2007

Krebs, A. (Hg.), Gleichheit oder Gerechtigkeit. Texte der neuen Egalitarismuskritik, Frankfurt/M. 2000

Dies., Arbeit und Liebe. Die philosophischen Grundlagen der sozialen Gerechtigkeit, Frankfurt/M. 2002

Kühnhardt, L., Die Universalität der Menschenrechte, 2. Aufl., Bonn 1991

Kuhlmann, C., Soziale Arbeit im Nationalsozialistischen Herrschaftssystem, in: Grundriss Soziale Arbeit. Ein einführendes Handbuch, hg. v. W. Thole, Opladen 2002, S. 77–98

Lampert, H./Althammer, H., Lehrbuch der Sozialpolitik, 6. Aufl., Berlin 2001

Larenz, K., Richtiges Recht. Grundzüge einer Rechtsethik, München 1976

Lehner, M./Manderscheid, M. (Hg.), Anwaltschaft und Dienstleistung. Organisierte Caritas im Spannungsfeld, Freiburg/Br. 2001

Leibfried, S./Zürn, N., Transformationen des Staates? Frankfurt/M. 2006

Lemke, T./Krassmann, S./Bröckling, U., Gouvernementalität, Neoliberalismus und Selbsttechnologie, in: Gouvernementalität der Gegenwart. Studien zur Ökonomisierung des Sozialen, Frankfurt/M. 2000, S. 7–40

Ders., Biopolitik zur Einführung, Hamburg 2007

Lenk, H., Verantwortung als Beziehungs- und Zuschreibungsbegriff, in: Ders., Von Deutungen und Wertungen, Frankfurt/M. 1994

Lesch, W., Ethische Reflexion als Hermeneutik der Lebenswelt, in: Ethik Sozialer Arbeit. Ein Handbuch, hg. v. A. Lob-Hüdepohl/W. Lesch, Paderborn 2007, S. 88–99

Lessenich, S., Die Neuerfindung des Sozialen. Der Sozialstaat im flexiblen Kapitalismus, Bielefeld 2008

Lob-Hüdepohl, A./Lesch, W. (Hg.), Ethik Sozialer Arbeit. Ein Handbuch, Paderborn 2007

Lob-Hüdepohl, A., „People first“. Die Mandatsfrage sozialer Professionen aus moralphilosophischer Sicht, in: Ethikjournal 1, 2013, 1–18

Locke, J., Über die Regierung, Stuttgart 1983

Luhmann, N., Soziale Systeme. Grundriß einer allgemeinen Theorie, 2. Aufl., Frankfurt/M. 1988

Maaser, W., Art. „Würde“, in: Ev. Soziallexikon, hg. v. M. Honecker u. a., Stuttgart 2001, S. 1836 ff.

Ders., Normative Dimensionen der Qualitätssicherung, in: Theorie und Praxis Sozialer Arbeit 52, 2002, S. 135–141

Ders., Normative Diskurse der neuen Wohlfahrtspolitik, in: Soziale Arbeit für den aktivierenden Sozialstaat, hg. v. J. Dahme, Hans-Uwe Otto u. N. Wohlfahrt, Opladen 2003, S. 17–37

Ders., Wohlfahrtsverbände zwischen Selbstverständnis und operativen Zwängen, in: Neue Praxis 34, 2004, S. 337–354

Ders., Werteorientierung und Qualitätssicherung in der Sozialen Arbeit, in: Qualität in der Sozialen Arbeit. Zwischen Nutzerinteresse und Kostenkontrolle, hg. v. C. Beckmann/H.-U. Otto/M. Richter/M. Schrödter (Hg.), Opladen 2004, S. 236–250
Ders., Aktivierung der Verantwortung. Vom Wohlfahrtsstaat zur Wohlfahrtsgesellschaft, in: Heidbrink, L./Hirsch, A. (Hg.), Verantwortung in der Zivilgesellschaft, Frankfurt/M. 2006, S. 61–84
Ders., Diakonie im Horizont der Kirche, in: Zeitschrift für Ev. Ethik, 51, 2008 a, S. 249–266
Ders., Generationengerechtigkeit in sozialethischer Perspektive – Herausforderung für kirchliche Einrichtungen, in: Generationensolidariät, in: Intergenerationalität zwischen Solidarität und Gerechtigkeit, hg. v. J. Eurich, P. Dabrock u. W. Maaser, Heidelberg 2008 b, S. 217–229
Ders., Sozialarbeiterische Profession im Spannungsfeld von normativem Selbstverständnis und sozialstaatlicher Beauftragung, in. Ethikjournal 1, 2013, 1–18
Ders., Normative Diskurse der neueren Wohlfahrtspolitik, in: Diakonie in der Sozialökonomie. Studien zu Folgen der neuen Wohlfahrtspolitik, hg. v. J. Eurich u. W. Maaser, Leipzig 2013, 100–121
Malinowski, B., Eine wissenschaftliche Theorie der Kultur und andere Aufsätze, Frankfurt/M. 1975
Mandeville, B., Die Bienenfabel oder private Laster, öffentliche Vorteile, 4. Aufl., Frankfurt/M. 2006
Manzeschke, A./Brink, A., Sei ökonomisch! Prägende Menschenbilder zwischen Modellbildung und Wirkungsmächtigkeit, Berlin 2010
Menke, C./Raimondi, F. (Hg.), Die Revolution der Menschenrechte. Grundlegende Texte zu einem Begriff des Politischen, Frankfurt/M. 2011
Merchel, J., Trägerstrukturen in der sozialen Arbeit. Eine Einführung, Weinheim 2003
Meyer-Drawe, K., Illusionen von Autonomie. Diesseits von Ohnmacht und Allmacht des Ichs, München 1990
Miller, D., Grundsätze sozialer Gerechtigkeit, Frankfurt/M. 2008
Monopolkommission, Marktöffnung umfassend verwirklichen. Zwölftes Hauptgutachten der Monopolkommission, Baden-Baden 1998
Mühlmann, W. E., Art. „Institution", in: Wörterbuch der Soziologie, Bd. 2, hg. v. W. Bernsdorf, 1973, S. 371–373
Müller, B., Professionalisierung, in: Grundriss Soziale Arbeit. Ein einführendes Handbuch, hg. v. W. Thole, Opladen 2002, S. 725–744
Müller, I., Furchtbare Juristen, München 1987
Müller, W., Von der tätigen Nächstenliebe zum Helfen als Beruf, in: Ethik Sozialer Arbeit. Ein Handbuch, hg. v. A. Lob-Hüdepohl/W. Lesch, Paderborn 2007, S. 13–19
Müller, W., Wie Helfen zum Beruf wurde: Eine Methodengeschichte der Sozialen Arbeit, 4. Aufl., Weinheim 2006
Nell-Breuning, O. von, Baugesetze der Gesellschaft. Solidarität und Subsidiarität, Freiburg 1990
Neumann, V., Der Grundrechtsschutz von Sozialleistungen in Zeiten der Finanznot, in: NZS 1998, S. 401–411
Nullmeier, F., Politische Theorie des Sozialstaats, Frankfurt/M. 2000
Nussbaum, M. C., Gerechtigkeit oder Das gute Leben, Frankfurt/M. 1999
Olk, T./Evers, A. (Hg.), Wohlfahrtspluralismus. Vom Wohlfahrtsstaat zur Wohlfahrtsgesellschaft, Opladen 1996

Dies., Wohlfahrtspluralismus – Analytische und normativ-politische Dimensionen eines Leitbegriffs, in: Wohlfahrtspluralismus: Vom Wohlfahrtsstaat zur Wohlfahrtsgesellschaft, hg. v. dens., Opladen 1996, S. 9–60
Olk, T./Otto, H.-U. (Hg.) Soziale Arbeit als Dienstleistung. Grundlegung, Entwürfe und Modelle, München 2003
Dies., Soziale Arbeit als Dienstleistung – Zur analytischen und empirischen Leistungsfähigkeit eines Konzepts, in: Soziale Arbeit als Dienstleistung. Grundlegung, Entwürfe und Modelle, hg. v. T. Olk u. H.-U. Otto, München 2003, S. 9–22
Ottnad, A./Wahl, S./Miegel, M., Zwischen Markt und Mildtätigkeit. Die Bedeutung der Freien Wohlfahrtspflege für Gesellschaft, Wirtschaft und Beschäftigung, München 2000
Otto, H.-U./Thiersch, H. (Hg.), Handbuch Sozialarbeit, Sozialpädagogik, 3. Aufl., München 2005
Otto, H.-U./Ziegler, H. (Hg.), Capabilities – Handlungsbefähigung und Verwirklichungschancen in der Erziehungswissenschaft, Wiesbaden 2008
Dies. (Hg.), Das Normativitätsproblem der Sozialen Arbeit. Zur Begründung des eigenen und gesellschaftlichen Handelns, Lahnstein 2012
Pascal, B., Die Kunst zu überzeugen, 3. Aufl., Heidelberg 1963
Pauer-Studer, H., Autonom leben. Reflexionen über Freiheit und Gleichheit, Frankfurt/M. 2000
Pfordten, D. v. d., Rechtsethik, in: Angewandte Ethik, hg. v. Julian Nida-Rümelin, Stuttgart 1996, S. 201–289
Picht, G., Wahrheit, Vernunft, Verantwortung. Philosophische Studien, Stuttgart 1969
Pico della Mirandola, Über die Würde des Menschen, Zürich 1988
Pieroth, B./Schlink, B., Staatsrecht II. Grundrechte, 13. Aufl., Heidelberg 1997
Platon, Politeia, Werke Bd. 4, hg. v. G. Eigler, Darmstadt 1990
Ders., Nomoi, Bd. 8, hg. v. G. Eigler, Darmstadt 1990
Ders., Gesetze, hg. v. O. Apelt, Leipzig 1917
Ders., Werke, Bd. 6: Politikos, übers. von F. D. E. Schleiermacher, Darmstadt 1990, S. 403–579
Pongratz, Hans J./Voß, Gerd G., Arbeitskraftunternehmer: Erwerbsorientierungen in entgrenzten Arbeitsformen, Berlin 2003
Priddat, B./Hengsbach, F. u. a. (Hg.), Homo oeconomicus: Der Mensch der Zukunft?, Stuttgart 1998
Priller, E./Zimmer, A./Anheier, H. K., Der dritte Sektor in Deutschland. Entwicklungen, Potentiale, Erwartungen, in: Politik und Zeitgeschichte B 9/99, 1999, S. 12–21
Priller, E./Zimmer, A., Dritter Sektor: Arbeit als Engagement, in: Politik und Zeitgeschichte 12/2006, S. 17–24
Putnam, D./Goss, K. (Hg.), Gesellschaft und Gemeinsinn. Sozialkapital im internationalen Vergleich, Gütersloh 2001
Quadragesimo anno, in: Texte zur katholischen Soziallehre – Die sozialen Rundschreiben der Päpste und andere kirchliche Dokumente, hg. v. Bundesverband der Katholischen Arbeitnehmer-Bewegung Deutschlands, Köln 1992
Rauschenbach, Art. „Ehrenamt“, in: Handbuch der Sozialarbeit/Sozialpädagogik, hg. v. H. U. Otto u. H. Thiersch, 2. Aufl., Neuwied 2001, S. 344–360
Rauschenbach, T./Sachße, C./Olk, T. (Hg.), Von der Wertgemeinschaft zum Dienstleistungsunternehmen. Jugend- und Wohlfahrtsverbände, 2. Aufl., Frankfurt/M. 1996
Rawls, J., Theorie der Gerechtigkeit, Frankfurt/M. 1975
Ders., Die Idee des politischen Liberalismus. Aufsätze 1978–1989, Frankfurt/M. 1992

Riedel, M. (Hg.), Rehabilitierung der praktischen Philosophie I. Geschichte, Probleme, Aufgaben, Freiburg/Br. 1972
Ders. (Hg.), Rehabilitierung der praktischen Philosophie II. Rezeption, Argumentation, Diskussion, Freiburg/Br. 1974
Rieger, E./Leibfried, S., Grundlagen der Globalisierung. Perspektiven des Wohlfahrtsstaates, Frankfurt/M. 2001
Ritter, J./Gründer, K. (Hg.), Historisches Wörterbuch der Philosophie, Bd. 1–13, Darmstadt 1971 ff.
Rommel, T., Selbstinteresse von Mandeville bis Smith, Heidelberg 2006
Sachße, C./Tennstedt, F., Geschichte der Armenfürsorge in Deutschland, Bd. 1.: Vom Spätmittelalter bis zum 1. Weltkrieg, Stuttgart 1988
Dies., Geschichte der Armenfürsorge in Deutschland, Bd. 2.: Fürsorge und Wohlfahrtspflege 1871–1929, Stuttgart 1988
Sachße, C., Entwicklung und Perspektiven des Subsidiaritätsprinzips, in: Dritter Sektor – Dritte Kraft. Versuch einer Standortbestimmung, hg. v. R. Strachwitz, Düsseldorf 1998, S. 369–382
Ders., Verein, Verband und Wohlfahrtsstaat. Entstehung und Entwicklung der ‚dualen' Wohlfahrtspflege, in: Sachße, C./Olk, T. (Hg.), Von der Wertgemeinschaft zum Dienstleistungsunternehmen. Jugend- und Wohlfahrtsverbände im Umbruch, 2. Aufl., Frankfurt/M. 1996, S. 123–149
Schaarschuch, A., Das demokratische Potential Sozialer Arbeit, in: Theorie, Politik und Praxis Sozialer Arbeit, hg. v. H. Sünker, Bielefeld 1995, S. 48–50
Ders., Die Privilegierung des Nutzers. Zur theoretischen Begründung sozialer Dienstleistung, in: Soziale Arbeit als Dienstleistung. Grundlegung, Entwürfe und Modelle, hg. v. T. Olk u. H.-U. Otto, München 2003, S. 150–169
Schaarschuch, A./Flösser, G./Otto, H.-U., Art. „Dienstleistung", in: Handbuch Sozialarbeit/Sozialpädagogik, 2. völlig neu überarbeitete Auflage, Neuwied 2001, S. 266–274
Scharffenorth, G., Den Glauben ins Leben ziehen … Studien zur Luthers Theologie, München 1982
Schelsky, H., Zur soziologischen Theorie der Institution, in: Zur Theorie der Institution, Düsseldorf 1970, S. 9–26
Schilling, J., Soziale Arbeit: Geschichte. Theorie. Profession, 2. Aufl., München 2005
Schlink, B., Abwägung im Verfassungsrecht, Berlin 1976
Schmid Noerr, G., Ethik in der sozialen Arbeit,. Eine Einführung, Stuttgart 2012
Schrödter, M., Soziale Arbeit als Gerechtigkeitsprofession. Zur Gewährleistung von Verwirklichungschancen, in: Neue Praxis 38, 2007, S. 3–28
Schütz, A./Luckmann, T., Strukturen der Lebenswelt, Bd 1, Frankfurt/M. 1979
Schulz, W., Grundprobleme der Ethik, Pfullingen 1989
Schumacher, T., Soziale Arbeit als ethische Wissenschaft. Topologie einer Profession, Stuttgart 2007
Schuppert, G. F., Gemeinwohldefinition im kooperativen Staat, in: Gemeinwohl und Gemeinsinn im Recht. Konkretisierung und Realisierung öffentlicher Interessen, hg. v. H. Münkler u. K. Fischer, Berlin 2002, S. 67–98
Schwartländer, J., Verantwortung, in: Handbuch philosophischer Grundbegriffe, Bd. 6, hg. v. H. Krings u. a., München 1974, S. 1577–1588
Sen, A., Rationale Trottel: Eine Kritik der behavioristischen Grundlagen der Wirtschaftstheorie, in: Motive, Gründe, Zwecke. Theorien praktischer Rationalität, hg. v. S. Gosepath, Frankfurt/M. 1999, S. 76–102

Senneth, R., Der flexible Mensch. Die Kultur des neuen Kapitalismus, 2. Aufl., Berlin 1998
Shorter, E., Die Geburt der modernen Familie, Hamburg 1983
Shue, Henry, Menschenrechte und kulturelle Differenz, in: Philosophie der Menschenrechte, hg. v. S. Gosepath u. G. Lohmann, Frankfurt/M. 1998, S. 343–379
Shute, S./Hurley, S. (Hg.), Die Idee der Menschenrechte, Frankfurt/M. 1999
Smith, A., Der Wohlstand der Nationen. Eine Untersuchung seiner Natur und seiner Ursachen, 4. Aufl. Frankfurt/M. 1988
Ders., Theorie der ethischen Gefühle, Hamburg 1977
Sozial-Kompass EUROPA. Soziale Sicherheit in Europa im Vergleich, Bonn 2006
Spaemann, R., Technische Eingriffe in die Natur als Problem der politischen Ethik, in: Ökologie und Ethik, hg. v. D. Birnbacher, Stuttgart 1980, S. 180–206
Spiegel, H. v., Methodisches Handeln in der Sozialen Arbeit. Grundlagen und Arbeitshilfen für die Praxis, 2. Aufl., München 2006
Staub-Bernasconi, S., Soziale Arbeit als (eine) Menschenrechtsprofession, in: Soziale Arbeit zwischen Politik und Wissenschaft, hg. v. R. Sorg, Münster 2003, S. 17–54
Dies., Das fachliche Selbstverständnis sozialer Arbeit – Wege aus der Bescheidenheit. Soziale Arbeit als „Human Rights Profession", in: Soziale Arbeit im Wandel ihres Selbstverständnisses, hg. v. W. R. Wendt, Freiburg/Br. 1995, 57–80
Dies., Dienstleistung oder Menschenrechtsprofession? Zum Selbstverständnis Sozialer Arbeit in Deutschland mit einem Seitenblick auf die internationale Diskussionslandschaft, in: Ethik Sozialer Arbeit, hg. v. A. Lob-Hüdepohl u. W. Lesch, Paderborn 2007, S. 20–54
Dies., Der Professionalisierungsdiskurs zur Sozialen Arbeit (SA/SP) im deutschsprachigen Kontext im Spiegel internationaler Ausbildungsstandards. Eine verspätete Profession, in: Professionalität und Professionalisierung in der Sozialen Arbeit. Standpunkte – Kontroversen – Perspektiven, hg. v. R. Becker-Lenze, S. Busse, G. Ehlert u. S. Müller, Wiesbaden 2009, 21–46
Stegmaier, W., Gesichter der Politik – Verantwortung zwischen rechtlicher, politischer und ethischer Orientierung, in: Staat ohne Verantwortung? Zum Wandel der Aufgaben von Staat und Politik, hg. v. L. Heidbrink u. A. Hirsch, Frankfurt/M. 2007, S. 143–164
Strachwitz, R. (Hg.), Dritter Sektor – Dritte Kraft, Versuch einer Standortbestimmung, Stuttgart 1998
Suchanek, A./Kerscher, J., Der Homo oeconomicus: Verfehltes Menschenbild oder leistungsfähiges Analyseinstrument?, in: Individuum und Organisation. Neue Trends eines organisationswissenschaftlichen Forschungsfeldes, hg. v. R. Lang u. A. Schmidt, Wiesbaden 2007, S. 251–276
Taylor, C., Negative Freiheit? Zur Kritik des neuzeitlichen Individualismus, Frankfurt/M. 1988
Tennstedt, F./Sachße, C., Geschichte der Armenfürsorge in Deutschland. Vom Spätmittelalter bis zum Ersten Weltkrieg, 2. Aufl., Stuttgart/Berlin/Köln 1998
Theologische Realenzyklopädie, Bd. 1 ff., hg. v. G. Müller u. a., Berlin 1977 ff.
Thiersch, H., Lebenswelt und Moral. Beiträge zur moralischen Orientierung Sozialer Arbeit, Weinheim 2005
Ders., Alltagstheorien und einfache Sittlichkeit, in: O. F. Bollnow, Hermeneutische Philosophie und Pädagogik, hg. v. F. Kümmel, Freiburg/Br. 1997, S. 244–262
Thole, W./Cloos, P./Ortmann, F./Strutwolf, V., Soziale Arbeit im öffentlichen Raum. Soziale Gerechtigkeit in der Gestaltung des Sozialen, Wiesbaden 2005

Thole, W. (Hg.), Grundriss Soziale Arbeit: Ein einführendes Handbuch, 2. Aufl., Wiesbaden 2005
Thomas, W. I./Thomas, D. S., Person und Sozialverhalten, hg. v. E. H. Volkart, Neuwied 1965
Todorov, T., Die Eroberung Amerikas. Das Problem des Anderen, Frankfurt/M. 1983
Volz, F. R., Art. „Altruismus", in: Handbuch der Sozialarbeit/Sozialpädagogik, hg. v. H.-U. Otto u. H. Thiersch, 2. Aufl., Neuwied 2001, S. 41–51
Voß, G./Pongratz, H. J., Der Arbeitskraftunternehmer. Eine neue Grundform der Ware Arbeitskraft?, in: KZFSS 50, 1998, S. 131–158
Vowe, R., Medien und Öffentlichkeit, in: Flexible Welten. Sozialethische Herausforderungen auf dem Weg in die Informationsgesellschaft, hg. v. T. Jähnichen, W. Maaser, u. J. v. Soosten, Münster 2002, S. 189–199
Waldenfels, B., Antwortregister, Frankfurt/M. 1994
Weber, M., Wirtschaft und Gesellschaft, Tübingen 1956
Ders., Soziologische Grundbegriffe, Tübingen 1980
Ders., Politik als Beruf, in: Gesammelte Schriften, Bd. 7, 5. Aufl., Tübingen, 1988, S. 505–564
Weischedel, W., Das Wesen der Verantwortung, Frankfurt/M. 1958
Williams, B., Einführung in die Ethik, Stuttgart 1982
Windhoff-Heritier, A., Institutionelle Interessenvermittlung im Sozialsektor. Strukturmuster verbandlicher Beteiligung und deren Folgen, in: Macht und Ohnmacht politischer Institutionen, hg. v. H.-H. Martwich, Opladen 1989, S. 158–176
Wolf, E., Zur rechtstheologischen Dialektik von Recht und Liebe, in: Ders., Rechtstheologische Studien, Frankfurt/M. 1972, S. 115–137
Zacher, H., Abhandlungen zum Sozialrecht, hg. v. B. Baron von Maydell und E. Eichenhofer, Heidelberg 1993, S. 3–72
Ders., Der Deutsche Sozialstaat am Ende des Jahrhunderts, in: Der deutsche Sozialstaat. Bilanzen – Reformen – Perspektiven, hg. v. S. Leibfried u. U. Wegschal, Frankfurt/M. 2000, S. 53–90
Zacher, H./Kessler, F., Die Rolle der öffentlichen Verwaltung und der privaten Träger in der sozialen Sicherheit, in: Zeitschrift für internationales Arbeits- und Sozialrecht 4, 1990, S. 97–157
Zimmer, A./Priller, E., Gemeinnützige Organisationen im gesellschaftlichen Wandel. Ergebnisse der Dritte-Sektor-Forschung, Wiesbaden 2004